渐进中的转型

——联邦运动与澳大利亚民族国家的形成

王宇博 著

商务印书馆
2010年·北京

图书在版编目(CIP)数据

渐进中的转型:联邦运动与澳大利亚民族国家的形成/王宇博著.—北京:商务印书馆,2010
ISBN 978 - 7 - 100 - 05813 - 1

Ⅰ.①渐… Ⅱ.①王… Ⅲ.①澳大利亚—历史—研究 Ⅳ.①K611

中国版本图书馆 CIP 数据核字(2008)第 038876 号

所有权利保留。
未经许可,不得以任何方式使用。

渐 进 中 的 转 型
——联邦运动与澳大利亚民族国家的形成
王宇博 著

商 务 印 书 馆 出 版
(北京王府井大街36号 邮政编码100710)
商 务 印 书 馆 发 行
北 京 瑞 古 冠 中 印 刷 厂 印 刷
ISBN 978 - 7 - 100 - 05813 - 1

2010年11月第1版　　开本 880×1230　1/32
2010年11月北京第1次印刷　印张 8⅞
定价:21.00元

序

钱乘旦

现代化研究在中国起步已有二十年了。二十年来,人们对现代化的理解逐渐加深,思考的问题也越来越深入。在国际学术界,学者们非常重视现代化的个案分析,并拥有了一些相当出色的论著,相比较而言,中国学术界对现代化的研究还基本上是理论阐述,个案分析相对较少。1997年,我开始主编"英联邦国家现代化研究丛书",对包容广泛的英联邦国家做个案分析,试图揭示不同国家的不同发展经历。当时,王宇博承担了澳大利亚分册的撰写工作,出版了《澳大利亚——在移植中再造》一书。现在看来,这本书为王宇博对澳大利亚现代化问题的研究奠定了基础。

许多英联邦国家的现代化发展走的是英国式道路,即在社会发展与转型进程中,发展是渐进的,暴力冲突不常见。许多国家的独立过程平稳进行,殖民时期的制度在相当程度上保留到独立后,从而使独立后的发展也基本上沿着和平的方向发展,断裂突变的现象很少发生。在这方面,澳大利亚极具典型性。澳大利亚的现代化在殖民地建立之初就以移民殖民地的身份与英国同步进行,它的和平渐进模式源于英国,但比英国更和平、更平稳,而本土化则是这个过程的主要特征——本土化使英国理想中的发展模式在澳洲成为现实。

澳大利亚与英国有着共同的文化背景,并血脉相连。澳大利亚

2 渐进中的转型

人就其主观意愿而论,是希望自己延续和继承英国的一切,因为他们认为自己本来就是英国人。然而,漂洋过海之后,"舶来品"在澳洲发生变化,其特性也慢慢发生变化,逐渐离开英国的"原型"。这种变化就是"本土化",而本土化的变化又是在高度的平静和渐变中进行的。在过去两个多世纪中,澳大利亚人的"身份认同"多次发生变化,由英国人,到"澳洲英国人",再到澳大利亚人,一个新的"澳大利亚民族"从英吉利民族中脱胎而出;澳洲社会也屡屡转变,由英国的"海外监狱"变成英属公民殖民地、英属自治领,再到独立的民族国家。这些变化都是在和平状态下发生的,其间仅出现过一次带有流血的冲突事件,导致29人死亡和数十人受伤。社会渐进之平稳让人们全然感觉不到国家性质的变化,以致许多澳大利亚人直至20世纪五六十年代都不明白自己到底是英国人还是澳大利亚人。1999年的澳洲全民公决表明,大多数澳大利亚人依然认为澳大利亚的国家元首由英王来担任是最妥当的,无须建立"共和国"。另一方面,不少澳大利亚学者到今天还在讨论"澳大利亚是何时独立的",因为他们不知道哪个事件是澳大利亚独立的标志。

2000年开始,王宇博随我攻读历史学博士学位,我建议他在已有成果的基础上进一步探讨澳大利亚现代化的模式。经过四年努力,王宇博一边工作,一边学习,终于做出这篇论文。可以看出:这是一篇质量颇高的博士论文。论文讨论的是19世纪澳大利亚的联邦运动,探讨该运动与澳大利亚建国的关系;但它并不仅仅叙述运动的一般过程,而是企图挖掘联邦运动的深层含义。在作者眼中,联邦运动并不是一个简单意义上的"过程",而更多的是一种连绵不断的认识变化,是澳大利亚人认同意识的连续演变。为了表述这个观点,作者把研究主题定位于"认同"变化上,也就是通过对联邦运动的研究,探讨澳大利亚人的国家认同观发展与变化的过程。在这个过程中，澳大利亚民族国家表现了一种独特的形成方式，这个独特的方式就是：在一种"澳大利亚英国人"的强烈意识中，澳大利亚人无意识地变成了"澳大利亚人"。我认为，由于成功地表述了澳大利亚国家形成过程中这样一个重要的特点，这篇论文已经达到了相当高的学术水平。"认同"问题是当前国际学术界的前沿课题，现代化的不同道路也是学术界强烈关注的议题，王宇博的论文把这两个方面结合起来讨论，提出了独到的见解，达到了良好的效果。我记得，他起初在提出论文选题设想时，曾表示要探讨澳大利亚国家是如何形成的：作为英国的移民殖民地，它如何变成独立的国家？当时我曾问："在那个时候，澳大利亚与肯特（或英国任何其他地方）都是英国的一部分，而英国又有悠久的地方自治传统，因此自治是共同的特征。但后来为什么澳大利亚变成了独立的国家，而肯特依然是英国的一个郡？"王宇博说：他在做这篇论文时始终记着我的这个问题，而且时时企图回答这个问题。看起来，他对这个问题的回答是成功的：他抓住了"认同"问题，从而把澳大利亚国家的出现与"澳大利亚人"的形成紧密地联系起来。

现在，王宇博的论著得以出版，我谨此表示祝贺。澳大利亚联邦运动在中国也有专题研究出版了，说明我国的世界史研究越来越向深入发展，同时也向广度发展。现代化是人类历史发展到一定程度所不可避免的阶段，现代化的和平变革方式又是一个需要人们关注的课题。澳大利亚提供了和平发展方式的又一个范例，因此，王宇博的论文便具有了更多的意义。

目 录

前言 …………………………………………………………………… 1

引言:"海外监狱"的嬗变 …………………………………………… 15

第一章 "长大的孩子":"澳大利亚英国人" …………………… 32

    第一节 英国社会的"澳洲版" ……………………………… 32

        一、自治、移植与依附 …………………………………… 32

        二、不满与宣泄 …………………………………………… 47

    第二节 澳大利亚民族与民族意识 …………………………… 66

第二章 澳洲认同感的生成:从"澳大利亚英国人"

        到"澳大利亚人" ………………………………………… 85

    第一节 英帝国政策的变化与澳洲联邦意识的萌发 ………… 85

    第二节 澳洲认同的经济因素:从帝国性到

            民族性与国际性 ……………………………………… 94

    第三节 澳洲社会的渐进:自治能力与自主意识的增强 …… 111

    第四节 离心与向心:澳洲的两次庆典的启示 ……………… 121

第三章 联合与分离:联邦运动的进程 ………………………… 133

    第一节 澳英对澳洲联邦问题的态度 ……………………… 133

    第二节 1880年代的话题:澳洲的利益与澳洲的合作 ……… 141

        一、澳洲白人在排华中联合 …………………………… 141

        二、谁来保卫澳大利亚 ………………………………… 157

三、新几内亚归属问题之争 …………………………………… 168
　　四、出兵苏丹之争 ……………………………………………… 181
　第三节　1890年代的主题：澳洲在磨合中联合 ………………… 187
　　一、《1891年宪法草案》的坎坷 ……………………………… 187
　　二、经济危机的冲击："旧的关系不能继续下去了" ………… 196
　　三、《澳大利亚联邦宪法》的诞生 …………………………… 205
第四章　移植与本土化：澳大利亚联邦制度的构建 ……………… 216
　第一节　健全联邦制度 …………………………………………… 216
　第二节　完善议会制度 …………………………………………… 233
　第三节　内向性：民族国家的缺失 ……………………………… 241
结语：联邦运动与澳大利亚现代化 ………………………………… 251
附录一：中英文人名地名专业术语对照表 ………………………… 263
附录二：主要参考书目 ……………………………………………… 270

前　言

在近代英国的"日不落"帝国里,澳大利亚地处"帝国生命线"的末端,是与母国相距最远的殖民地之一;而无论是在19世纪的英帝国内,还是在20世纪的英联邦中,澳大利亚人的"母国情结"则是最厚重的。具有民族运动性质的澳大利亚联邦运动就是在这种环境与气氛中生成、演进和结束。在这场运动出现之前和之初,生活在澳大利亚的人们是"澳大利亚英国人",他们与生活在英国伦敦市或肯特郡的居民没有什么区别;但时至运动后期,他们几乎是在无意识中演变成为了不同于英国人的澳大利亚人,于是,在澳洲大陆上,出现了脱胎于英吉利民族的澳大利亚民族和拥有主权的民族国家——澳大利亚联邦,尽管"母国情结"涛声依旧。

提及民族运动,特别是近代时期的民族运动,人们往往首先联想到艰苦卓绝的北美独立战争、以3次漂亮的王朝战争而告完成的近代德意志统一、坚韧不拔的印度民族解放运动等等,就连在相对顺利的日本明治维新开始前,这个小岛国还经历了一场打得昏天黑地的内战——倒幕战争。因此,大多数人习惯将包含着大量独立、自由、解放等内容的民族运动与枪林弹雨、悲壮惨烈、你死我活、生灵涂炭等词汇与概念联系在一起,然后再运用"革命理论"加以解析。因此,民族运动的理念往往被自然地定格于"国家要独立,民族要解放,人民要革命"的运动模式。然而,澳大利亚社会的历史与现实是这样的：在1901年澳大利亚联邦建立后，许多澳大利亚人还是习惯地认为自己是英王的臣民，喜欢别人视他们为英国人；到了20世纪50年代，许多澳大利亚人使用的护照都还是英国护照，而不是澳大利亚护照，甚至根本就无意更换护照；从50年代到80年代，澳大利亚民意测验的问卷调查的提问还是这样的："你认为澳大利亚需要（英国）女王吗？""你认为澳大利亚需要总督吗？""你认为澳大利亚应该成为一个拥有自选总统的独立共和国吗？"而支持成立共和国的答案仅占总回收答案数的15%。[①]那么，这就难以解释这样一个最现实的问题：昨天的澳大利亚是否经历过民族运动？今天的澳大利亚是否属于独立的主权国家？然而，事实则又是一目了然的：澳大利亚确实是一个从英属殖民地转型而来并拥有主权独立的现代民族国家。

与世界上大多数国家和民族相同的是，澳大利亚社会的转型同样是澳大利亚人长期不懈努力的结果；而不同的是，其他国家和民族动用的方式大凡是在腥风血雨中展开前赴后继的革命，而澳大利亚人采取的办法则是在风平浪静中进行持之以恒的改革。而造成这般差异的原因一是在主观上，澳大利亚民族对英吉利民族文化传统和思维方式[②]的传承，这使得澳大利亚人不习惯使用激进的手段处置矛盾，尤其力主防范动用暴力；二是在客观上，作为宗主国，奉行自由主义的英国自北美独立战争后一直在为避免与殖民地（特别是移民殖民地）再次发生剧烈冲突而不断调整相关政策，澳大利亚恰好因此而成为了最大的受益者。这些原因的叠加导致澳大利亚的民族运动及由此引发的社会转型得以在自然演进中进行，在不知不觉中完成，

---

① G. Winterton, *Monarchy to Republic*, *Australian Republican Government*, Oxford University Press, 1986, p.1.

② 参见钱乘旦、陈晓律：《英国文化模式溯源》，上海社会科学出版社2003年版。

澳大利亚社会发生了深刻的变化,但表面上则似乎一切照旧。因此,其他国家与民族往往是以拥有成千上万为国捐躯的民族英雄而自豪,可是,澳大利亚人则是为在其200年历史中仅发生过一次造成几十人伤亡的政治性社会冲突事件①而得意。因而,本书试图另辟蹊径,运用"现代化理论",对澳大利亚联邦运动进行个案研究,探讨澳大利亚民族特性及澳洲社会属性与澳大利亚社会运动规律之间的关系,进而论证澳大利亚的现代化模式。

从1997年到1999年,在南京大学历史系教授钱乘旦先生的指导下,我完成了"英联邦国家现代化研究丛书"之《澳大利亚——在移植中再造》的撰写。在书中,我将澳大利亚现代化发展模式称作为"澳大利亚渐进发展模式",认为这是理想化的英国现代化发展模式。如果说英国的现代化发展走的是"渐进发展之路"的话,那么,澳大利亚现代化发展道路不仅是英国传统文化理念中最为理想的"渐进发展之路",而且这种理想已经在澳洲成为现实并由此对世界其他国家与地区的现代化发展产生着潜移默化的影响,即从当时的政治效果和长期的社会可持续发展性而论,人们可清楚看见改革的作用大于革命的功效。我认为,在澳大利亚历史上,最能体现这种发展模式的形式、属性和特征的社会运动非联邦运动莫属。因此,在随后师从钱先生攻读博士学位期间,我将澳大利亚联邦运动作为了自己的研究课题,进而再度在钱先生的指导下撰写了这部博士学位论文。

在澳大利亚200多年的历史中,19世纪中叶的自治运动、19世

---

① 即1854年12月的金矿工人暴动——尤里卡起义,造成29名工人和5名军警死亡,数十人受伤。事后,官方采取了息事宁人的策略,宣判起义参加者无罪。时至今日,在处理社会问题时,澳大利亚人都以此为戒,以免发生暴力冲突。

纪下半叶的联邦运动和从 20 世纪后期至今的共和运动是最能体现其现代化发展进程的标志。从宏观而视,这三场运动呈连锁性发展状态,而其中的联邦运动处于承上启下的至关重要位置——促成澳大利亚社会形态由英国的公民殖民地向英国的自治领转变,独立的民族国家——澳大利亚联邦由此诞生。

19 世纪 20—50 年代出现于澳大利亚各殖民地的自治运动是在英国移民遵循英国的自治传统,追求和争取英国人与生俱来的权利中形成的社会运动,由英国移民为主的社会群体在这场运动中逐步演进成为一个新的民族——澳大利亚民族。这场运动的深远意义在于它促进与加速了澳大利亚民族的形成,澳洲联合与统一成为发展趋势,民族国家的建立虽然前景模糊但已成大势所趋。

19 世纪中期以后,英国海外政策(特别是对殖民地的政策)的变化对澳大利亚产生了越来越大的影响,引发了强烈的反响。澳大利亚人发现:英国政府不再视澳大利亚人为"英国人",英国政府更多的是要求澳大利亚人对母国尽职,而愈加淡化和减少母国对澳大利亚的义务。围绕责任、权利和义务,在澳大利亚各殖民地与英国之间产生了分歧,表现为英国的帝国利益与澳大利亚的民族利益不相吻合,联邦运动由此逐渐形成。

澳大利亚联邦运动的进程由两条基本平行和相互影响的线索构成:一是澳英关系的调整与整合,表现为"澳大利亚英国人"的概念的弱化与"澳大利亚人"的理念的增强,澳英之间的关系由一群殖民地与一个母国的关系逐渐演变成两个实际上平等的主权国家的关系;二是澳大利亚人之间的共同利益的形成与增加,由此而引起澳洲的人际关系和社会结构等诸多方面的变化,澳洲的"自治"含义越发显示为澳大利亚民族的自主发展,在政治与利益上,各殖民地之间的趋同感、认同感和一致性逐步演进为民族国家的一体感和统一性。这是一个自然的演进过程,人们受直接的利益驱动,联手谋求自身幸福与社会美满,但在此期间,人们却又缺乏预先筹谋的宏观计划,也无意于为某种目标而奋斗。

澳大利亚联邦的成立标志着联邦运动的结束和澳洲的一次重大社会转型的完成。纵观19世纪后半期的澳大利亚,联邦运动将澳大利亚现代化发展中的基本特点——本土化——再一次淋漓尽致地展现出来。澳大利亚人在事无巨细地仿效以英国为主的欧美国家来设计新的民族国家的同时,又在自然地根据客观现实和需要修改着"舶来品",进而形成了自己的特征,"任何漂洋过海来到澳洲的东西都发生了性质上的变化"。澳大利亚人没有着力重新发明创造另一种社会制度,而是顺理成章地在澳洲确立了西方民主制度。不过,他们的成就不是简单地重复西方的一切,而是对西方的一切在符合国情和兼容并蓄的前提下进行了扬弃。在近代以来的澳大利亚历史上,这种明智的抉择时时刻刻作用于社会的方方面面,进而形成和完善了一种后起发达国家现代化发展模式——"澳大利亚渐进发展模式"。

同世界上绝大多数国家在充满刀光剑影和枪林弹雨的惊涛骇浪中完成社会变革和转型相比,发生在澳大利亚的这场事关其命运的运动的发展道路是"平坦而畅通的",是在自然的渐进中演进的。联邦运动没有一个真正意义上的领导机构,也没有一个具体而明确的行动纲领,这场运动表现为澳大利亚人的自发行动,其驱动力来自于以"民主"、"平等"和"自立"为内容的民族意识。在运动的整个过程中,伴随着民族意识的逐步加强和成熟,民族国家趋于形成。在人类历史上,这种现象是不多见的,特别是在19世纪。究其原因,关键在于澳大利亚的社会基础稳定、民众利益趋同和政治观点相近,这一切使澳大利亚人在运动中易于目标一致、思想统一、行动协调。

澳大利亚联邦运动是一场以建立独立的民族国家为实质内容的民族运动,但它与其他国家的同样性质的运动有一个明显的不同,它始终不是以母国为对手,而在澳大利亚人之间展开论战,以求就共同利益达成互利共识,然后再谋求母国的首肯,继而将母国的首肯当作"恩赐"来接受。暴力行为被澳大利亚人自觉而明确地排斥于运动之外,因此,在19世纪后半期,激烈而持久的唇枪舌剑没有导致同室操戈,而是逐渐转化为求同存异,进而志同道合。这也塑造了澳大利亚现代化发展中的一大特征——在平稳的嬗变中完成深刻的变革。

本书所研究的课题——澳大利亚联邦运动——在国内学术界尚属无人进行系统而详尽研究的学术问题。目前,中国学者(包括港台)没有撰写过一本相关论著,而可查阅到的专题学术论文仅有区区两篇。[1] 一些国内学者在编撰澳大利亚通史时,注意到了联邦运动是一场事关重大的民族运动,因而在这个问题上留下许多笔墨。但他们大都是使用"革命理论"来对它进行阐释,即相当关注澳大利亚在这一时期里所发生过的冲突、暴动、罢工等场面激烈的事件,然后再试图将这些事件串联起来并大加突出,以证明联邦运动的革命属性,如张天先生的《澳洲史》和郑寅达先生的《澳大利亚史》。[2]

澳大利亚联邦运动是澳大利亚学者关心的学术与政治问题,但

---

[1] 即姜天明的《澳大利亚民族独立运动述评》,《辽宁大学学报》(社科版)2000年第2期;王宇博的《对澳大利亚联邦运动的历史考察》,《学海》2003年第3期。

[2] 张天:《澳洲史》,社会科学文献出版社1996年版;郑寅达:《澳大利亚史》,华东师范大学出版社1991年版。

其研究思路与方式不是进行系统性的专题研究,而多为在研究澳大利亚其他社会问题时,考察联邦运动对其研究对象所产生的影响作用,或在其中扮演的角色。澳大利亚历史学家 M.麦克肯纳(Mark McKenna)在其著作《被囚禁的共和国——1788—1996 年澳大利亚共和主义史》(*The Captive Republic, A History of Republicanism in Australia 1788—1996*)中将澳大利亚 200 多年的历史写成了追求共和制的历程。他开宗明义写道:"从 20 世纪末开始追溯,澳大利亚共和主义的历史就是一个历时两个世纪但仍未实现的梦想,被囚禁在鸟笼里的鸟儿正耐心等待着笼门的开启。……从'第一舰队'于 1788 年在悉尼湾登陆开始,澳大利亚'不可避免'要成为共和国的信念就已经生成了。"[1]在书中的 11 个章节里,有 5 个章节的篇幅用于评述联邦运动。但是,在这部著作中,麦克肯纳将自治运动解析成共和运动的孕育阶段,而将联邦运动视为共和运动的发生部分和前期发展阶段。这是一部政治史论著,其内容主要由对澳大利亚各个历史时期政治家们活动的追踪与对他们言论的解析而构成,因而,其对联邦运动的论述与研究实际上是对联邦运动的政治解释,而它对澳大利亚社会结构的变化与调整(特别是澳大利亚民族与民族意识等问题)未予探究。

由 W.汉德森教授(W.Hudson)和 M.夏普教授(M.Sharp)撰写的《澳大利亚独立——从殖民地到不情愿的王国》(*Australian Independence, Colony to Reluctant Kingdom*)是一部篇幅不大但影响不小的政治学论著,旨在"解释澳大利亚是何时与如何获得它的独立的"。[2]但

---

[1] Mark McKenna, *The Captive Republic, A History of Republicanism in Australia 1788—1996*, Cambridge University Press, 1996, p.1.

[2] W. Hudson & M. Sharp, *Australian Independence*, Melbourne University Press, 1988, p.1.

是，其论证的结果是澳大利亚人并不知道自己是何时独立的，也不知道自己是如何获得独立的，至少是在第二次世界大战结束以前。他们注意到了"民族"在澳大利亚社会中的作用，但指出这是一个难以解释清楚的概念，"如同'帝国主义'、'独立'和'殖民主义'一样，'民族'一词的解释不仅因政治与热情的结合而被损害，而且是……众说纷纭。"[①]该书的内容有利于读者了解澳大利亚社会"母国情结"的内涵与概况，虽然作者们对此只字未提，而这对研究联邦运动是重要的。

在第二次世界大战结束后，澳大利亚人越发意识到自己所在的国家是一个独立的民族国家，因此，在澳大利亚，对民族、民族国家等问题的学术研究日益升温。《创造国家》(Creating A Nation)一书是P.格瑞姆舍(P.Grimshaw)等多人合著的社会学史论著。书中追溯了从1788年到20世纪80年代澳大利亚民族国家形成与发展的经历。尽管它没有直接提及"联邦运动"，但是，其近一半的篇幅用于论述19世纪后半期澳大利亚社会的变化。它所勾勒出的澳大利亚社会在这一时期的变化与发展轨迹是：性别在数量上的逐步平衡与在社会上的趋于平等使澳大利亚社会逐渐成为一个健全的社会，进而演进成为联邦国家。这部论著的价值在于从一个侧面揭示了当时澳大利亚社会的结构。因为流放犯殖民地的历史所造成的性别不均的现象是19世纪澳大利亚社会的一大难题，而这一问题的解决不仅关系到澳大利亚社会的健康发展，而且涉及澳大利亚社会的民主化水平的提高；而社会的健康发展和社会的民主化水平的提高又影响到澳洲的合作与联合，乃至民族国家的形成。

---

① W. Hudson & M. Sharp, *Australian Independence*, p.24.

澳大利亚共和主义者、著名学者 G.温特顿的《从君主制到共和制——澳大利亚共和政府》(Monarchy to Republic, A Sustralian Republican Government)是探讨澳大利亚政治制度形成与发展的论著。在其前三分之一部分里,这部被视作是澳大利亚共和主义理论经典的论著从法学、国家学说等学科的角度阐释了澳大利亚政治制度与英国政治制度的历史渊源关系。虽然它没有谈论联邦运动的内容,但是,它的论述明确地表明了为什么联邦运动的结果是澳大利亚成为了"隶属于英王的联邦"。

在诸多通史体著作中,联邦运动被详细而翔实地记述,如格林伍德的《澳大利亚政治社会史》[①]、F.K.克罗莱(F.K.Crowley)的《新编澳大利亚史》(A New History of Australia)等。在这些著作中,虽然对民族性问题谈论甚少且很肤浅,但是,关于澳洲各殖民地之间的合作直至澳洲联合的内容则是详尽的,其演进脉络被勾勒得清清楚楚,一目了然。

英国学者的相关研究大都散见于他们对英帝国的研究之中,诸如 P.凯因(P.J.Cain)和 A.霍普金斯(A.G.Hopkins)的《1688—1914年英帝国主义的投资与扩张》(British Imperialism Innovation and Expansion, 1688—1914)、A.波特的《牛津英帝国史》(The Oxford History of The British Empire)、E.斯考特(E.Scott)的《剑桥英帝国史》(Cambridge History of The Britain Empire)等。英国学者的论述基调是强调澳大利亚在帝国中的重要性和英国对澳大利亚的重视以及英国在政治上和经济上向其提供的保护与帮助。这类论著不仅数量庞大,而且每部必定要涉及澳大利亚。英国学者相关研究的特点可归纳为:一是数

---

① 该书已有中译本:格林伍德:《澳大利亚政治社会史》,商务印书馆1960年版。

量多,尤其是统计数据量大而丰富;二是分散,未见专题研究;三是论述与观点基本上是不约而同。

新西兰与澳大利亚经历相似,那里的人们也曾积极参与澳大利亚的联邦运动,并指望"澳大利亚联邦"的地域涵盖"澳大拉西亚"地区①,进而也能跻身于澳大利亚联邦,但是,澳大利亚人最终还是抛弃了它们。如今的新西兰学者们对澳大利亚联邦运动进行了卓有成效的研究,他们的视角和观点与澳大利亚同行是相同的。目前,在中国和澳大利亚可查阅到的关于澳大利亚联邦运动的专题研究论著当属由新西兰坎特伯雷大学历史系教授 L.特瑞诺(L. Trainor)撰写的《英帝国主义与澳大利亚民族主义——19 世纪后期的控制、冲突与妥协》(*British Imperialism and Australian Nationalism, Manipulation, Conflict and Compromise in the Late Nineteeth Century*),该书最具权威性和代表性。作者的研究与写作是以英国的帝国主义与澳大利亚的民族主义作为线索而展开和深入的。这是一部饱含澳大拉西亚地区人们情感的著作。在作者笔下,澳大利亚民族主义产生的原因是英国政策的变化给澳大利亚带来的失望,主要表现为一是英国不仅没有履行作为母国应尽的责任与义务,反而强调澳大利亚应作为殖民地向其尽责尽职(例如,在防务问题上,英国在推卸其承担澳洲防务的责任的同时,又要求澳大利亚担负保卫英帝国的职责);二是英国政府没有将澳大利亚人与英国人一视同仁,竟将"澳大利亚英国人"等同于英帝国其他地区的人们。因此,本书所描绘的联邦运动发生与发展的轨迹大致如此:英国的失职→澳洲的失望→澳洲的不满,英国不理

---

① 澳大拉西亚(Australasia)是一个含混的地理概念,通常是指澳大利亚和新西兰及其附近岛屿。

会澳洲的呼吁→澳洲的合作→澳洲的联合→澳大利亚联邦成立→英国理智地接受澳洲的变化与现实。

自20世纪以来,尤其是第二次世界大战结束后,在澳新地区,民族主义开始深入人心,表现为人们越来越为澳新的繁荣与安宁而自豪,因此,用民族主义理论来解释澳新社会自然成为一种流行方式,历史学界也不例外。所以,"身在此山中"的特瑞诺的科学研究和学术观点不仅是这种现象的体现,而且也由此而具有了代表性。然而,考察特瑞诺在书中所强调的澳大利亚民族主义,我觉得这仅是一种冲动的情绪,其中的民族性内涵尚相当含混,表明澳大利亚人还没有明确意识到自己与英国人的区别何在,或者说澳大利亚人还不清楚"我是谁"。因此,这一时期的澳大利亚人要求与英国分离的呼声的真实意义在于宣泄不满。所以,我认为,虽然伴随着澳大利亚民族的成熟,在进入20世纪后,这种情绪的逐步理性化和明朗化,意味着具有引导国家与民族独立自主发展作用的民族主义的出现,但是,在联邦运动时期,这种情绪因其民族属性朦胧而被定性为民族意识更适宜。

本书的构思和写作是在导师钱乘旦教授的指导下进行的。从选题到完稿,导师始终是以鼓励为主,正是这种鼓励增强了我的信心,产生出催人奋进的力量;伴随鼓励而来的是点拨式的启发,这一系列具有导向性作用的启发引导着我将研究工作推向深入。在我第一次汇报选题意向时,导师首先提出的问题是:澳大利亚人与肯特郡人所争取的权利内容是相同的,但是,为什么结果是澳大利亚成为了民族国家,而肯特郡依然是英国的一个郡? 当时,我没有贸然回答,但在潜意识上,我的工作思路从此一直受到这一提问的影响。

联邦运动发展进程是平静的,没有波澜壮阔和风起云涌,一切都是那么自然而然和风平浪静,几乎看不出有什么通常意义上的头绪和特点,这无疑加大了研究难度。当我为此苦恼时,钱老师提出两点:第一,"没有特点"就是"特点",这篇论文的关键就是解释清楚这个"特点";第二,要改变以往关注重大事件和关键人物的工作思路。澳大利亚社会的变化和发展不是在枪林弹雨中进行的,而是在那些看似漫不经心的习惯变化中演进的,因此,要特别注意普通澳大利亚人习惯的变化。导师反复提醒:这篇文章的重点在于揭示与解析澳大利亚人如何认识"我是谁"以及他们之间的认同感,告诫我应注意研究对象的细节变化,从中寻找线索,如一场演说、一句口号,甚至是一首歌曲。导师的启迪一次次地打开我的思路,又一次次地帮助我解决了困难。在此,谨向导师致以由衷的感谢。

在写作过程中,我还得到了许多老师和朋友的指教与帮助。在开题报告会上,杨豫教授提出的要求是:这篇论著"应是你前期研究工作的提炼与提高,而不能是在原有水平上的平面展开"。他进一步指出,重点不应是论述澳大利亚联邦的建立为什么会在平稳过渡中完成,这类工作早有人完成了,而是要从澳大利亚向联邦制过渡的特点上来反映一种现代化模式。针对如何突出主题的问题,任东来教授建议我改动原有的文章结构,通过相关问题的集中论述来概括出主题,而不必受时间框架的束缚。他们的指导与建议使我受益匪浅。李庆余教授提示我应注意近代澳大利亚与近代美国的比较,尤其是澳大利亚联邦运动与北美独立战争之间的差异。为此,李老师还为我提供了一些相关材料。沈学善教授一直关心着我的学业进展,屡屡给我指点迷津,处处为我提供机遇。在搜集和查阅资料过程中,陈仲丹教授和张红博士给予我诸多帮助,我得以每每享受"特殊待遇"。

此外，解放军国际关系学院国际关系教研室翟晓敏教授、南京师范大学历史系姜守明教授、江苏省社会科学院胡传胜研究员、复旦大学历史系李宏图教授和徐州师范大学历史系张秋生教授也都为本论著提出过诸多启发性颇强的建设性意见……凡此种种，不胜列举，谨向他们一并表示诚挚的感谢。

承蒙山东大学历史系刘平教授的积极引荐和商务印书馆常绍民先生与朱绛先生的赏识与帮助，本书才得以在商务印书馆出版，在此，向他们深表感激。我还要向为本书提供资助的江苏省教育科学研究院、江苏省"333工程"学术带头人培养基金和江苏省"青蓝工程"学术带头人培养基金表示感谢！

本书完成及出版之际，我情不自禁地想到了几位长眠九泉之下的长辈：

我的父母在时代变化的关键时刻，以果断的手段改变了我的事业发展方向。1977年10月，当高考制度恢复时，我是江苏省赛艇队的运动员。这在当时是一份风光职业，颇受同龄人羡慕，因此，我已没有读书的愿望和学习的意识。而父母软硬兼施，将我逼进了考场，并为我选定了"历史系"。这次高考经历真是与其语文考试中的作文命题"苦战"一样，令我终生难忘，从中我理解到了父母的良苦用心。我要读书的念头逐渐萌生并愈加强烈。1978年2月19日中午，南京玄武湖，当我结束训练上岸时，发现刚刚接受过化疗的父亲正站在码头上，手上握着一个信封——那是江苏师范学院历史系的本科录取通知书。苦乐交织的运动员经历就这样在酸楚中结束了。

在成为历史系新生之初，我多有不适应，首次考试的成绩名列全班之末。此刻，我真想重返"江湖"，重新"荡起双桨"。但就在这时，我在图书馆里偶然看到了"蒋孟引"的名字，倍感亲切，因为我们两家曾相邻而居 12 年。这位面色红润、和蔼可亲的老人原来如此大名鼎鼎！其实，当时我还不懂得学问及学术大师的含义。这份好奇驱使我查阅了他的一篇篇论文，很快就被那优美的文笔所吸引，在不知不觉中被带入学术殿堂。出自蒋先生笔下的《第一次世界大战》是我生平阅读过的第一本史学论著。由于不知道这些论文和论著中所涉及的许多内容和问题，因此，我翻阅了越来越多的世界史书籍。由此，我不知深浅地对世界史产生了兴趣，英国史研究进而成为了我学习与学术生涯中的主要内容。我虽然没有成为他的徒子，但还是当上了他的徒孙。

引言:"海外监狱"的嬗变

海外殖民扩张是英国近代史中的重要内容之一。正是依靠殖民扩张,英国才从一个经常被人们遗忘的欧洲小岛国成为了一个人人敬畏的"日不落"帝国,雄居世界霸主的宝座。而英国的殖民扩张又与千千万万英国人热衷于海外冒险与奋斗是分不开的,因此,持续几百年的英国殖民扩张和拓展殖民地的活动具有明显的私人性和民间性特征。然而,澳大利亚各殖民地的创建以及澳大利亚社会的形成则是唯一的例外。

18世纪后半期,工业革命使英国充满发展生机,但有增无减的高犯罪率随之也成为英国社会的痼疾,政府及民众为此大伤脑筋。从1717年起,为解决罪犯的囚禁问题,英国将流放犯送往北美殖民地关押,可是,北美独立战争使英国失去了北美的流放地,进而导致监狱的拥挤问题骤然突出。因此,不少英国人为了解决流放犯关押问题,将目光从北美转向澳大利亚。1779年,曾随库克前往澳大利亚探险的植物学家J.班克斯第一次提出建议,主张将东澳大利亚的植物湾开辟为流放犯关押地。这一建议引起积极的反响,有多人就此进一步进行考证并提出议案。英国内务大臣悉尼勋爵对此尤为重视,大加赞赏。1784年,议会通过法案,决定在新南威尔士建立流放犯殖民地。英国首相小威廉·皮特颇为得意地在下院说道:"没有人会对将不可救药的罪犯送出王国而提出质疑",而且"再也找不出比这种遣送犯人更为便宜的方法"。①

1787年1月22日,英王乔治三世在议会宣布:向"王国的不同地方"转送罪犯,以解决"监狱拥挤状态";任命海军上校A.菲力普为行将开辟的新南威尔士殖民地的第一任总督及驻地英军司令官,负责管辖东经135°以东的整个新南威尔士,包括邻近海岸的全部太平洋岛屿。5月13日,菲力普率领"第一舰队"离开普利茅斯港,驶向1.2万英里以外的澳大利亚。在这支舰队中,除了443名水手外,共计人员1030人,其中男犯568人,女犯191人(含13个儿童),4个连的新南威尔士军团的官兵以及少量的官员、军医和随行家属。经过8个月的海上颠簸,1788年1月18—20日,"第一舰队"中的船只先后抵达植物湾。在发现这里不宜作定居据点后,菲力普另选不远处的一个港湾作为安身之地,并决定以内务大臣悉尼的名字命名此地。26日,"第一舰队"在此举行登陆仪式,升起了第一面英国国旗。从此,澳大利亚开始了英国流放犯殖民地的时代。

可见,英国当初的动机是旨在缓和日益严重的国内监狱人满为患的社会问题,相关的一系列举措是英国刑事体制内部结构的调整的结果。②有别于英国在海外其他地区进行的意在进行商业贸易和拓展帝国的殖民活动,澳大利亚流放犯殖民地的建立不是英国人出于谋利目的的个人或民间活动的结果,而是意在解决英国社会问题的政府行为的产物。

就性质与作用而言,英属澳洲殖民地与英伦岛上的监狱是相同的,在此,英国没有以商业利益和开发为目的的殖民计划。前往这

---

① F.Crowley, *A New History of Australia*, William Heinemann Australia Pty Ltd., 1974. p.5.
② M.A.Franklin, *Black and White Australia*, Hale and Iremonger, 1976, p.21.

里的英国人根本不把自己当作殖民者，仅分别视己为前来任职的官员、服役的军人或服刑的罪犯。英国政府对它的关心也不在于经济的发展、区域的扩大和财富的回流，而是如何维持官员、军人和罪犯的生活。对于澳大利亚来说，"输入到澳大利亚的……英国财政部经费是资金的主要来源"。①所以，新南威尔士和范迪门② 两地流放犯殖民地的建立实际上是英国本土的海外延伸和英国监狱的容量扩大，因此，它们在性质上不同于英国在印度、北美和非洲等其他地区以商业利益为目的和内容的海外殖民扩张。人们在不知不觉中制造了一个英国社会，这使澳大利亚的社会发展从一开始就表现为英国社会体系的澳大利亚化，即本土化发展趋势。在悉尼，由于这里的军人、罪犯和少量自由移民大都来自英国下层社会，因此，在这里，人们的生活习惯、穿着打扮和语气语调等基本情况与伦敦东区大致相同。

在新南威尔士流放犯殖民地建立最初30年中，与其相适应的社会管理体制的特征是严格的军人专制制度。长期由海军军官充任的总督是当地事务的权力主宰，也是殖民当局的核心人物，他以军权为基础，既是军事长官，又是行政首脑。由于总督的权力由英国议会决定，再由殖民大臣转授，因此，总督仅对英国政府负责。在英国政府的眼里，澳大利亚的总督既不是一级英国政府官员，也不雷同于派驻其他殖民地的英国总督那样，是英王的代表，他仅是一个"严厉的监工"，一个"大典狱长"。③

---

① P. Groenewegen, *A History of Australian Economic Thought*, Routledge, 1990, p.14.
② 塔斯马尼亚初为新南威尔士的一部分，名为范迪门。1810年后，它逐渐分离出去，形成新的殖民地。
③ F. Crowley, *A New History of Australia*, pp.2—3.

在澳洲流放犯殖民地时代的初期,驻防的英国军人(包括就地退役的军人)逐渐滋生为一股新生力量,构成了社会政治和经济中一个极为重要和极富活力的群体。其特点是:第一,不同于为谋求生计和追求自由而前往北美的英国移民,他们始终保持着强烈的"我是英国人"的意识,忠实于英国和英王。与大致同一时期的美国人相比较,美国人摒弃了英国的传统和制度,而在澳洲的新南威尔士和范迪门等地,这些握有大权的英国军人则处处从英国移植现成的意识与体制,丝毫没有勉强之意。他们的意识和行为对澳大利亚日后的发展和社会转型产生了确定性质与方向的重大影响。第二,不同于同来的罪犯,这些军人不仅享有人身自由,而且拥有统治权,掌握着英国提供的资金。因此,在澳洲的求生、发展、致富的过程中,他们发挥出了启动和先导作用。由于经济生产的逐步发展和商业活动的日趋频繁,殖民地"主要居民和全体军官"感到必须制定出规章制度,规范和限制他们之间的贸易活动。[1]他们的这种行为与活动体现出英国人"独有的工业民族精神"[2],带动了整个社会生产和社会经济的发展,并最终导致澳大利亚民族意识和民族经济的形成。

1809年,英国政府任命享有盛誉的英国陆军上校L.麦夸里为新南威尔士总督,兼任驻军总司令。麦夸里与其前任们的使命是相同的,他也视新南威尔士为英国的"海外监狱",况且,他的专横跋扈比前任们是有过之而无不及,但是,这位精力充沛的总督在忠实执行英国的既定政策的同时,又出于英国人的工业民族精神的本能而鼓励和组织人们"合理谋利"。他无意移植英国的社会制度,其动机是稳

---

[1] F.Crowley, *A New History of Australia*, p.16.
[2] 参见M.韦伯:《新教伦理与资本主义精神》,四川人民出版社1986年版;钱乘旦、陈晓律:《在传统与变革之间——英国文化模式溯源》。

定社会秩序和发展社会经济,然而,在实际上,他却是在把新南威尔士当作英国本土的延伸部分而加以改造、开发和建设。在流放制度下的社会政治及经济体制中,他致力于正常社会的政治建设与经济发展。从表面上看,他的所作所为是出自于一位英国官员的责任心和事业感,但进一步观察,我们可以发现这一切与当时新南威尔士等地的社会发展需要是相吻合的。他的言行体现出英国的道德标准和价值取向在澳洲的移植以及与当地现实的结合,加速了澳大利亚的社会发展。他本人也因此而有别于仅充当"严厉的监工"的诸位前任。新南威尔士曾被人们比作希腊神话中那30年没有打扫的肮脏之地——奥吉亚斯牛圈,因而,麦夸里也就被称作那位在一天内将奥吉亚斯牛圈清扫干净的希腊神话人物——海格立斯。

麦夸里是澳大利亚历史上的一位卓越政治家。在执政的11年中,他的所作所为有力地促进了澳大利亚社会按照英国社会的模式而发展,更为重要的是为其进一步的发展以及社会转型奠定了基础,创造了条件。政治的稳定、经济的发展和风尚的改善为新的近代民族的形成提供了一个不可缺少的空间。英国的移民及其后代"渐渐对他们的自然环境感到自豪,并以一个爱慕者的眼光而不是一个外国人的眼光来看待它"。[1] 在麦夸里的统治下,新南威尔士虽然仍为英国的流放犯殖民地,但已经显示出一个有生气社会的种种征兆。其中最为显著的是牧羊业的兴盛已近在眼前,人口的增长也已成定局。尽管麦夸里在一部分人的口诛笔伐中被解除总督职务,黯然离开新南威尔士,但是,他以卓著的业绩而备受人们推崇,享有"澳大利亚之父"的美誉,其执政时期被称为"麦夸里时代"。

---

[1] 曼宁·克拉克:《澳大利亚简史》,上册,广东人民出版社1973年版,第71页。

相伴于经济活动的展开和扩大,特别是"牧羊业大潮"的兴起,澳大利亚各殖民地的社会面貌和社会形态开始发生变化。进入19世纪后,在新南威尔士等地出现了居民点。以悉尼为例,在1804年,这里与其说是城镇,不如说是"遍地都是树桩和枯树"的营地;而到1810年,"来到悉尼湾的人会认为自己置身于一个大城市。"① 这一方面表明人们的社会条件已有了可观的改善;另一方面也隐约显示出了澳洲城市化发展的端倪。而城市化的出现与发展则反映出澳大利亚的居民虽然数量不多,但相对集中,这为一个新的民族——澳大利亚民族——的孕育提供了条件。

与此同时,英国的自由主义也开始植根于这块"南方大陆",于是出现了与"海外监狱"的状况相背离的情况,即要求自由、平等和民主的思想在人们头脑中占据越来越重要的地位。它不仅对澳洲各地社会政治活动产生了导向性作用,使英国的社会制度开始向澳大利亚移植,而且促进了外来社会制度的澳大利亚化以及澳大利亚民族意识的产生。换言之,正是在这种按照英吉利民族的理念而建立在权利与义务相互关系概念上的思想意识② 的驱动下,澳大利亚各殖民地逐渐由英国的流放犯殖民地向英国的公民殖民地转型。虽然演进速度缓慢,但这个趋势已不可逆转,这表明澳大利亚各殖民地在经历了艰苦创业岁月后,已经进入了新的发展阶段。

经济的发展和殖民地的扩大使发展机遇增多,进而吸引来越来越多的移民。在英国移居海外的移民中,前往澳大利亚的数量逐步上升。一位英国移民在给居住在英国苏塞克斯的父母的信中写道:

---

① F. Crowley, *A New History of Australia*, p.43.
② 参见钱乘旦、陈晓律:《在英国与传统之间——英国文化模式溯源》,第一章。

"……在一个农场,我得到一席之地,主人是一位大好人。我感到非常满意,一切都超出了我所希望的那样,真是感谢上帝。"[①]日益增加的移民导致澳大利亚各殖民地社会的人口增加和社会结构的变化。人口增长大致以每10年递增数倍的速度上升,移民的进入是造成澳洲人口增长的主要因素。这众多的移民大都来自英国,据统计,仅1839年,就有13万英国人自由地居住在澳大利亚。更为重要的是,自由移民的数量逐渐超过罪犯移民,这就注定了流放犯殖民地的性质和面貌必定要发生变化。

自由移民是为追求财富而凭借着勇气与个性移居澳洲的,但他们大都低估了开发澳洲荒野的艰辛和所须付出的代价。他们理想中所要创造的社会仍是一个英国式的社会,而与澳大利亚的现实情况相差甚远。在澳洲艰苦的环境下,"许多人破产了,许多人走了,但是凡是坚持下去的人,结果都获得了相当的成功。"[②] 这种成功不单是指移民们的社会和生产逐渐走上了正轨,更是指移民们开始使英吉利民族的工业民族精神扎根于澳洲。它一方面表现为人们不懈地"合理谋利",致力于追求财富;另一方面与此相吻合和相适应的是在政治思想领域,自由主义与澳大利亚的客观现实相结合,使争取自由、平等和民主权利的呼声成为社会各界的共识。

在英国,19世纪是自由主义发展的鼎盛时期,追求自由成为英国人的时尚目标。这种思潮随移民波及澳洲。面对流放犯殖民地的社会管理体制,人们习惯地按照英国的价值取向和英伦的社会模式,企盼建立一个以自由贸易、自由政府和自由信仰为基础的新社会。

---

① G.Sherington, *Australia's Immigrants, 1788—1978*, George Allen and Unwin Ltd., pp.26—27.

② 格林伍德:《澳大利亚政治社会史》,第93—94页。

这是澳大利亚民族意识和民族国家产生与形成的前奏,反映出在本土化发展过程中澳大利亚社会演进的基调和方向。值得强调的是,在澳大利亚200多年的历史中,虽然其社会发展和变化历经了若干有着不同内容和主题的阶段,但是,这种基调和方向仅有过内容上的补充和成熟,而未发生过性质上的改变。它决定着澳大利亚民族意识的内涵,作用于澳大利亚一次又一次的社会转型。

时至19世纪20—40年代,社会规模的扩大和人口构成的变化使澳大利亚社会面貌发生渐变,"这块囚犯和袋鼠之地开始发展成了一块非常美好的、欣欣向荣的殖民地。"① 这些移民不同于"所有积极主动移民美洲的人",不是"不愿服从其他人支配的那一类人",② 在当时的澳大利亚作家亨利·金斯利的笔下,他们得以栩栩如生地再现:他们怀着发财的愿望来到澳大利亚,但不打算长期居住,处处表现着英国贵族的清高和矜持,对新的环境不屑一顾。然而,在现实生活中,一些在英国从不过问家务的贵夫人也只能屈尊俯就,虽说在"使用平底锅时也显示出一种高贵气度,尽管他们穿着本地的服装,肤色也因暴晒而转为红棕色,以及他们在澳洲哺育的后代在外貌、体格和语言上也有所变化,但他们骨子里仍然自傲地视自己为英国人"。③ 因此,他们深信:作为英国人,他们享有与生俱来的民主权利。他们高谈阔论英国的自由和母国的各种规章制度,认为他们也应同居住在英伦的英国人处于同等的地位,同样生而自由与平等,"男子汉品质在这些遥远的殖民地和在祖国一样茁壮地发展"。也正

---

① 里查德·怀特:《创造澳大利亚》,云南人民出版社1999年版,第35页。
② 参见 C. V. Woodward, *A Comparative Approach to American History*, Forum Series, 1983, pp. 99—114.
③ 黄源深:《澳大利亚文学史》,上海外语教育出版社1997年版,第25页。

如此,他们不能忍受澳大利亚流放犯殖民地现行的社会制度及管理方式,现有的制度限制和妨碍了他们的行动和权利。虽然这些自由移民之间的争斗倾轧十分激烈,但在反对英国控制的问题上,则是一致,矛头直指流放制度。在这些政治斗争中,他们没有着力创建自己的政治学说和探索新的社会制度,而是引用英国传统的自由主义思想和现成的法律制度来维护自身利益。澳大利亚"桂冠诗人"鲁宾逊呼吁:"在故乡生而就享有的权利,在这里就是继承。"

解放论派与排斥论派的斗争构成了新南威尔士等地社会政治生活的一大重要内容。这是一场涉及社会意识和政治体制的论战,它首先表现为社会上新旧移民之间的利益冲突,而进一步则深刻地体现为来自英国的自由主义在澳洲社会的移植和本土化。它揭示了流放犯殖民地体制已不能适应经济的发展和社会结构的变化,体现出病态的"海外监狱"向"健康的殖民地"转变过程中出现的矛盾。这是英国移民在澳洲争取自由平等的最初行动。解放论派初由刑释人员组成,后主要成员有刑释人员、自由移民及澳洲土生白人居民,泛指具有自由主义思想的人们。他们希望在澳洲施展才华,求得发展,但受到流放制度的限制和束缚,因此,要求进行民主改革,争取重获"在故乡生而就享有的权利"。其代表人物是素有"澳大利亚民族之父"的新南威尔士政治家 W.C.温特沃斯和总督麦夸里。排斥论派大都是新南威尔士的社会名流,是流放制度的既得利益者,有"殖民地老牌的富翁"之称。主要成分是大农场主、大牧场主、大法官和大商人,代表人物是大牧场主麦克阿瑟。这一派别在英国颇有影响。

两派斗争的焦点是刑释人员的社会地位问题,这是由新南威尔士等地人口结构发生变化而引发的问题。解放论派力主"犯人一旦成为自由人,应在各方面给予同殖民地任何正常人一样的待遇"。而排斥论派则竭力反对。两派的对立和斗争引起英国政府的关注。1819年7月,英国殖民大臣巴瑟斯特委任J.T.比格为调查专员,代表英国政府前往新南威尔士和范迪门进行调查。比格的立场和观点反映出英国的既定政策,即在维护澳洲为英国的"海外监狱"的前提下,大力发展牧羊业。因此,到1819年,比格向英国先后发回了3份报告,它们的重要内容可归纳为:一、流放制度予以保持,并宁严勿宽;二、严禁刑释人员出任社会公职;三、大力发展牧羊业。[1]比格的报告从内容上看颇有矛盾之处,既要维护旧的政治制度,又要发展受旧政治制度束缚的社会经济生产。然而,它却反映出英国的既定政策正在发生变化,即面对澳洲的发展与变迁,英国不再仅仅视澳洲为"海外监狱",而是开始注重在此谋取财富。英国接受了比格的建议,麦夸里因此而被解除总督职务,由T.布里斯班取而代之。

从表面上看,这场斗争是以排斥论派的胜利而告结束,但是,在人们用英国的自由主义对澳洲问题进行阐释时,这种自由主义开始适应澳大利亚的社会现实和需要,因此,影响深远。随着经济的发展、刑释人员的增多和自由移民的涌入,这场争论的主题——刑释人员的地位问题——逐渐淡化,人们更加关心的是以英伦社会为参照,讨论澳洲社会的民主化程度。英国的自由主义在澳洲的本土化是澳大利亚民族形成和殖民地社会形态转型的前奏——以自由主义为主导思想的自治运动逐渐成为这一时期澳大利亚社会政治生活的主要内容。英国移民不仅将争取个人自由的英国民主传统移植了过来,而且又将要求自主管理的自治传统引进了澳洲大陆。

正是在这种情况下,与流放犯殖民地的流放制度相匹配的土地

---

[1] F. Crowley, *A New History of Australia*, pp.49,63—65.

恩赐制成为众矢之的,英国的政治家和学者们也在苦思冥想。1829年,英国殖民地理论家 E.G.威克菲尔德发表了《悉尼来信》,提出了新殖民地的观点——"系统殖民化理论",到 1831 年,这套理论基本成型。① 其理论的核心是解决土地制度,即：一、废除土地恩赐制,建立以"适当"价格出售的土地出售制,变土地无价为有价；二、出售土地所得用于资助自由移民来澳,解决澳洲劳动力不足问题；三、吸引英国资本进入澳大利亚,保持土地、劳动力和资本的三者平衡。"系统殖民化理论"旨在将英国的资本、人口和雇佣制度移植到澳洲,并与澳大利亚的土地和资源相结合。这既符合英国在澳既得利益,将澳建成英国的原料产地、投资场所和商品市场,又适用于澳大利亚特殊的具体情况。

英国政府采纳了威克菲尔德的理论及改革方案。1831 年初,英国政府制定了新的土地条例,规定：一、在澳大利亚废除土地恩赐制,实行土地出售制；二、土地出售实行公开拍卖,每英亩售价为 5 先令；三、出售土地的收入用于资助移居澳洲的移民。该条例又称"雷彭条例",适用于澳洲全境。② 这就是澳大利亚历史上的第一次土地改革,多年来的澳洲土地问题终于得到初步解决。

"系统殖民化理论"是一种发展理论,它不着眼于新南威尔士和范迪门等殖民地的社会和经济在原有基础上的发展与提高,而是在政治制度、社会结构和经济体制变革的前提下,以英国社会为模式,试图建立不同于原流放犯殖民地社会的新的"健全"社会。所以说,这一套理论不仅大大有助于澳大利亚社会经济在体制上的变革,而

---

① J.Philipp, *Edward Gibbon Wakefield*, Melbourne University Press,1971,p.17.
② F.Crowley, *A New History of Australia*, pp.88—89.

且为其可持续性发展注入了活力,因此,这势必引起澳大利亚社会各方面的连锁反应。虽然,威克菲尔德的初衷在于使澳大利亚英国化,使澳大利亚的发展能适应英国社会的需要,但是,他也认识到如果他的理论得到运用。澳洲将会出现殖民地自治政府。[1]这表明在澳大利亚社会尚不健全时,英国化的发展趋势会使它成为一个趋于健全的西方社会。

此时正值澳大利亚牧羊业和羊毛贸易方兴未艾的阶段,"新南威尔士在创造财富和积累财富方面的进展是很惊人的,这是殖民地历史中最值得注意的现象",其发展速度"远远超过英国的任何一个殖民地,接近了英国本身的水平"。[2] 但是,作为英国的流放犯殖民地,其经济增长受到现有政治制度和经济体制的束缚,因此,打破这种束缚是促进经济发展的需要。同时,随着经济的发展和澳大利亚各殖民地之间往来的增多,澳大利亚民族已在孕育之中,充满自由主义色彩的民族意识隐约可见。澳大利亚的各地民众因视自己为正统的英国人逐渐改称为"独立的澳大利亚英国人"。1824年创刊的《澳大利亚人》第一次提出了"澳大利亚人"这一概念。这些人有别于早期的罪犯移民,将自身利益与争取自由和自治联系在一起。具有"澳大利亚民主之父"之称的温特沃斯多次表示:"在新南威尔士开辟的初期,我们只能把它看作是一个扩大的监狱,用于拘系、改造和役使重刑罪犯。只要是大部分人口属于这一类人,那么,处理自由政府是否适当,是否真有可能,这都是值得怀疑的。"但是,今非昔比,"在该殖民区里建立一个自由政府……将是解除它一切灾难的万灵药。"[3] 此

---

[1] J.Philipp, *Edward Gibbon Wakefield*, pp.30—31.
[2] 格林伍德:《澳大利亚政治社会史》,第60—61页。
[3] 同上,第84页。

时正是英国的社会改革运动蓬勃开展之际,许多来自英国的自由移民深受英国议会改革和宪章运动的熏陶,不仅有着强烈的自由主义思想,而且充满急切的改革社会的愿望,澳大利亚的流放制度使他们感到不能容忍。然而,在他们的政治中没有什么具有澳大利亚特点的内容,他们要求的是"英国人的权利、陪审团审判制度以及代表纳税制",谈论的是英国政府的"专制"、"英国人的……自由"等等。[1]

而此时英国政府与社会也从自由主义的角度来反思英国与殖民地的关系以及英国的帝国政策。[2] 19世纪中期,英国政府在殖民地问题推行的"自由帝国政策"[3] 对澳大利亚社会的建设乃至澳大利亚民族的形成所产生的作用是相当显著的。这种政策起源于英国自由主义的盛行和自由贸易的胜利。早在18世纪后半期,特别是北美独立战争后,建立适合新形势的帝国政策成为英国政府和社会的当务之急。早在18世纪后期,力主经济自由思想的英国政治经济学家亚当·斯密首开先河,评说英国的帝国政策。针对英国对殖民地的政治统治、经济垄断和军事保护,极力陈述垄断的弊端,认为经济贸易垄断无疑阻碍了殖民地经济的发展。他认为:虽然母国从中有所获利,但"这种利益与其说是绝对的利益,毋宁说是相对的利益","必然是有害的";他竭力倡导加强母国与殖民地之间的感情联系,建议"英国自动放弃殖民地的统治权,让他们自己选举地方长官,自己制定法

---

[1] 里查德·怀特:《创造澳大利亚》,第66页。
[2] 参见张本英:《自由帝国的建立——1815—1870年英帝国研究》,南京大学历史系博士学位论文,以下简称"张本英论文"。
[3] 参见张红:《从"无形帝国"到"有形帝国"——论19世纪最后30年的英帝国政策》,南京大学博士学位论文,第一章,以下简称"张红论文"。

律,自己对外媾和和宣战",①以此避免再度发生类似北美独立战争的对抗与冲突。亚当·斯密的主张在英国政坛和社会上产生了深远的影响,英国资深政治家、自由党领袖人物格拉斯顿以赞叹的口吻总结了亚当·斯密屡屡提及的古希腊殖民原则:"完全的自由,完全的自治。"②

步亚当·斯密后尘的是功利主义理论的创始人J.边沁。他从道德行为的角度出发,以"最大快乐原则"为标准来衡量当时英国的殖民制度,指出:这种制度明显违背了"最大快乐原则",侵害了人数远远多于英国人的殖民地的人民的利益,势必导致他们对母国的不满,进而引发殖民体系的动荡,甚至是解体。他提出"解放你的殖民地"的口号。边沁的学说后来成为了格拉斯顿入主唐宁街10号时期相关决策的理论依据。

就在威克菲尔德面向澳洲致力于完善和推行"系统殖民化理论"的同时,以贸易自由思想为宗旨的曼彻斯特学派则在鼓吹自由贸易和自由放任,倡导在殖民地建立责任政府,给予殖民地自由,认为"个人自由、殖民地自由、国家自由是一个整体的三个部分"③,应给殖民地予自由,放任其发展;英国无须再继续承担殖民地防务义务,不必注重双方的感情联系。其代表人物R.科布顿在1842年写道:"我认为,责任政府下的联合是朝着友好分离的第一步。"④ 他认为这样是

---

① 亚当·斯密:《国民财富性质和原因的研究》,商务印书馆1979年版,第165、178、186页。

② E. A. Benians, *The Cambridge History of the British Empire*, Vol.Ⅲ, Cambridge University Press, p.20.

③ 霍布豪斯:《自由主义》,商务印书馆1994年版,第39页。

④ John Morley, *Life of Cobden*, Macmillan Publishers Ltd., 1908, p.471. 转引自张红论文,第8页。

一举两得的:既保全了帝国,又丢掉了负担。曼彻斯特学派提出的诸多观点与建议在格拉斯顿的帝国政策中得到体现,如母国与殖民地的友好分离、让殖民地人民自力更生与自我防卫等。格雷曾说过:"要验证促进未开化地区居民发展的措施正确与否,最合适的标准莫过于看该殖民地是否能够自给自足。"①

1837年12月,上、下加拿大发生骚动,引起英国朝野的特别关注。"无限忠于英国制度"的英国激进自由主义者、辉格党人达勒姆伯爵在威克菲尔德等人的辅佐下,在1838年5月以高级专员和加拿大总督的身份受命前往加拿大调查和处置事件。次年2月,他向英国议会提交了《关于英属北美事务报告》(即《达勒姆报告》)。这是"一份在帝国关系史中具有决定性影响的文献",②"自由帝国政策"的原则初见端倪。根据达勒姆的建议,为了"帝国的利益",英国必须尽快地打破在殖民地遭遇的政治困境,为此就"必须彻底废除"旧的殖民制度,实现帝国事务与殖民地地方事务相分离。而具体的做法就是把英国宪政中的责任内阁制扩大到殖民地去,在殖民地建立"责任政府"。达勒姆解释道:"为了完全消除现存的政治混乱,无须改变政府的原则,无须创立新的宪法理论,需要的仅是始终遵循英国的宪法原则,将它引入这些大的殖民地。"③

按照达勒姆的设计,这种政府实质上是英国政治制度在殖民地的移植和翻版,它是按照英国的民主与自由原则建立起来的政府,即

---

① John M. Carland, *The Colonial Office and Nigeria 1898—1914*, Macmillan Publishers Ltd., 1985, p.101.

② C.C.Eldridge, *British Imperialism in the Nineteenth Century*, Macmillan Publishers Ltd., 1984, p.56.

③ B.L.Blakeley & J.Collins, *Documents in British History*, Vol.II, McGraw-Hill, Inc.1993, p.124.转引自张本英论文,第52页。

"必须夺回那些得不到议会多数人信任的人们的权力,把它们放到得到多数人信任的人们手中"。就职能而言,它是按照英国法律程序运作的地方自治政府,由英王任命的总督代表英王监督这个政府执行和遵守英国的法律。① 达勒姆勾勒出了责任政府的轮廓与内涵,即旨在避免权力冲突,通过司法管辖权的划分,调整英国政府与移民殖民地"责任政府"之间的各自行政管理责任,英国对殖民地事务的控制应限制在少数几个领域,即政府体制、对外关系、贸易政策以及公共土地管理四个方面,除此以外的其他内部事务都应由各责任政府自己负责。殖民地的"母国情结"是达勒姆这种设想的基础,对此,他自信地写道:"他们珍视母国的各种制度,并不仅仅基于他们从中得到的实际好处,而且基于民族的自豪感,他们支持这些制度,是因为他们习惯于将其看作是民主性的标志。这使他们与隔壁共和派邻居区别开来。"② 达勒姆自信地说道:"我认为,自治政府不会影响帝国,我把它看作是加强种族感情的唯一手段,而且它还可以作为与任何分离趋势对抗的因素。"③

尽管报告是针对加拿大的,但其"通过减少帝国政府的权力,来维持殖民地人民与母国的感情联系"的宗旨也同样适合于同为移民殖民地的澳大利亚等地。有趣的是,《达勒姆报告》是针对英属加拿大殖民地问题而提出的,但它在英国和加拿大都引起了激烈的反响,英国人认为达勒姆"把自己和自己的国家推进泥潭",而在加拿大,这

---

① A. Porter, *The Oxford History of the British Empire*, Vol. III, *the Nineteenth Century*, Oxford University Press, 1999, p.189.
② B. L. Blakeley & J. Collins, *Documents in British History*, Vol. II, p.125.
③ 张红论文,第11页。

篇报告"最初赢得的是敌人,而不是朋友"。① 然而,在正从"海外监狱"步入"健康社会"的澳大利亚,达勒姆的理论与设想则在风平浪静中顺理成章地得以实现,产生了令英国人和澳大利亚人满意的结果。其立竿见影的反应是变化中的澳大利亚社会适应了呼啸而来的"淘金热"。② 由于昔日的"海外监狱"已变成为黄金天地,因此,"很少有罪犯不把去澳大利亚的免费船票看作是政府的一大恩赐"。1852年12月,英国国务大臣指出:"用公费把罪犯送到紧靠金矿的地方,并有不久即行释放他们的意图,而数以千计的诚实劳工欲往采金而不可得。这是不合理的。"数月后,英国宣布停止向范迪门地区输送罪犯。到1868年,英国停止向澳洲任何一地输送犯人。"这样一来,金矿的发现终于导致了流放罪犯到澳大利亚东部去的做法的结束",③澳洲流放犯殖民地的历史由此而正式终结。与此同时,澳洲人既自然又自觉地按照英国社会的模式建设澳洲,使澳洲社会逐渐成为了英国社会的"澳洲版"。

---

① 宋家珩:《枫叶国度——加拿大的过去与现在》,山东大学出版社1989年版,第105页;格莱兹·布鲁克:《加拿大简史》,山东人民出版社1972年版,第197页。
② 参见王宇博:《"淘金热"与澳大利亚民族经济的发展》,《历史教学》1999年第9期。
③ 曼宁·克拉克:《澳大利亚简史》,上册,第194页。

第一章 "长大的孩子"：
"澳大利亚英国人"

时至19世纪中期，"澳大利亚英国人"顺利地实现了自己的愿望和理想，获得了与居住在英伦的英国人相同的权利，澳大利亚社会实际上就是英国社会的再版与延伸。换言之，无论是就理论而言，还是以现实而论，此时的英属澳大利亚各殖民地的社会属性与英伦的肯特郡是基本相同的。但是，随着澳洲的发展与英国政策的变化，澳洲社会与英国在观念和利益上的矛盾与冲突引起澳洲人对母国的日益不满，而不满的增多与叠加一方面使澳洲各地走向合作，进而发展为联合；另一方面使得澳洲与英国之间的隔阂加深，要求扩大自治与自主的呼声日益高涨。[1] 正是在这种环境中，澳大利亚民族逐步形成。

第一节 英国社会的"澳洲版"

一、自治、移植与依附

19世纪20—50年代出现于澳大利亚各殖民地的自治运动是在

---

[1] 参见《从澳大利亚英国人到澳大利亚人》，《史学理论研究》2008年第2期。

英国移民遵循英国的自治传统,追求和争取英国人与生俱来的权利和义务中自然形成的社会运动,是一场循序渐进的社会变革。这场运动是澳大利亚本土化发展的重要阶段,英国的社会政治制度以前所未有的规模移植于澳洲,并与当地的社会现实有机结合。这是一个相伴于经济发展的转变过程,在这个过程中,澳大利亚由流放犯殖民地逐渐转化为公民殖民地,由以英国移民为主体的居民群体逐步演进成为一个新的"健康社会",进而形成一个新的民族。在这一时期的澳大利亚,特别是在《达勒姆报告》问世后,一方面是英国政府通过司法程序,顺理成章地将殖民地内部的管辖权逐步移交澳大利亚人;另一方面,人们按照英国的社会模式再造了一个"澳洲版"的英国社会,澳洲成为了地道的英国"海外部分"。

移植英国的代议制是澳大利亚自治运动的第一个内容,同时也构成了运动的第一个阶段。直到1823年,在澳大利亚各地,总督一直执掌实权,不受任何限制,"在生命与自由,土地与工人各方面实操有生杀予夺的大权"。在他的权威下,"奴隶也能恢复自由,自由民也能沦落到与奴隶不相上下的地位"。[①] 这些法定权力是在1787年时由英王和英国议会授予的,与当时流放犯殖民地的社会结构与状况是相吻合的。然而,进入19世纪后,澳洲的社会经济有了长足发展,社会结构有了重大改变,社会政治正在向着英国式的民主化方向发展,因此,为维护流放犯殖民地而建立的总督专权政体和流放制度的不合理性已越来越明显地表现出来。流放犯殖民地的社会管理体制和政策对来自英国的自由移民来说愈加不适宜,以致愈加令人难以忍受,因为它限制了他们的人身自由,侵犯了他们的民主权利,所以,

---

① 格林伍德:《澳大利亚政治社会史》,第65页。

总督成为众矢之的,英国的自由主义思想自然成为人们抨击总督的依据,而建立在这种自由主义思想基础上的英国的政治制度也顺理成章地成为人们用以维护自身利益和限制总督权力的工具。

在英国,人们用代议制将国王置于法律的控制下,创立了君主立宪制。那么,在澳大利亚,与前者同宗同源的移民们同样要以相同准则和制度,将英王的代表——总督——置于法律控制下。于是,人们纷纷就总督的权力是否符合英国法律而向英国政府提出质询,进而要求用立法手段对此加以限制。鉴于新南威尔士等地的社会变化,尤其是这些地区的经济已成为英国经济的一部分,为了稳定当地社会秩序和经济发展,英国政府同意在新南威尔士建立一个咨询性立法机关。值得注意的是,虽然总督是英王的代表,但是,殖民地民众是将两者分开的。人们普遍认为:"我们效忠于一个人——英王……我们应将英王与总督加以区分。各方面情况表明……是总督伤害了英王。"①这是思想感情自然而真实的流露,反映出英吉利民族特有的忠君意识随英国移民一起进入了澳大利亚。此时,反对总督的专权正是对"海外监狱"的社会制度的否认和对英国民主制度的渴求。

1823年7月,根据比格的调查报告,英国议会通过了《改善司法条例》(又称《新南威尔士立法法案》)。条例规定:一、成立新南威尔士行政会议,协助总督处理政务,负责向总督提供咨询意见。其成员由英国殖民大臣任命,仅对英王和总督负责。二、成立新南威尔士立法会议,由5—7人组成,协助总督从事立法工作。其成员由总督提名,英国殖民大臣任命。在表决中,必须有总督一票,立法会议的法

---

① M. McKenna, *The Captive Republic*, p.32.

案才能通过。三、组建新南威尔士最高法院,以保证立法会议通过的议案不与英国的法律相悖,授予它刑事裁判权和民事裁判权。在某些情况下,允许由12位公民组成的陪审团参加审讯。四、宣布范迪门地区正式脱离新南威尔士的管辖,成立独立的行政区,并建立相应的立法会议和最高法院。尽管《改善司法条例》能否被认为是澳大利亚的第一部宪法目前尚有争议,但可以肯定的是,它不仅是现代澳大利亚的司法体系的起源,而且是澳大利亚走上民主道路的开端。虽然,总督仍是大权在握,但其权力开始受到分散和约束,并被逐步削弱。也就是说,该方案开创了限制总督权力的先河。布里斯班成为澳大利亚第一位权力受到约束的总督。英国的国家政治权力机构中的制衡机制以总督权力受到殖民地法律限制的形式在澳洲显露出雏形。澳洲社会形态的转变以代议制的移植和确立而进入实质性阶段。由于代议机构所涉及的领域和所讨论的问题均是澳大利亚的,因此,英国的代议制在这里被澳大利亚化了。

此后,自治运动向纵深发展。以温特沃斯为代表的澳大利亚政治家和社会活动家成为运动的领导者。在当时的第一家不受殖民地当局控制的刊物《澳大利亚人》上,温特沃斯确定了自治运动要"独立而坚定、自由而不放荡"的行动原则。他认为:英国将会吸取美国独立的教训而在澳洲谨慎从事,因此,建议"把这些政治改革的要求同殖民地与母国的联系问题结合起来",进而提出了一系列颇有价值和极具影响力的主张和观点。他的"自治、独立、民主"的思想成为自治运动的指导思想和理论依据。①

1828年,慑于澳大利亚自治运动的发展和深入,为了缓解冲突,

---

① K. Healey, *Towards a Republic*? Vol.13, Routledge,1993,p.9.

英国议会通过了一个修改《改善司法条例》的法案。根据该法案,立法会议的成员增至 15 人;取消前法案中关于总督一票决定立法会议的法案能否通过的规定,改为立法会议表决结果以多数赞成为准。这一修改法案的主要结果"是在立法方面明确地把立法会议置于总督之上,并加强了它拨款的权力"。[①] 作为 1823 年法案的补充和发展,它表明自治运动以代议制的进一步确立和完善为标志而向前又迈进了一步,也显示出英国政治制度和社会体制的澳大利亚化是澳大利亚自治运动的基调与趋势。

进入 19 世纪 30 年代,随着民族经济的发展和土地恩赐制的自行解体,流放制度的瓦解已是大势所趋。1839 年,英国政府下令停止新南威尔士和范迪门的犯人劳动指派制;1840 年,英国殖民大臣罗麦宣布停止向新南威尔士输送流放犯。当然,废除流放制度的举措是不彻底的,仅在新南威尔士一地实施,直到 20 多年后才在整个澳洲全面废止这种"纯粹的奴隶制"。但它实际上宣告了流放制度的终结,排除了澳大利亚社会发展道路上的一大绊脚石,使澳大利亚社会转型进入了一个新阶段。

40 年代是澳大利亚自治运动进入高潮的时期,民族经济的发展使以农牧业为特色的民族国家开始成形。其他先后建立的澳洲殖民地在社会经济水平提高的同时,也都要求仿照新南威尔士和范迪门,建立自己的立法机构和行政机构,这使澳洲以英国为模式的政治制度逐步完全取代流放犯殖民地的政治体制势在必行,因此,继移植代议制后,移植英国的地方自治制度渐渐成为澳大利亚自治运动的主要内容。"解放论派"与"排斥论派"虽然还时常就刑释人员能否进入

---

① 格林伍德:《澳大利亚政治社会史》,第 86 页。

司法部门而争论,但是,双方在争取自治问题上则是观点一致,步调默契。为了推动自治运动发展,"解放论派"成立了"澳大利亚爱国者协会",而"排斥论派"则组建了"排斥论者协会"。1840年,两派握手言和,"殖民地的政治联合一致,反对新的总督,反对帝国的土地政策"。"当英国的利益与地方上(指澳大利亚各殖民地)的利益关系不相吻合时,要求更大政治自治的呼声就会大幅度增长。"[1]

面对这种状况,为了防止重蹈加拿大1837年暴力事件的覆辙,正逐渐奉行"自治原则"的英国政府采取了顺应发展的态度,"给予特殊的承认"。1842年,英国议会通过了按照选举原则建立新南威尔士政府的法案,即《1842年自治法案》。这是一份直接涉及新南威尔士政治体制转型的重要文献,根据该法案,代议制在新南威尔士得到巩固和完善,使其在走向自治的道路上又迈进了一步。从这份法案可以看出,澳洲由英国化转向澳大利亚化的趋势已经十分明显。依此,澳大利亚成立立法会议,由12位英王钦定的议员和24位民选议员组成;选举人和被选举人有法定的财产资格条件;选举人需拥有价值200英镑的地产或每年100英镑的房租收入,被选举人需拥有价值100英镑的地产或每年100英镑的房租收入;立法会议有权为殖民地制定法律,有权划拨地区的财政收入;服刑罪犯没有选举权和被选举权,刑释人员则享有上述权力。

1843年,新南威尔士依据该法案举行了第一次立法会议选举,24位当选的民选议员中,四分之三来自农村和牧场,使得立法会议基本上由这一地区的大地主和大牧场主所操纵。这与当时的新南威尔士的经济发展和经济结构状况相吻合。对此,有人解释道:"当我想到,

---

[1] F.Crowley, *A New History of Australia*, p.84; M.McKenna, *The Captive Republic*, p.18.

这是一个农业和畜牧业为主的国家时,我并不认为农业和畜牧业者占据优势是不恰当的。我们没有制造业中产生出来的商业,这里没有制造业,而商人不过是农业经营者和畜牧业者的雇员罢了。"[①] 从此次选举的结果看,《自治法案》是适合并能体现新南威尔士社会现实状况的。另外,在这一法案的一些具体细节问题上也表现出本土化趋向,例如,就选举人和被选举人的财产资格而言,其原则是英国的,恰是1832年英国议会改革在澳大利亚的体现,但其财产资格标准则大大高于英国。这是澳大利亚社会现实所决定的。

《自治法案》的颁布是澳大利亚宪政改革的一个重要步骤。它的重要作用在于使总督的权力受到进一步的限制和削弱,使他不再能够控制立法会议和殖民地政府。这是新南威尔士社会转型过渡过程中具有决定性意义的一步。但是,它的不足之处是显而易见的,如严格的选民财产资格条件使三分之二的成年男子没有选举权,因而,无论是从选举过程还是从选举结果来看,选民实际上都是拥有财产的选民,而立法会议则是大有产者的立法会议。再有,该法案的实施范围仅局限于新南威尔士,其他地区尚未依此进行社会政治体制改革。然而,该法案无可争议地标志着自治运动已发展到较高水平,并进入以建立责任政府为目标的第二阶段。新南威尔士处于运动的前导位置,其他地区则紧随其后。

1846年,H.G.格雷出任英国殖民大臣。他在莅任的时候就明确宣布:他赞成新南威尔士和澳洲其他殖民地实行自治。为了缓和澳大利亚各殖民地与宗主国之间的矛盾并加强双方的联系,他甚至打算将澳洲各殖民地联合起来,建立一个仍从属于英国的联邦国家。

---

① 格林伍德:《澳大利亚政治社会史》,第88—89页。

他的积极态度使"新南威尔士的殖民者们怀疑他的动机"。[①]1849年和1850年,格雷两次向英国议会提出澳大利亚政治改革法案。最终,1850年的法案被通过,即《澳大利亚殖民地政府条例》。它是《1842年自治法案》的补充和扩大,适用于澳洲全境。这意味着澳洲各殖民地均可执行1842年法案。它规定各殖民地的土地所有权、国防和外交仍由英国把持。在1842年和1850年的两次改革中,澳大利亚人以立法的形式一方面最大限度地削弱总督的权力,在摆脱英国控制问题上取得了重大突破性进展;另一方面则通过殖民地立法权的扩大,使各殖民地的自治程度稳步提高,为民主制度的确立奠定了基础,确保了在社会转型过程中各环节的衔接。此时此刻,澳大利亚各殖民地责任政府的建立已是瓜熟蒂落,随之而来的"淘金热"则加速了成立自治责任政府的进程。

随着羽毛的丰满,新南威尔士已不再满足于现有的代议制度,认为它形同虚设,不如取得完全自治。1851年,在温特沃斯的领导下,按照《澳大利亚殖民地政府条例》组建的新南威尔士议会向英国殖民部递交了一份建议书,要求废除英王对殖民地议会所通过的法案的否决权,给予殖民地以赋税的支配权和公务人员的任免权。"该请愿书既有挑战的口气,又闪烁其词地提到美洲的起义",意味着新南威尔士将成为一个脱离英国的独立国家。格雷对此予以严词拒绝。[②]澳大利亚各殖民地哗然,共同对英国施加压力。后来出任英国殖民部常务次长的雷·罗杰斯以当时很普遍的悲观论调预言:"令人遗憾的是,无论你怎样让步,只要不给予绝对的独立权,就难以使殖民地

---

① J. Ward, *Earl Grey and the Australian Colonies*, 1846—1857, Melbourne University Press, 1958, p.45.

② J. Ward, *Earl Grey and the Australian Colonies*, 1846—1857, pp.236—239.

人民满意,因此很难预料怎样才能做到在保持良好的情况下最后分手,我想这是我们一致期望的。"①

但是,"一种发展的自然规律很快就使英国政府不得不承认殖民地的自治"。1852年2月,J.帕金顿接替格雷出任英国殖民大臣。他采取了较为开明的政策,12月,英国政府"允许各殖民地按照由威斯敏斯特立法通过的宪法来建立内部自治政府",②决定授予澳大利亚东部各殖民地仿效英国建立议会的权利。殖民地议会因此而拥有了立法权;拥有任免公务人员的权力,而不必与英国协商;它通过的法律若无损英国及英王利益,英国政府和英王就不干预或否决。1865年英国议会颁布的《殖民地法律有效性法》明确了英国议会与澳大利亚各殖民地议会之间在立法程序和立法有效性等方面的关系。就这样,责任政府在新南威尔士、范迪门、维多利亚和南澳大利亚分别建立。1853—1856年,上述四个殖民地的立法会议着手制定宪法,两院制的责任政府相继建成。为了纪念这一胜利,范迪门正式更名为塔斯马尼亚。昆士兰和西澳大利亚两殖民地也随后各自制定了基本与新南威尔士宪法相同的宪法,组建了责任政府。澳洲社会性质与形态由英国的流放犯殖民地转型为英国的公民殖民地。

在这六个责任政府中,最高权力名义上仍归英国议会,但英国政府的实际权限仅在于殖民地政府和民众尚不关心和注重的国防和外交等事务上,而各地区事务的决定权基本上掌握在各责任政府手中,这些政府因此拥有很大程度上的自治性。总督逐渐体面地放弃了权力,从主宰一切的独裁者成为一个单纯的英国王室的代表性象征,他

---

① 格林伍德:《澳大利亚政治社会史》,第174页。
② W. J. Hudson, *Australian Independence*, p. 9.

已"无权做好事,也无权阻止别人做好事"。这种在社会转型中形成的政治制度完全是英国君主立宪制的翻版。殖民地责任政府在组成结构和权限范围等方面都类似于英国本土上的郡级政府,对英国政府负责。换言之,在人们眼里,澳大利亚的新南威尔士等六个澳洲殖民地与英伦岛上的肯特和苏塞克斯等郡在英国的行政管理上并没有多少本质上的区别。英国殖民部代表英国政府监管着澳大利亚各责任政府,而作为"英国的海外延伸部分"的地方政府的各责任政府履行着与英伦的地方政府基本相同的职责:"环境、保护和个人。"① 可见,英国政治制度中地方自治原则在此得到移植和复制。然而,值得注意的是,澳大利亚人是在着意再造一个英国社会,但是,他们却无意识地,或不以意识为转移地造就了一个以自立为发展趋势的澳大利亚社会,澳大利亚民族的形成已见端倪。

　　自治运动对澳大利亚的影响是深远的。第一,它为民族国家的建立打下了坚实的基础。在这场运动的作用下,各地之间的交往与日俱增,联合和统一成为发展趋势。对此,温特沃斯预言:澳大利亚进入了"一个一定会……促使我们从殖民地过渡到一个国家的时代"。第二,这是一场以争取自由和平等为内容的民主运动。责任政府的建立是英国的自由主义传统与澳大利亚的现实社会相结合的产物,对以后澳大利亚的变化与发展产生了决定性的导向性影响。第三,自治运动推动了澳大利亚民族的形成。渐进的运动进程也是切身利益趋于相近的人们相互交流、了解和融合的过程,民族感情和民族性格得以萌发,民族意识大有呼之欲出之势。

---

① 环境事务指市镇和乡村公共设施的建设、管理和维护,以及环境卫生的管理;保护事务指警务、消防和民防;个人事务指教育、住房、居民卫生和福利事业等。

这场运动,或称澳大利亚社会的这次转型,经历了近半个世纪的光阴。在这过程中,英国的社会意识和政治制度随英国的移民而被移植而来,并逐渐被本土化。这构成了澳大利亚社会发展中的一大特点。澳大利亚人自觉地保持着"盎格鲁-撒克逊血统的特征和风俗习惯","信奉英国的社会、政治思想和欧洲文化"①,因此,他们自然会以此为依据,要求重获在英国所享有的自由与民主权利。平等意识成为澳大利亚社会意识的突出内容,自治运动实际上就是"澳大利亚的英国人"向英伦的英国人争取平等的斗争过程。这方面的一个典型例子是:1830年,温特沃斯在一份致英王的请愿书上写道:"应把英国宪法上的权利全部给予丧失了不列颠权利的英属殖民地。"②

由于自治运动在主观动机上无意反对英国,而是要争取和恢复"生而自由"的民主权利,所以,澳大利亚人在思想意识上自然地遵循英国的理论,在行动上习惯性地全盘照搬了英国的制度,而不是去另行创造。在这点上,他们与美利坚民族的意识和美国人的行为大相径庭。澳大利亚自治运动不仅在进程上与英国的民主改革同步进行,而且在形式上也采取了英国的模式,即宪政改革。然而,每一种能够远渡重洋抵达澳大利亚的事物都已改装变样,英国的自由主义和民主制度在使英国的中产阶级逐步成为国家统治者的同时,也将移居澳洲的英国移民凝聚在一起,催生出一个新的民族——澳大利亚民族。所以说,自治运动是澳大利亚现代化发展进程中具有标志意义的重要阶段——英国化转向具有民族化属性的澳大利亚化。

---

① H. London, *Non-White Immigration and the "White Australia Policy"*, Macmillan Publishers Ltd., 1970, p.4.

② 张天:《澳洲史》,第116页。

时至19世纪中期,"澳大利亚英国人"对英国政府原本用于对付罪犯的现行管理制度愈加不能容忍,这种情绪以及要求改变现状的鼓动或许会导致与北美独立战争有相同或类似性质的暴动与分离。而英国"自由帝国政策"在澳大利亚的实施,成功地维系住了澳大利亚人的母国情结,在不知不觉中消除了"任何分离趋势","国王的谋士们总能够使气冲霄汉的不满改变成为冷静的运动。"[1]澳洲的殖民地依然保持着对英国的依附,虽然,也有人意识到"迟早澳大利亚会走上自己的道路",但"实际上,殖民地的人们并不寻求独立"。当时的维多利亚激进人物G.赫金鲍汉姆曾写道:"现在的这代成年人仍自然地与母国紧密联系在一起。"[2]

在澳大利亚人眼里,责任政府是英王"赐予"的礼物。澳大利亚的资深历史学家H.赫尔曾写道:"在1848年至1856年间,(英国)同意在加拿大、澳大利亚和新西兰建立责任自治政府。"而加拿大的权威学者R.M.达伍森以相同的口吻写道:"(英国)对责任政府的认可……给了英属殖民地以管理他们内部事务的权利。"[3]在英国法定的管理体制上,此举使殖民地的责任政府与英国的政府部门平起平坐了。"澳大利亚英国人"对总督的不满越来越集中于认为他应该对王室,而不是对成立于1854年的英国殖民部负责,因为这会使英国殖民部有机会不恰当地插手干预澳洲殖民地的事务。无论是在英国,还是在澳洲,几乎没有人认为澳洲殖民地的政府机构在地位上逊色于设在伦敦的英国政府,尽管在实际运作中并非这样,因此,政治与政策上的这番举措使种族感情的纽带依然牢固而稳定地维系着英

---

[1] K.S.Inglis, *The Australian Colonists*, Melbourne University Press, 1974, p.68.
[2] W.J.Hudson, *Australian Independence*, p.10.
[3] Ibid., p.10.

国与澳大利亚各殖民地的联系,这种联系就是澳大利亚对英国的依附。

对于这种依附,感情纽带是重要的,当年正是这种感情纽带的断裂致使北美十三州走向了独立,但是,更重要的是这种依附是建立在立法制度基础上的。塔斯马尼亚司法部长 A.I.克拉克说道:"作为依附,我们与英国的关系不是基于对英王的承认,或是基于对枢密院的尊崇,伟大而威严的事实……是我们的立法体制是从属于英国议会的。"① 对于这种依附关系,英国是满意的,"自由帝国政策"被验证是行之有效的,"女王陛下对澳大利亚各殖民地统治的改良方案"实现了格雷的预想:"在澳大利亚各殖民地建立一种以……很好井井有条的自由的原则为基础的政府体制";② 澳大利亚人是满足的,母国认可了他们作为一个英国人与生俱来的,但又一度被母国忽略的权利。

这种依附关系存在于澳大利亚各殖民地的方方面面,澳大利亚人心安理得地享受着来自母国的特惠与保护:

——在社会政治方面,各殖民地的责任政府彼此之间缺乏联系与沟通,处于各自为政的状态。它们在不同程度上还有赖于英国的扶植、指点、保护,甚至是包办。

——在金融与贸易方面,英国的金融影响在英属海外殖民地的经济发展中产生着不同程度的作用,其中以其在澳大利亚的作用最具有显著效果。1851 年,英国拥有澳大利亚银行资产的三分之二。17 家最为成功的澳大利亚银行均于在伦敦开办业务,以直接获得资

---

① W.J.Hudson, *Australian Independence*, p.14.
② 格林伍德:《澳大利亚政治社会史》,第 130 页。

金、技术等。[1]1854年,澳洲向英国的出口额为430万英镑,而进口额为1300英镑。这巨大的贸易逆差与当时澳大利亚作为英属殖民地的依附地位是吻合的。[2] 此外,各殖民地之间不仅经济生产水平和经济发展速度不一,悬殊较大,而且相互往来与联系不多,也就是说,澳大利亚内部市场尚未形成。

——在防务问题上,英国包办了澳洲各殖民地的海陆防御。尽管早在1863年,英国就以奖励手段,要求各殖民地责任政府自行组建军队,但直到1870年,澳洲的地面与海上防御仍均由英国军队负责。澳大利亚人对此习以为常,既然英伦的防务是由英军承担的,那么,澳大利亚——"放错位置的英国国土"——的防务理所当然也应由英军承担。直到19世纪80年代初,从责任政府到平民百姓,都没有什么防务意识,政府组织的地方部队素质极差,只能用于围猎土著人,无意也无法执行防御外敌入侵的任务。

——在对外关系上,依附现象是最为明显的。按照英国所规定的权限,责任政府的外交权归属英国。对此,澳大利亚的各殖民地责任政府和各地民众没有什么疑义,"在与外国列强就防务或重要的政治问题交涉中,英国和殖民地的政治家……从未想到殖民地政府能够独立地同他们进行谈判。"[3]因此,"这些(澳洲)殖民地从来都不……具有国际性。"[4]

由于澳洲与英国之间存在着如此密切而正规的联系,以致有人

---

[1] P. Cain & A. Hopkins, *British Imperialism: Innovation and Expansion, 1688—1914*, Longman, 1993, p.245.
[2] 王宇博:《澳大利亚——在移植中再造》,四川人民出版社2000年版,第75页。
[3] J. Else-Mitchell, *Essays on the Australian Constitution*, Oxford University Press, 1961, p.344.
[4] W. J. Hudson, *Australian Independence*, p.15.

认为它是"一个不正规的殖民地"。①1867—1868年,爱丁堡公爵阿尔弗莱特王子出访澳洲,这是澳大利亚接待的第一次"王室巡游"。尽管在许多场合,澳大利亚人对英国殖民部显露出不恭敬的态度,但他们对这位王子则抱以极大的热情,强烈的效忠情感尽显其中,特别是当阿尔弗莱特王子因遭遇一位爱尔兰移民的暗杀而负伤时,这种情感达到了"疯狂般的"程度。②各种庆典仪式活动不仅体现出了澳洲的财富与力量,而且显示出澳大利亚人就是英国人,澳大利亚社会与英国社会一模一样。

　　在19世纪中期,在英国和澳大利亚,都有不少政治家和学者预言到澳大利亚将会逐步成为独立国家。1851年7月,已年迈的温特沃斯说道,"淘金热"将开辟一个人们预料不到的新时代,"一个一定会在短短的数年之内促使我们从殖民地过渡到一个国家的时代。"③然而,澳大利亚不是美国:美国人运用战争手段来维护自身的权益,进而建立起不同于母国的社会制度,彻底地摆脱了英国的殖民统治,完成了创建民族国家的使命;而澳大利亚人则是采用温和的手法来争取自治,通过移植英国的各种社会制度,再造了一个英国式的社会。尽管英国"赐予"澳大利亚人的责任政府是一个权力有限的地方政府,但是,澳大利亚人已经满足了,他们关心的是"权利"(right),而不是"权力"(power)。虽然,他们对英国政府和英国委任的总督多有不满,但并无意要脱离英国,他们认为英王是没有过错的,是英国的官员们在损害殖民地和伤害英王。自治运动并没有损害澳洲各殖民地与母国之间的关系,彼此间的联系反而更加紧密了,澳大利亚人一

---

① L. Trainor, *British Imperialism and Australian Nationalism*, p.2.
② F. Crowley, *A New History of Australia*, p.163.
③ 格林伍德:《澳大利亚政治社会史》,第128页。

方面兴高采烈地享受着自治权利,另一方面又心安理得地继续依附着母国。

二、不满与宣泄

导致联邦运动孕育和发展的直接动因是澳洲社会与英国在观念和利益上的矛盾与冲突,这些矛盾与冲突的发生引起澳洲人对母国的日益不满,而不满的增多与积压一方面使澳洲内部因共同利益的产生与增强而走向合作,进而发展为联合;另一方面使得澳洲的自治日趋演进为名副其实的独立,澳洲由英国的海外部分逐步成为拥有主权的民族国家。

在19世纪后50年里,澳大利亚人对待英国的心态是复杂的,处于在依附中不满和在不满中依附的状态。由于他们更多的是把自己当成了英国人,而不是澳大利亚人,因此,他们所要求的依附就是要生活在与母国保持密切关系的环境中,享受作为英国人而能拥有的权利;而他们不满则源于认为澳洲的现状仍未达到英国社会的水平,以及他们仍未充分享受到作为英国人本应拥有的权利。

不同于18世纪后期的英国与北美十三州殖民地之间的关系,自1788年以来,英国同澳大利亚各殖民地之间的关系始终是风平浪静,协调和睦,英国因澳大利亚而获利,澳大利亚因英国而发展。所以,澳大利亚的依附源于这里的人们理所当然地将英国作为自己依赖的靠山,进而理直气壮地强调澳大利亚是英伦本土的"海外部分",顺理成章地要求英国政府对澳大利亚尽责尽职;而他们的不满则发端于认为澳大利亚人仍未充分获得作为英国人所应享有的权利,英国政府未能像对待英伦本土那样对待澳大利亚,以及澳大利亚各责任政府的权力仍受到来自英国的不应有的限制。即使是在20世纪初联邦成立时,依旧浓厚的母国情结使许多澳大利亚人仍然以为自己是身处海外的英国人,没有多少人明确地意识到澳大利亚民族已经脱胎于作为母体的英吉利民族,澳大利亚联邦已是一个拥有独立与主权的民族国家。

澳大利亚人的不满是来自于对英国的依附,不满于英国未能"平等"对待他们这些"英国人";而英国则尽可能地顺应澳洲的需要,不断满足澳大利亚人的权利与权力要求;接着,澳大利亚人便继续心安理得地"享受"依附,于是,澳洲少了一份抱怨,英帝国多了一份稳定。这样的循环一方面使得澳大利亚人可以在其对英国的依附心理基本上不受伤害的情况下实现预期的政治主张,以致澳大利亚人是通过宪政改革的方式来处理与英国的事务,而无须在"不自由,毋宁死"的气氛中与母国对抗;另一方面使澳大利亚在不知不觉中由殖民地演变成为民族国家,"澳大利亚英国人"变成了澳大利亚人。如果说北美人是在独立战争结束后才意识到自己已经独立了的话,那么,澳大利亚人却只知道自己的自治权力在不断扩大,不但不清楚自己何时获得独立,而且对"独立"一词有着本能的抗拒。

维多利亚时代是英帝国的黄金时代,"种族"是英国维系同移民殖民地关系的重要纽带之一。[①]此时的澳大利亚人同样为自己的英吉利血统而自豪,但在自豪的同时,也有越来越多的人开始反思自己与英吉利民族的关系,因而在澳洲社会出现了关于种族问题的讨论。人们关注的问题首先是"他们是否是盎格鲁-萨克逊人种分裂出的种族?是否是英吉利种族的一个部分",其次是澳大利亚人是否是"带着罪犯烙印的种族",再有就是为什么澳大利亚民族不再与英吉

---

① P. Rich, *Race and Empire in British Politics*, Cambridge University Press, 1986, p. 30.

利民族相同。①此时,人们对"民族"(nation)问题的关注远不如对"种族"(race)问题的关注。虽然,这场讨论的初衷是为了论证澳大利亚与英国之间一脉相传的关系,但是,从论证的内容上看,这已经多少反映出澳洲人对与英吉利民族的认同趋于动摇,而对澳大利亚民族的认同尚在形成中。

在这场自发的社会讨论中,土生白人显得尤其活跃。一般百姓强调澳洲人比英国人高大、健壮,更充满理智,热爱运动;而政治家和学者们则从不同的角度,将口号"澳大利亚的澳大利亚人的澳大利亚"演绎得愈加富有民族色彩,使它的社会共鸣效应不断增强。1879年,一位来访的英国板球运动员口出狂言,傲慢地称呼与他比赛的澳洲球员是"罪犯的儿子们"。此话立刻激起澳洲人的反感,甚至是愤怒。总之,时至19世纪后半期,人们已经越来越清楚地意识到:现在和未来的澳大利亚已不再是移植来的英国。

这场讨论一方面使澳大利亚人的自信心和自豪感与日俱增,认为澳大利亚人是"继往开来的澳大利亚人";另一方面也使他们越发要求自己管理自己。墨尔本银行家、土生澳大利亚人G.莫戴尔认为,种族的发展势必导致建立由土生澳大利亚人领导的政府。②然而,澳大利亚人所要求的不是像北美人那样争取民族国家主权的独立,而是更多作为英国人"与生俱来的权利",以便更好地自治。因此,纵观19世纪澳大利亚历史,联邦运动与自治运动的属性和宗旨是相同的,都是随着澳洲的发展,澳洲不断向母国要求得到更多的自由与权利;而这两场运动的结局则不一样,自治运动使澳洲人心满意

---

① L. Trainor, *British Imperialism and Australian Nationalism*, pp.81—82.
② Ibid., p.82.

足,得到了诸多自治权利,而联邦运动则使澳大利亚人获得民族独立和国家主权,尽管当时大多数澳大利亚人对此仍认识模糊。回顾澳洲的历史,后人可将澳洲成为拥有独立和主权的民族国家的事实视为澳大利亚民族形成与发展的产物,是联邦运动的必然结果,但是,当时的澳洲人的动机仅是争取与自身发展相符的权利,尤其是政治权利,而对拥有主权与独立却不感兴趣。

独立与主权问题不仅不是19世纪中期澳洲人所要求和考虑的,而且直到20世纪中后期,对于澳大利亚的独立时间的回答在澳洲都是众说纷纭的。"如果问及他们的国家是何时与怎样独立的话,大多数澳大利亚人仅能做的反应是咳嗽或结巴。"其回答是多样的:有的说是1901年澳大利亚联邦的建立;有的说是1915年参加第一次世界大战的澳军在土耳其的加利波利作战;有的说是1941年澳大利亚为防范日本的侵略而转向美国,以寻求保护;有的说是1945年澳大利亚加入联合国……就连澳大利亚的首席大法官G.巴尔威克的回答也是不明确的,他在1969年的作答是:"大概从1931年《威斯敏斯特法》通过后,或是从那时起……澳大利亚成为一个独立的民族国家,然而,要精确地确定其产生的时间则的确是困难的。"10年后,他的解释更为含糊:"使澳大利亚成为完全独立状态的民族国家的历史运动是逐步的,并在一定程度上因是微小的渐变而难以察觉……确定澳洲独立的具体日期或许是做不到的。"[1]

在独立与主权问题上的含糊与漠视在澳大利亚人的政治生活中也多有反映。比如,同世界上许多国家一样,国庆节也是澳大利亚的重要节日之一,但所不同的是,澳大利亚人庆贺的国庆节是英国

---

[1] W.J.Hudson, *Australian Independence*, pp.1—2.

人在澳洲建立第一块殖民地的日期——1月26日,而不是联邦成立的纪念日——1月1日。其原因在于澳洲的近代历史的开端始于英国殖民地的建立,澳洲人的要求(特别是涉及自治的权利要求)基本上都在循序渐进的过程中得到满足,英国政府使得有可能重蹈18世纪北美独立战争之覆辙的澳大利亚人在心满意足中逐渐获得了具有独立实质的充分自治。因此,澳大利亚人对于独立纪念日并不是很看重。

相比世界上绝大多数国家获得主权的历程,澳大利亚人争取自身权利的运动进行得实在是太顺利和太温和了,无须"抛头颅,洒热血"便可以心想事成。也就是说,澳大利亚的独立与主权不是解放者们在具有纪念意义的暴动或战争中卓绝拼搏的结果,而是澳洲各地的政治家和学者们按照澳洲的社会意愿,通过一系列不懈的合法斗争而取得的,以致其演进进程表现为英国政府顺应澳洲的发展趋势而"赐予"澳洲人的。在这渐进过程中,澳大利亚民族形成了,拥有主权的澳大利亚民族国家出现了,可是,和平的气氛、温和的变革却使澳大利亚人一直没意识到自己获得的自治权利实质上是独立和主权。

自19世纪中期以后,澳大利亚人的社会要求与政治主张只是以往要求与主张的继续与扩大,这是一个自然演进的过程,依然是澳洲社会发展与变化的反应和产物。两者的实质与属性为,前者体现的是澳洲作为英国殖民地而存在的事实与发展进程,而后者揭示的是在前者的基础上,澳大利亚民族与民族国家形成与发展的趋势。这两者的差别与变化不仅细微,而且微妙,以致几乎是全体"身在此山中的"澳洲人并未真实地感觉到自己的行为正在使19世纪后期的澳大利亚发生着本质性的变迁。在权利意识的推动下,他们的前辈使澳大利亚由英国"海外监狱"变成为英属公民殖民地,而他们步其前辈的后尘而向母国争取权利的结果则是将澳大利亚建设成为了一个拥有主权的民族国家。因此,就表象而言,联邦运动是一场澳大利亚人向英国继续争取权利的社会运动;而就性质与结果而言,它则是一场不受独立意识驱动的民族独立运动。

作为自治运动的结果,澳洲各殖民地拥有了按照英国的"威斯敏斯特体制"建立起的立法和行政机构,组建了代表各自利益的责任政府,进而形成具有权威性的政治集体。作为不同于以前"海外监狱"的管理机构,它们得到来自英国政府和澳洲社会的认可与尊重。英国认为这是"一种以……很好的、井井有条的、自由的原则为基础的政府体制";而澳大利亚人则因能够与英伦的英国人享受同等权利而满足,对未来更加充满信心。

然而,虽然责任政府的职能与权限等同于英国的地方政府,但是,随着澳洲的经济发展和人口结构的变化,在实际运作中,它们则行使和发挥着国家政府的作用与功效。可是,它们的权限毕竟是有限的,受制于英国政府,因此,职能与权限同作用与功效之间不可避免产生矛盾,"针对'责任政府'体制的受限制的属性和体制上的资格问题,逐渐受到关注。"[1]因此,虽然无论是责任政府还是平民百姓依然继续理所当然地臣服于英国,"现在这一代成年人依然亲近母国,没有什么事情可以动摇对母国的爱戴与崇敬",[2]但是,"鹏程远大的澳大利亚人"对现有权利的有限产生了"不满",于是,澳洲各责任政府就权限问题向英国提出一个又一个超越出地方政府权限的权利与

---

[1] W. J. Hudson, *Australian Independence*, p.11.
[2] K. S. Inglis, *The Australian Colonists*, p.68.

权力要求。

在19世纪后半期,责任政府与总督的权限及地位是澳洲人与母国争论与矛盾的一大焦点。立足于"帝国利益"的英国政府依旧期望派驻澳洲的总督们能够在澳洲社会里扮演重要的指导性政治角色。他们是英国"帝国政策"的执行者,其履行职责的程序是:接受英国殖民部的训令;定期向殖民部汇报其统辖区域内的事务;如果在政治上遇到棘手的问题,向殖民部寻求建议和支持。其地位凌驾于澳洲当地的责任政府之上,其权力也超越了澳大利亚人自己政府的权限。作为当局首脑,总督被授权"根据自己的审慎判断",行使赦免罪犯特权,而澳洲地方政府和官员的意见仅供其咨询和参考;作为行政长官,总督不仅有权任免当地议会任命的官员,而且可以指派议会议员,甚至有权批准解散议会;作为帝国的官员,总督负责保护在地方政府辖区内的帝国权益。英国政府给予了他们在紧急情况下独断独行的大权,可置澳洲人的意见于不顾。

然而,英国政府可以随意处置澳洲内政事务的时代已经过去了。这种形成于19世纪中期的制度从一开始就引起了澳洲人的不满,进而是越来越多和越来越激烈的抨击。大多数效忠于英王的澳大利亚人并不认可总督能够作为英王的代表来统治自己,认为自己应该像英伦的英国人一样,直接臣服于英王。责任政府也愈加认为自己是直接受命于英王政府的,而总督的存在则阻碍了他们与英王政府的直接联系,他们只能通过总督来间接地与英国殖民大臣交往,因而,觉得自己的政治地位因总督而下降。1886年,澳洲各殖民地责任政府纷纷在伦敦设立了办事处,其本意是想以此建立与英国政府的直接联系,然而,事与愿违,虽经百般努力,它们与英国政府和政界要员的往来仍是很有限的,基本上是非正式的。因此,这些办事处的主要工作变成了推销澳洲的产品、鼓动移民和寻求贷款。[①]

越来越多的澳大利亚人愈加反感澳洲的总督听命于英国殖民部,而不是对澳洲负责。希金博萨姆从法学理论的角度指出:在这种制度中,总督与责任政府是不相容的。他认为,总督在内政方面行使职权时不应当以英国殖民大臣的训令为依据,而是应当完全以地方政府的意见为归趋。[②] 人们普遍认为总督应作为英王的代表而向澳洲的责任政府负责,而无须向英国殖民地负责,因为向英国殖民地负责无疑是给予并不了解和关心澳洲事务的英国殖民部官员们干预澳洲内部事务的条件和机遇,这是不恰当的。

澳洲社会对总督权力的质疑和责任政府与总督的权力冲突反映出的是澳洲人自主意识的增强,这不仅不是对母国忠诚的减弱,反而是依附英国的心理的彰显,即确保澳洲人能更好地依靠英国和效忠英王。而英国政府对此的处置也没有激化矛盾,而是在力所能及的情况下满足澳洲人的要求。1872年,根据澳洲的要求,英国对总督的赦免特权进行了修改,进而在1892年干脆将赦免罪犯的特权移交给责任政府。1877年,维多利亚议会上下两院之间因党派之争再度形成僵局。对此,英国殖民部训令总督J.博温爵士按照责任政府内阁成员的意见处置争端,以免使充当仲裁的"女王的代表……被议会中的一派利用为压制另一派的工具"。[③] 在这一次次彼此之间看似没有联系的权力之争中,总督的权力逐步被削弱,其影响是英国政府直接并单独过问和控制澳洲事务的权力渐渐消失,而澳洲人在政治上的自主性则相对加强。在1885—1890年卡林顿勋爵出任新南威

---

① W.J.Hudson, *Australian Independence*, p.12.
② 格林伍德:《澳大利亚政治社会史》,第176页。
③ 同上,第177页。

尔士总督期间,总督指派立法会议议员的权力最终演变为听从执政党的安排,并形成为制度。进入90年代,英国殖民部在委任总督之前,总是要先行试探澳洲人对总督人选的反应。就这样,总督逐渐体面地放弃了权力,从主宰一切的独裁者成为一个单纯的英国王室的象征,已经"无权做好事,也无权阻止别人做好事"。

澳洲殖民地责任政府的权力扩大致使其在作用与职能上越发成为主权国家政府,而愈加相悖于帝国疆域内的行政组织机构的性质。在这一渐变的演进过程中,没有变化的是澳大利亚人的母国情结、对英王的忠诚以及对英国的依附。值得进行比较的是,此时的英国政府基本上都满足了澳大利亚人对自主权力的要求,而在100年前,北美人是通过战争手段才从母国手中夺得现在的澳大利亚人所顺利享有的权利。

自治运动完成的重要标志之一是英国的政治制度体系逐步移植到澳洲,使来自英国的移民们找到了重获"与生俱来的权利"的感觉。然而,这种移植的过程并非是简单地复制和照搬,而是一个内涵丰富的本土化进程。当澳洲人心满意足地达到了"应该把英国宪法上的权利全部给予丧失了不列颠权利的英属殖民地"的政治目的后,他们自然心安理得地保持着"盎格鲁-撒克逊血统的特征和风俗习惯",继续"信奉英国的社会、政治思想和欧洲文化"[①],但是,每一样能够远涉重洋抵达澳大利亚的事物都已经不以人们意志为转移地改装变样。而在19世纪中期以后,澳洲人对英国的"不满"则在很大程度上是由这种改装变样的动因与前奏所致。

在19世纪中期,澳洲各殖民地先后按照"威斯敏斯特体制",根

---

① H. London, *Non-White Immigration and the " White Australia Policy"*, p.4.

据1865年英国议会颁布的《殖民地法律有效性法案》建立起来了区域性的立法机构——议会。可是,澳大利亚人很快就感觉到他们所拥有的议会缺乏针对澳洲的代表性,在权限上与澳洲的实际情况不适应,存在着对他们自由的实质性限制。首先,作为殖民地立法机构的议会受制于总督和英国的大臣们,他们对殖民地通过的法案拥有保留和否决的权力。也就是说,代表帝国利益的英国的官员可以阻止,甚至是制止澳大利亚人执行自己制定并只是事关自己事务的法案。尽管出于避免澳大利亚人愤怒的考虑,英国官员很少使用这些权力,如在新南威尔士,直到19世纪末,总督和英国大臣们仅行使过15次保留权和5次否决权,[1]但是,这种职权的存在则限制了澳大利亚人的自由和权力。为了保证法案能够被英国官员认可,殖民地的议会在制定和通过诸多涉及自身利益的议案时,必须考虑,甚至是屈从于英国的意愿。

其次,《殖民地法律有效性法案》因给予了殖民地议会以自行制定和执行事关本地区事务并与帝国利益不相冲突的法案的权力而被澳大利亚人称作是"关于殖民地立法独立的宪章之一"。可是,在殖民地议会的制宪过程中,该法案的实际作用是成为了英国议会对殖民地议会的优势标志,使殖民地议会屈从于英国议会。该法的存在并未使澳大利亚人可以自由地行使立法权力,相反使人产生了这样一种印象,即关系到澳大利亚人切身利益的法律都是在威斯敏斯特制定出来的,南澳大利亚议会通过的法律就曾经因被英国议会认定为有悖于英国法律而遭遇否决。虽然英国并不经常使用这种权力,但是,该法是对澳大利亚人权利与自由具有制约作用,它的存在令澳

---

[1] W.J.Hudson, *Australian Independence*, p.13.

大利亚人反感,因此,在澳洲,要求废除该法的呼声不绝于耳。

再有,由于澳大利亚各地的责任政府的权限与地位基本等同于英伦的地方政府,可是,在实际运作中,它实质上是主权国家政府。这种地位与实质的差异在其立法体制上显现了出来。当澳大利亚各殖民地与其他国家以经济为主的交往与日俱增时,澳大利亚各殖民地议会却不能像主权国家议会那样,就治外法权进行立法,而这类权力则是由被认为是"帝国议会"的英国议会执掌着。在整个19世纪,在与英国以外的国家交往中,澳洲缺乏独立与主权的属性与标志,无论是个人,还是责任政府,均没有要求也没有被视为是拥有主权国家的个人或政府。一位学者曾以法学辞令写道:"(澳洲)各殖民地从来就不是国际人。"这无疑又是澳洲在社会属性和各责任政府在机制上的缺憾,"威斯敏斯特拥有一种殖民地议会所没有的权力,它们没有这种权力的原因是威斯敏斯特没有打算把它给它们。"[1]

总之,澳大利亚各殖民地所拥有的是一个权力有限的责任政府,它们的议会在地位上从属于英国议会,甚至它们的合法性与权威性都是由英国议会来确定。虽然英国议会在制定与澳洲有关的法律前也会寻求殖民地议会的赞同,但是,英国议会可以按照自己的意愿修改殖民地议会的职权和职能。德高望重的塔斯马尼亚政治活动家、塔斯马尼亚司法部长 A.I.克拉克在1891年就这种状况写道:"作为依附,我们与母国的真正关系并非是依附于我们所认为的英王,而是依附于我们所求助的枢密院。显而易见的事实是……我们的立法机构附属于英国议会。"[2]

---

[1] W.J.Hudson, *Australian Independence*, p.14.
[2] Ibid., p.14.

英国对澳大利亚各殖民地责任政府在立法方面的控制自然影响到这些政府司法方面的权力受到制约与限制,而出于对自身利益的考虑,英国习以为常地保留着这些与英国枢密院有关的制约与限制,认为这是保护英国在澳洲殖民地利益,特别是英国投资者利益的良策之一。澳大利亚人也大都没有考虑要突破这些制约与限制,他们往往更加信任英国的司法判决,因此,才会出现殖民地法院对本地区党派冲突的裁定往往最终会求助于英国枢密院司法委员会定夺的事情。而这种定夺更具有权威性,是一种"挫败对手自信心以取胜的策略"。[①]而长期以来,澳大利亚人对此的不满不是抱怨枢密院限制了他们的自由与权利,而是对这套上诉程序多有非议,其一,远在伦敦的枢密院对待澳洲的事务漫不经心,一个判决能够拖延几年;其二,针对相同的案件,澳大利亚人只能上诉到英国枢密院,而英国人可以上诉至比枢密院更高级的英国上院。所以,从中可见一斑的是,澳大利亚人对英国的不满不是同分离或决裂相关,而是同依附相连,是因抱怨英国的政策与行为有损这种依附而产生的不满。

虽然,对英国的不满愈加充斥澳洲各殖民地,但是,类似当时印度社会与政坛上的那种以分离为目标的反英情绪则是微乎其微的,不满的言行表现为对英国当局越来越不顺从,A.迪金的所作所为具有相当的代表性。他不仅敢于公开严词抨击枢密院的决定,而且敢于将其言论变成为与英国当局对抗的行动。从1870年起,在他的努力下,维多利亚皇家联邦委员会在维多利亚的社会事务中的职能和作用逐步取代了英国的枢密院;在1881年的澳洲洲际殖民地会议上,此举得到赞许并被其他殖民地的责任政府所效仿和推广。然而,

---

① A.C.Castles, *An Australian Legal History*, Sun Books, 1982, p.102.

这种替代是有限度的,澳大利亚人依然将对于事关重大的立法终审决定权置于伦敦的特别法庭手中。直到19世纪90年代,制定出有关允许客座殖民地法官进入特别法庭的规定后,英国的直接控制才逐步消失。

澳大利亚人的不满集中在澳洲的内政事务上,他们不断向英国要求和索取权利与权力,使责任政府的自主程度不断提高,使澳洲社会在争取自治中一步步接近独立,所以,就澳洲内部而论,对英国的依附性在不知不觉中减弱。但是,在处理涉外事务中,依附性则依然如故。他们除了在对外防务问题上指望完全依赖英国之外,在外交上更是一味依附于英国,全然没有自主的风格。澳大利亚人没有直接关心外交问题的热情,认为那是由英国负责与承担的事务,因此,他们基本上不与其他国家存在往来。直到第二次世界大战前,澳大利亚人的普遍看法是:"一旦发生外交问题,我们总是甘愿让英国外交官来处理。一般说来,他们处理得比我们好。"① 他们仅关心的是对外贸易问题,即英国是如何处置澳洲与其他国家之间的商贸关系。在19世纪70年代,作为一方政府,澳大利亚人与别国的贸易谈判和签订商约的过程是通过信函往来进行的,信函上还标注有"英属新南威尔士殖民地"、"英属维多利亚殖民地"等字样;进入19世纪80年代,英国政府"允许"在自愿的情况下,澳洲殖民地可以不受英国与别国签订的贸易条约的限定;时至19世纪90年代,英国又"许可"澳洲殖民地可以从以往英国与别国签订的贸易条约中退出。

所以说,就此而言,澳洲的社会和澳洲的责任政府尚不具备自主

---

① 转引自张天:《从单元到多元的澳大利亚外交》,《世界历史》1995年第1期,第34页。

独立的性质。可是,当时的澳大利亚社会也竟不觉得有何不妥,"无论是英国,还是殖民地的政治家们,甚至都没有设想到(英国)应就殖民地政府能够独立与其他国家进行防务事务或重大决策问题同列强进行谈判而做出让步。"①1894年,英国殖民大臣 L.里彭就澳洲殖民地与列强进行贸易谈判等接触问题声称:"(澳洲)仅能够通过英国政府接近列强,缔结涉及任何一处英属自治领的协定都是英国政府与其他主权国家之间的协定。"而澳大利亚人的最大愿望也仅仅是希望在与列强举行事关他们的事务和他们的利益的贸易谈判时,英国谈判代表团中最好能有他们自己的代表成员。②

澳大利亚人在思想上和行为上对英国的依附与澳洲各殖民地的形成与建立的经历是相关的。继新南威尔士建立后,除了范迪门是日后从其中划分出去的以外,其他几个殖民地都是分别由英国政府后来设置的"流放犯殖民地"发展和演变而来的。同早年的北美殖民地不同的是:一、从历史沿革而论,不同于北美十三州的发展是依靠自力更生,澳洲殖民地与英国在政治上是隶属关系,澳洲经济发展的起步完全仰仗于英国用于建设"流放犯殖民地"的财政拨款,再加上英国就处理与殖民地矛盾而进行的政策调整,所以,澳洲与母国的关系没有因不满而决裂;二、从地理分布而言,不同于北美十三州依次相连地排列在北大西洋西岸与密西西比河东岸之间的狭长地带,澳洲的殖民地不仅人口分布稀疏,而且相距遥远,散落在广袤的澳洲大陆上,各自首都之间的距离可达上千公里,此外,环境恶劣的荒原又使得交通极为不便。因此,直到19世纪后半期,各地的澳大利亚人

---

① J. Else-Mitchell, *Essays on the Australian Constitution*, p.344.
② W. J. Hudson, *Australian Independence*, p.16.

虽然已经在同一个大陆上生活了一个世纪,但彼此之间的往来却大大逊色于各自同英国的交往。这些因素使得澳洲人对母国的依附得以长期存留。各殖民地分别与英国之间建立了紧密联系,即"帝国关系",而殖民地之间的关系则大多是通过英国而往来,或受到与英国关系的影响。例如,就法定的意义而言,塔斯马尼亚与外界的联系仅限于与英国之间,而与澳洲其他殖民地的联系则是这种"帝国关系"的"连带物"。"澳大拉西亚联邦会议"是个具有全澳性质的组织机构,但徒有虚名,在1886—1899年塔斯马尼亚主持该机构期间,南澳大利亚对它仅是敷衍一番,而新南威尔士对其则根本不予理睬。

然而,澳洲殖民地与英国之间的这种关系此时在越来越大的程度上是建立在"母国情结"的基础上的,而与澳洲社会的发展与变迁愈加不相适应。"母国情结"使澳大利亚人依然以为自己是英国人,理所当然地将英国君主认作是自己的统治者,视远在北大西洋的英国政府为自己的中央政府,这使得澳大利亚人在感情与思想上依附英国。可是,英国的政治制度与统治机构仅适合英伦,仅使英伦处于政治民主和社会自由之中,但却难以顾及澳大利亚。在英帝国里,英国议会又被称作"帝国议会",它的立法适用于帝国全境,然而,这个议会的议员是按照英国的选举制度选举产生的,而不是按照"帝国"的选举制度,因此,"帝国议会"中自然没有一位来自殖民地的代表。然而,英国议会的代表性实际上仅局限于英国本土,而不能代表殖民地的利益与愿望,殖民地的不满由此而生成。100多年前,英国人固执地维护这种状况,导致北美人揭竿而起,由要求自治突变为争取独立。而现在,英国人吸取了经验和教训,改变了相关政策与措施,以维护现状为宗旨,以致澳大利亚人的不满一次次被抚平,要求一次次被满足,因而,出现了这样的情况,一方面,澳大利亚人的自治程度逐步加强,在自然的演进中走上了通向独立的民族国家之路;而另一方面,澳大利亚人在主观意识上依旧以为自己是英国人。

当然,英国的政策调整在很大程度上较为完整地保存了澳大利亚人的"母国情结",以致澳大利亚人的不满没有导致抛弃对英国的依附,然而,更为深层与隐含的因素是蕴藏在澳大利亚人情感深处的那种以英吉利民族为自豪的"种族优越意识"。澳大利亚学者W.汉考克和N.梅尼分别将其称之为"种族的骄傲"和"英吉利种族的爱国主义"。① 尽管澳大利亚民族正在形成,澳大利亚人的言行正在使澳洲走向民族国家,但是,在这种"种族优越意识"的作用下,在澳大利亚人头脑里,这些不满与依附被当作为英国或英吉利民族的内部问题,而不是两个民族或两个国家之间的事务。

存在于澳洲的这种"种族优越意识"起源于早期来到澳洲的英国移民。不同于早年因躲避宗教迫害或不满贵族统治而迁徙北美的英国人,前往澳洲的英国移民的成分少数是流放犯,多数是生活在英国社会金字塔下层的民众(如伦敦东区的居民)。但是,与以追求自由为迁徙动机的前者不同,这些移民谋求的是期望日后能够衣锦还乡,荣回故里。在澳洲,他们并没有致力于创造"新世界",而是移植和重复故乡的一切。在他们眼里,澳洲并非是殖民地,而是英国本土的海外延伸,是"一块放错位置的欧洲土地"。就这样,在主观上不加任何改动的情况下,移民们将英国的主流文化和社会制度自然地带到了澳洲。由于来自英国各地的移民在澳洲相对集中,因而,澳洲社会不仅是英国社会的翻版,而且因来自英国各地的移民的相对集中,使得这个社会更像是英国社会的微缩,"(澳洲)殖民地生活的主要特点是

---

① W.J.Hudson, *Australian Independence*, p.18.

英格兰人、苏格兰人、爱尔兰人和威尔士人比在英国更为彻底地结合在一起,构成了一个(与英国)不同的社会,当然,这种不同是微乎其微的。"[1]

此外,还有多种因素使得"种族优越意识"在澳大利亚根深蒂固。首先,假如英国的国势如同当时日趋衰落的西班牙之类的国家那样,这种"种族优越意识"势必在殖民地难以维系,可是,此时的英国在世界上正处霸主地位,它的政治制度、文化水平、经济实力以及军事力量无不显示出超凡的优越性,英国人为之骄傲,而与英国有着种族与血缘关系的澳大利亚人同样感到荣耀,他们更喜欢唱的歌曲是《女王的士兵》,而不是《羊毛剪子咔嚓响》。[2]所以,澳大利亚的殖民者们普遍认为,澳洲将会成为比英国更美好的乌托邦社会。这个乌托邦社会并非是脱离英国而独立,而是依附于英国,是英国社会的延伸;为了"更美好",他们对英国产生了种种不满。因此,与100年前的北美不同,在澳大利亚基本上不存在孕育独立意识的环境。

其次,英伦与澳洲相距遥远,这本是易于造成两者关系趋于松散的客观原因,但是,随着近代工业的发展和科技水平的提高,轮船使海上运输愈加安全和便捷,特别是在1872年澳英之间海底电缆的铺设使澳英电讯联系开通,这更是大大密切了两地的交往与沟通。澳洲作家F.亚当斯写道:"邮政轮船和海底电缆使英格兰(与我们)更加紧密了。"[3]由此可见,一方面澳洲因自身发展而生发了对英国越来越多的不满,而另一方面澳英之间密切交往的增进则又是在情感

---

[1] W.J.Hudson, *Australian Independence*, p.19.

[2] N.K.Meancy, *The Search for Security in the Pacific, 1901—1910*, Sydney University Press, 1976, p.5.

[3] Ibid., p.4.

上牢牢维系着澳洲对英伦的依附的因素之一。澳洲学者 K.S.英格利斯曾指出:在保持澳洲人的英国人身份上,电讯联系产生了重要的作用,影响到在澳洲出世并长大的土生一代。①他们可以随时随地真切地聆听到来自母国的声音,并与之对话。

澳大利亚人对英国的"母国情结"不仅是思想感情的产物,而且与他们的实际利益的密切联系着的。其一,对英国在经济上的依赖是维系澳大利亚对英依附关系的重要因素之一。在经历过"羊毛业大潮"和"淘金热"后,"尤其明显的是,澳大利亚的经济繁荣依赖于国际经济,特别是依赖与英国的联系。……在整个 19 世纪后半期,约有三分之二的(澳洲)殖民地出口产品的去向是英国,而三分之二进口产品来自于英国"②。另外,澳大利亚是英国的海外重要投资场所之一。70 年代后期,英国在澳洲的投资数量占其海外投资总量的一半,80 年代是四分之一。③这一切使得在决定澳洲的经济发展的资金、市场、劳力、技术等重大问题上,澳洲尚需依靠母国,澳洲人也没有考虑要改变这般状况。澳洲殖民地与英国的依附性经济联系构成了澳洲人"母国情结"的经济基础。

其二,19 世纪后半期,欧美列强对南太平洋表现出贪欲,这使得澳大利亚人愈加感到不安。虽然澳洲各殖民地可以作为一个独立的国家,或是一个独立的国家联盟来自由地与这些欧美列强进行外交往来,但是,它们的外交努力尚缺乏综合国力,特别的军事实力的支撑,而在军事和外交上对英国的依附则可轻而易举地弥补这些不足。

---

① W.J.Hudson, *Australian Independence*, p.19.
② Ibid., p.20.
③ N.D.Butlin, *Investment in Australian Economic Development*, 1861—1900, Cambridge University Press, 1964, p.31.

澳大利亚人认为,与欧美列强相比,"英国的强大不会对他们构成打击,反而能够保护他们。"①相对于作为一个独立的国家,作为英帝国成员的身份更能够使澳大利亚人的安全得到保障,利益得到保护。而英国并不干预这些殖民地与其他欧美国家的交往,但当殖民地与其他国家发生矛盾时,它会出面支持它的澳洲臣民。

正是这些在情感和利益上的诸多因素,造成澳大利亚的"母国情结",它始终保持着效忠英王和依附母国的特点。大多数澳大利亚人对"独立"持淡漠的态度,希望自己的殖民地能够继续留在英帝国内,对保留依附与英国的状况感到心安理得。

就英国而言,其态度与做法既易于造成澳大利亚人的不满,也利于他们对不满的宣泄。一是进入19世纪后半期后,英国人一开始对澳大利亚人的"母国情结"没有予以多少关注,在他们的意识里,澳洲并未被视作是英国本土,而是英国的殖民地,是英帝国的一部分,它迟早将成为独立发展的自治领。因此,英国政府在澳洲事务和问题上,自然执行的是其帝国政策,有别于在英伦本土执行的国策。而这点正是澳大利亚人所不满之处,以为自己的权利与利益受到了损伤。二是英国对澳洲的殖民管理与统治是放任的和自由的,这给予了澳大利亚人一种宽松的自我活动空间,"(澳洲的)殖民地从来没有因固执的英国而被迫做出什么选择。"②当帝国的利益或英国的政策与澳洲相悖时,英国基本上不会强迫澳洲人执行。例如,当英国在海外大力推行"自由贸易"时,它却对澳洲各殖民地执行的"保护主义"听之任之,没有横加干涉。再有,澳大利亚人的种

---

① R. Hyam and G. Martin, *Reappraisals in British Imperial History*, Batsford, 1975, p.7.

② W.J. Hudson, *Australian Independence*, p.21.

族排外意识和做法与英国的帝国概念与政策是不相符的,虽然英国政府对于澳洲人限制和打压有色人种向澳移民的做法是不赞同的,但这种"不赞同"仅表现为向澳洲的责任政府表白英国的态度,而没有要求对方必须听从。所以,澳英之间的分歧或矛盾从来没有发展到不可调和的地步。

第二节 澳大利亚民族与民族意识

到19世纪中期,澳大利亚社会已今非昔比。羊毛与黄金使这里富甲一方,澳大利亚人自豪而固执地认为澳洲是地球上最富庶的地方。以往,英国人不愿意移居澳洲,"去地球那边,去澳大利亚,和死亡无异"。一家英国工人阶级的报纸曾写道:"我们不会离开祖国去陪伴半野蛮人和袋鼠。"然而,现在的澳大利亚越来越多地被描述成"黄金国和世外桃源的结合体",一个充满机遇与财富的地区。英国人眼里的澳大利亚是"绿满原野、一派和睦、令人知足的乡村景象,就像莎士比亚和弥尔顿时的英国",具有"一个多么令人振奋的前景……一个多么令人骄傲的前景"。[①]

澳大利亚人不仅因经济富裕和繁荣而满足,"过着类似地中海或南太平洋人的生活",而且为澳洲社会而自豪,自治运动的结果使他们在政治权利已与英伦的英国人平起平坐。从1860年起,澳大利亚就实行了男子普选权和秘密投票制度。它"是世界上最早证明了在当时被攻击为标志着'自私、无知、民主'的胜利的制度下,社会依然

[①] 理查德·内尔:《澳大利亚文明》,中国文学出版社1998年版,第15页;里查德·怀特:《创造澳大利亚》,第41—43页。

能够生存的几个国家之一"。① 只有英国、美国、加拿大、瑞士等国家基本达到了这种标准。

同具有反叛意识的美国人不同,澳大利亚人没有着意去创造和追求新的观念和制度,而是自然和习惯地继承和复制了母国的一切,因此,他们始终坚信自己"和英国人本身一样是完全成熟的白种英国国民",发自内心地赞美"英国的血统、坚毅和力量"。澳大利亚人喜欢使用"澳大利亚英国人"一词,这既显示出他们来自盎格鲁-撒克逊种族的优越意识,又体现出他们那来自于澳大利亚发展成就的自豪情怀。在澳大利亚人中间有一种意识:澳大利亚人来自于英国,但比英国人优越,甚至比英国人更为英国化。首先,在血统上,他们比居住在英伦的居民更具纯正。悉尼的《公报》曾有这般说法,即伦敦人常常是波兰人或是犹太人,而在"澳大利亚英国人"身上则体现出了"这个盎格鲁-撒克逊种族如此骄傲、如此顽强、自信和坚定"。其次,他们运用英国的自由主义理论,建立起了比英国更加自由、平等和民主的社会,澳英之间的区别的显著之处在于澳大利亚社会是"去掉了上层阶级"的社会。一些澳洲的政治家论证道,"澳大利亚英国人"是"产生于坚强、有事业心和不屈不挠的人"——"懦弱者"都待在英国。② 在绘画和文学作品中,澳大利亚人的形象是强壮而有力,而他们的英伦同胞的模样是纤细而衰弱。

而令澳大利亚人感到不快的是其英国罪犯的身世与形象。澳大利亚人认为自己是"前程远大的人",而对罪犯的历史却耿耿于怀。一些人为父辈申辩:他们只不过偷了几只兔子,从根本上说他们比英

---

① 唐纳德·霍恩:《澳大利亚人——幸运之邦的国民》,上海译文出版社 2000 年版,第 3 页。

② 里查德·怀特:《创造澳大利亚》,第 93 页。

国的那些法官还要清白无辜；一些人则理直气壮地声称他们不是罪犯的后代，而是殖民地开拓者的后裔；还有不少人对歧视他们的英国人反唇相讥，引用英国作家、《鲁滨逊漂流记》作者丹尼尔·狄福的话：英国人是"自有人类以来的最卑鄙的民族；他们是一群可怕的到处游荡的窃贼和寄生虫"。所以，一位英国牧师写道："在澳大利亚，没有哪一个英语单词用起来像'犯人'这个词那样需要仔细考虑。"[①] 正是出于这种心理，澳大利亚人忌讳提及流放犯殖民地的历史。自19世纪20年代，在大众习语中，塔斯马尼亚取代了范迪门，并在1856年成为正式用语，[②]因为，"……大家都知道……范迪门是白奴之乡"，而塔斯马尼亚是出自土著语言。1859年，当英国政府决定在原罪犯关押地莫顿湾成立公民殖民地时，人们一致要求将它改名为昆士兰，以一扫罪犯的污名。而墨尔本和南澳大利亚的阿德莱德两地的居民则一向引以为骄傲的是，它们那里不曾有罪犯定居过。

当澳大利亚人真心诚意地一再表示对母国的忠诚和敬仰，事无巨细地移植英国社会时，他们又在根据澳洲的现实修改着来自母国的一切，在自然渐变中背离母国的愿望，形成了自己的特色与意愿，绝大多数"澳大利亚英国人"是在不知不觉中变成为澳大利亚人的，澳大利亚民族在自然而平和的状态下渐渐脱胎于英吉利民族。这种情况在19世纪中期后逐渐显露出来。当英国学者J.西利夸口"假如更大的不列颠实实在在存在的话，加拿大和澳大利亚对我们而言如同肯特和康沃尔"时，[③]澳大利亚人则在宣称："澳大利亚是澳大利亚

---

① 约翰·根室：《澳新内幕》，上海译文出版社1979年版，第44页。
② W.G.Mcminn, *Nationalism and Federalism in Australia*, Oxford University Press, 1994, p.29.
③ T.O.Lloyd, *The British Empire, 1558—1995*, Oxford University Press, 1996, p.43.

人的澳大利亚。"

澳大利亚民族形成的首要客观条件是澳大利亚拥有了一定数量的人口。自19世纪上半期以来,澳洲人口逐日递增,特别是10年的"淘金热"使人口暴涨了近3倍,从1850年的40万增至1860年115万,其中维多利亚人口从7.7万升至54万。[①]其主要原因是移民的蜂拥而至,而从60年代开始,随着移民进入量的减少,澳大利亚人口增长率逐渐下降,但人口构成则出现变化,土生澳大利亚人的增长率上升。从本质上讲,他们不是关心母国胜过关心澳洲的移民,而是关心澳洲胜过关心母国的移民后裔。这部分人口的增长成为澳大利亚人口增加的主要因素。见下表:[②]

年代	年总人口增长率(%)	土生澳大利亚人年人口增长率(%)	移民年人口增长率(%)
1861—1865	4.0	2.5	1.5
1866—1870	3.5	2.3	1.2
1871—1875	2.9	2.1	0.8
1876—1880	3.3	2.0	1.3
1881—1885	3.8	1.9	1.9
1886—1890	3.2	2.0	1.2
1891—1895	2.1	1.9	0.2

1861年时,澳大利亚人口中37%出生于澳大利亚和新西兰,54%出生于英国和爱尔兰,9%出生于其他国家和地区;而到1901

[①] F. Davidson, *The Industralization of Australia*, Melbourne, Melbourne University Press, 1962, p.1.

[②] G. Sherington, *Australia's Immigrats, 1788—1978*, p.83.

年,这一比例已变为 78%、18% 和 4%。从人口比例上看,成年男子从 1861 年占总人口的 39%,下降到 1901 年的 34%;而在同期,成年女子的比例从 24% 上升到 31%。在 1891 年,城市人口中成年男女比例均为 31%,长期困扰澳洲社会的男女比例失衡问题逐步得以解决。从人口的种族结构上看,在"淘金热"前,澳洲人口基本上由英国移民组成;而"淘金热"后,来自英国以外的移民虽然在总人口中的比例在下降,但在一些经济发达地区的比例则在上升,到 1891 年,来自德国、斯堪的纳维亚以及其他欧洲国家的移民分别占新南威尔士、昆士兰和南澳大利亚人口的 6.7%、13.6% 和 11.5%。[1]这使澳大利亚民族成分中出现了多民族化倾向。总之,人口的增加和人口结构的变化,为民族的形成提供了必要前提,"促进了澳大利亚民族的形成"。[2]

从人口的分布上看,澳大利亚民族拥有共同的地域。在"淘金热"前,人口主要集中于新南威尔士和维多利亚等几个早期开发的殖民地,而在 50 年代之后,随着殖民地范围的扩大和澳洲经济的发展,出现了一大批新的开发区域。由于工商业的发展,城市化现象逐渐成为澳大利亚社会发展的一个特点,城市人口增长迅猛。以昆士兰为例,从 1881—1891 年,大城市人口上升了 174.08%,而非城市人口仅增长了 65.56%。[3]城市人口在总人口中所占比例在 1841 年时是 30%,1861 年为 38%,1881 年为 43%,1901 年为 52%。而在美国,

---

[1] G. Sherington, *Australia's Immigrats*, *1788—1978*, pp.65—83,109; R. V. Jackson, *Australian Economic Development in the Nineteenth Century*, Australian National University Press, 1977, pp.33—36.

[2] 郑寅达:《澳大利亚史》,第 48 页。

[3] G. Sherington, *Australia's Immigrats*, *1788—1978*, p.81.

第一章 "长大的孩子":"澳大利亚英国人"　71

1901年时城市人口的比例是40%,加拿大是35%。同在1900—1901年度,人口在10万以上的城市澳大利亚有70座,美国有47座。[①]城市化使人口可相对集中,增进了人们的交流。而铁路等运输业的发展,则沟通和密切了澳洲各地之间的往来,逐渐形成并不断扩大的城市为社会成为了社会政治的中心和经济活动的枢纽,为澳大利亚人趋同性的孕育和澳洲内部市场的统一提供了场所,创造了条件。

在澳洲,已有了人们共同使用的语言。在澳大利亚各殖民地,通用着与英国有一定区别的澳大利亚英语。其特点为:一、发音独特。由于最早来澳定居的英国移民多为英国社会下层民众,文化水平大都低下,因此,不规范的语法和发音对澳大利亚英语影响很大,含混不清的腔调和较重的鼻音成为其语音特点,并逐渐形成特有的幽默感和表达方式,例如,"today"这个词在澳大利亚英语中的发音是"to die"。此外,澳式英语的语速比伦敦音英语快得多。二、澳大利亚英语吸收了许多外来语,含有大量的土著语和俚语。这从一个侧面也反映出澳大利亚文化的多元化。有一位英国妇女乘火车在澳大利亚旅行时,曾如此评价澳大利亚英语:"一个希腊播音员,英语念得疙里疙瘩,再掺上些斯特莱茵腔,由他来播送夹杂着土著站名的通知,你去听听看吧!"[②]

可以看出,澳大利亚的居民具备了作为一个民族而存在的客观条件。虽然他们总是喜欢别人把澳洲看作是欧洲一个放错了位置的部分,但是,他们已逐渐不再是原来意义上英国人,而是越发关注本地区事务并与之共命运的澳大利亚人。以前,这些移民始终保持着

---

① R.V.Jackson, *Australian Economic Development in the Nineteenth Century*, pp.93—95.
② 约翰·根室:《澳新内幕》,第56页。

英国自视甚高的气质,抱着屈尊俯就的态度来看待澳洲,视英国为"故国",视自己为真正的英国人。但现在,他们已不满于英国对澳大利亚居高临下的傲慢态度,进而要求与英国平起平坐。那种"澳人即英人,英人即澳人"的心理渐渐让位于"澳大利亚是澳大利亚人的澳大利亚",日益趋同的心理素质表现出愈加鲜明的民族特性和朝气蓬勃的生命力。在1887年澳大利亚《飞镖》杂志第11期上,出现了铿锵有力的语言:"我们把过去留在身后,连同它分崩离析的王朝、摇摇欲坠的宝座和昏庸无能的种族,我们面前所展示的是未来的澳大利亚——浑身充满青春和活力的我们的澳大利亚。"[1] 澳大利亚人自鸣得意地称自己是"前途远大的人"。

在民族经济勃发和人口状况变化等因素的作用下,澳大利亚民族的形成和发展成为19世纪后半期澳大利亚社会政治生活中最为重要的内容之一。1888年,英国《每日电讯报》写道:"最近,'民族的'和'民主性'的词汇已被应用于澳大利亚社会生活。"[2]土生澳大利亚人在澳大利亚民族形成过程中扮演了重要角色,是新的民族意识最为理想的滋生土壤。相对而言,他们对母国的感情较之父辈已比较淡薄。1872年4月25日成立的"澳大利亚土生者联盟"是他们"对所有品质高贵的本地出生的澳大利亚白人打开了大门",而且,"不断发展的'民族意识'的概念,在很大程度上与'澳大利亚土生者联盟'的计划是一致的。"[3]

在诸多论及和涉及澳大利亚联邦运动的论著与论文中,民族主义往往被视为联邦运动的指导思想,表明联邦运动是按照某种理论

---

[1] 黄源深:《澳大利亚文学史》,第70页。
[2] M. McKenna, *The Captive Republic*, p. 124.
[3] Ibid., p. 124.

而运作的。其实,虽然当时澳大利亚民族已经形成,但是,在19世纪,澳大利亚人对澳大利亚民族的概念还相当朦胧与模糊。这种概念与其被说成是民族主义,还不如被称之为民族意识,它对澳洲社会发挥的作用是潜在的影响,而不是明确的导向。

澳洲社会结构与社会意识的变化是导致联邦运动产生的内部因素。这种变化就是澳大利亚民族在19世纪后半期的逐渐形成,即澳大利亚人在形式上和意识中的自我认同。澳大利亚民族是在英国移民及其后代的基础上发展和演变而来的,从种族血缘、文化传统、道德规范等方面来说,它与英吉利民族一脉相传,有着千丝万缕的联系。毫无疑问,如果澳英两地接壤,这种民族结构的变化是不会发生的,但是,地理上的距离使得两地的情况逐步产生差异。澳洲的现实与机遇使原本各自为政的澳大利亚人逐渐拥有了诸多与母国不同(甚至是相悖)的相同之处和共同利益,而正是这些不断增多的相同之处与共同利益孕育出了一个新生民族——澳大利亚民族,以及与其相适应并决定澳大利亚发展的民族意识。

英国学者安·吉登斯针对近代欧洲民族的形成指出:"只有当国家对其主权范围内的领土实施统一的行政控制时,民族才得以存在。"① 然而,尽管澳大利亚民族与近代欧洲民族具有相同的性质,但它是在没有主权思想和基本上没有疆界概念的情况下形成的。因此,另一位英国学者E.霍布斯鲍姆以澳大利亚和美国为"最佳范例"展开论证,指出:"我们也必须谨记:并不是国家建立了,民族内涵就会应运而生。"②

---

① 安·吉登斯:《民族、国家与暴力》,三联书店1998年版,第4页。
② E.霍布斯鲍姆:《民族与民族主义》,上海人民出版社2000年版,第88页。

从19世纪澳大利亚人的言谈与行动中可看出,对平等原则的追求在澳大利亚民族的形成过程中产生了重要的促进作用。这种原则一方面使澳大利亚与英国愈加缺少对彼此之间共同利益的确认,进而导致双方趋于分离;另一方面使分散的澳大利亚人在利益上的共同处和思想上的相同点日趋增多,因而逐步走向联合。在英国的殖民地中,美利坚民族与澳大利亚民族因均是脱胎于英吉利民族而属同一类型,但各自的形成过程则存在明显的差异,北美独立战争给美利坚民族的形成与发展增添了暴烈色彩和对抗内容,而澳大利亚民族在这点上则显得温和与理智,显示出更多自然发展的特色与属性。

相伴民族形成而生成的民族意识并没有纯粹的表现形式,它更多地表现为人们在观念和生活方式以及交往中的一种认同感,即认为自己所处的群体有别于其他民族的民族,进而形成对所属民族的认同、忠诚和奉献,并由此强调促进发展本民族的文化和维护本民族的利益。概括而论,此时澳大利亚民族意识的内涵就是以"民主"、"平等"和"自主"为内容的澳大利亚民族的价值取向与价值观念。这个新兴的民族在立足自身利益的前提下,保留着与英国的亲情和感情,谋求与母国的平等关系。它处处充满着英吉利民族的气息,但本土化则使它具有了有别于英吉利民族的特征。

民族意识是建立在认同基础上的民族感情升华到理性高度的产物,是一种对属于自己而不同于母国的民族国家的向往与追求,澳大利亚民族意识的核心是乐观自豪的国家感。这是澳大利亚民族趋于成熟的明显标志之一,体现出"一个渴望离开家的孩子"的心理。[1]一位昆士兰社会党领袖无比豪迈地写道:我们是"为了澳大利亚,为了

---

[1] K. Healey, *Towards a Republic?*, Vol.13, p.21.

即将出现的国家,为了正在揭开澳大利亚命运之幕的进步人类而工作着"。人们都憧憬着澳洲大陆将出现一个没有丑恶和暴政的乌托邦社会,一个统一、自由和平等的伟大国家:"我们仅要拥有一个澳大利亚,一个新的国家,一个光荣的共和国,一个自由的国度。在这个国家里,每个公民各尽其职,人人自律,偏见被消除,伤害也不复存在。"[1]1888年,在举行实现八小时工作制的庆典大会上,与会者曾3次呼喊"澳大利亚联邦共和国万岁"的口号。

虽然,罪犯家世使澳大利亚人深感羞耻,不少人因此而"患上了偏头痛,其中不少人可能出现精神分裂症",但是,自豪的国家感却使澳大利亚人为自己美好的生活天地而骄傲。19世纪的一首诗中体现出这种羞耻与骄傲交织的情感:

> 母亲的名声让我们把脸面丢尽,
> 她给我们的出生打上了羞耻的烙印。
> 我们原本是她的骨肉,
> 她亲生的儿女如今当家做主了,
> 我们的国家属于我们自己。[2]

早期移民眼里"受神诅咒"的"极度荒芜的土地",已在新一代澳大利亚人眼中成为生机盎然的乐土。虽然,他们对母国仍怀有崇敬心理,"澳大利亚人是英国臣民"的意识依然根深蒂固,但对英国人视他们为"二等臣民"的歧视态度则表示强烈的不满情绪,并为此忿忿

---

[1] 格林伍德:《澳大利亚政治社会史》,第196页;M. McKenna, *The Captive Republic*, p.121.

[2] 约翰·根室:《澳新内幕》,第49页。

不平。英国人认为在澳洲培养不出主教、教授和法官,甚至连这里的商品也被打上了蹩脚货的烙印,说什么:"殖民地的果酒是酸的;殖民地的啤酒是掺水的;殖民地的乳酪是腐臭的;殖民地的蜜饯果子是稀烂的。"对此,澳大利亚社会的反应是:"谬论将被推翻,对本国的诬蔑将被揭穿。"[①] 可见,他们是本着新的国家概念去反驳来自母国的歧视言论,在观念上,澳大利亚与英国已经分为两个民族国家。

特别是随着越来越多地单枪匹马出现在国际政治与经济场合,澳大利亚各殖民地愈加感到孤独和力不从心,因此,一种民族意识和国家概念在他们心中逐渐形成。澳大利亚共和主义者R.戈兰写道:"……一种国家感在愈发增强。它是一种复杂的理念和激情,部分是来自于对目前的现实的忧虑,部分出自对澳大利亚的理想未来的向往。它的核心是一种平等的社会信念,一种对机遇均等的追求和一种坚信在澳大利亚人们有权享受幸福生活的权利的信心。"[②]

乐观自豪的国家感是澳大利亚联邦运动和民族国家建设的指导思想和驱动力。它对理想国家的憧憬成为澳大利亚人奋斗的目标。1883年,一位扬言"要献身于民族气节"的澳洲政界要员声称:"在一个国家的基础上,而不是在帝国的基础上……建立一个不与英帝国保持联系的联邦制澳大利亚。"[③]这种国家感是澳大利亚民族意识与英国理性主义结合的产物。就广义而言,理性主义是新兴阶级的哲学,反对把一切既定制度看作是永恒不变的,强调世界并不完善,要使世界具有与理性相一致的内容和特点,就必须改变这一世界。而

[①] 曼宁·克拉克:《澳大利亚简史》,下册,广东人民出版社1973年版,第303—304页。

[②] F. Crowley, *A New History of Australia*, p.203.

[③] L. Trainor, *British Imperialism and Australian Nationalism*, p.13.

英国理性主义的最大特点就是致力于揭示那些把人束缚于所处环境的各种关系,并表现为经验论和感觉论。① 19世纪澳大利亚民族意识中的国家感奠基于澳大利亚的社会结构、发展趋势以及不愿"牺牲地方主权而去服从一个由联合王国支配的、遥远的中央政府"②的社会共识,认为"澳大利亚可能成为一个独立生产者国家",因而对未来充满了向往。这种向往不是虚幻的,它的根据是澳大利亚的经济发展和社会现实,是以经济与社会中的公平与平等为内容的。

澳大利亚人的经验论和感觉论简而言之就是:"只要澳大利亚不受旧大陆的坏影响,它就能成为一个伟大的国家。"③这实际上是英国人追求自由、平等和民主的社会意识在澳大利亚的翻版和本土化,但此时,它却与英国对英帝国的理解与解释是相悖的。随着澳大利亚民族逐渐成熟,澳大利亚人越发认为英帝国应该是一些平等国家的结合体,是"平等、和谐及互助的大家庭",即"民主国家的联盟";而英国则认为英帝国是一个主权国家与附属国的组合体,双方地位有高低之分,"一方为宗主国,而另一方为封臣。为什么我们应当让出我们的最高霸权地位……没有下属的殖民地,何来帝国?"④

平等原则是近代澳大利亚民族意识的精髓。在有关澳大利亚地位的问题上,它体现为要求与母国平起平坐。虽然澳大利亚深受英国的影响,澳大利亚人对英国大都怀有特殊的感情,"母国情结"深厚,但是,澳大利亚人对一个呼之欲出的民族国家居然仍被地球另一

---

① 钱乘旦、陈晓律:《在传统与变革之间——英国文化模式溯源》,第315—317页。
② L.Trainor, *British Imperialism and Australian Nationalism*, p.16.
③ W.Hancock, *Argument of Empire*, George Allen & Unwin Ltd., 1943, p.12.
④ 转引自洪霞:《论加拿大自治领取得完全国家地位过程的特征》,《世界历史》1998年第3期,第40页。

端的一个国家用旧制度统治着的现状,越发感到不可思议和不可忍受。1888年9月4日,《悉尼先驱晨报》刊登了新南威尔士立法议会议员奥沙利文的文章,文中写道:"不出40年,澳大利亚的人口将达2000万……如果认为这样一个人数众多的进步民族可以由远隔1.6万英里的一个国家来统治,这是不合理的。"以观点激进而著称的《飞镖》杂志不仅斥责殖民地总督是"可怜的有官衔的懒汉",而且咒骂获得英国圣密契尔勋章和圣乔治勋章的澳大利亚人是英国的"下贱工具"。①

平等原则是近代澳大利亚民族意识中颇具政治特色的主要内容之一,是19世纪上半期澳大利亚民主主义的延续和发展。两者的共同之处是都以争取自由与平等为目的,而区别在于民主主义旨在继承"在故乡就享有的权利",表现为"澳大利亚英国人"向英伦英国人要求平等权利;而平等原则则认为澳英之间的隶属关系不能继续维系下去,把自由与平等同"要求完全的政治自由和民族独立"联系在一起。两者之间的关系演变与澳大利亚社会的发展进程和澳大利亚民族的形成过程是相吻合的。比较而言,民主主义是要求澳大利亚人能够享有与英国人相同与相等的个人身份和人身权利;而平等原则谋求的是作为民族国家的澳大利亚能够与英国拥有平等的国际地位。

澳大利亚的平等原则在政治观点上表现为旨在建立独立民族国家的共和主义。从19世纪50年代起,澳大利亚资深政治家、新南威尔士责任政府总理J.兰格就开始宣传共和主义,主张建立独立的澳大利亚共和国。1852年,他出版了《为了澳大利亚金色土地的自由

---

① 格林伍德:《澳大利亚政治社会史》,第203页。

与独立》一书,期望能起到托马斯·潘恩的《常识》在北美独立战争中所起到的作用。他在书中援引美国的先例,认为作为英国的殖民地,要想获得自由与独立,只有建立共和政体,而别无其他良策可循。他认为"各移民区像一群孩子,它们由父母抚养成人,然后割断羁绊而独立",这就是说,澳大利亚各殖民地在英国的殖民统治下业已成熟,应该向独立国家发展。他强调:"澳大利亚共和政府应是建立在普选制、联邦制和代表制的民主政体柱石上的。"[①]兰格由此被认作是澳大利亚共和主义的先驱。

进入19世纪80年代后,越来越多的澳大利亚人关注澳大利亚的未来,共和主义逐渐风靡全澳。一位名叫G.布莱克的共和主义者写道:"我们通宵达旦地研究政治经济和哲学问题……仔细研究每一个事关人类新生的新计划。"[②]1887年,"澳大利亚共和主义者联盟"成立,其宗旨是要将澳大利亚各殖民地联合起来,建立一个联邦制的民主共和国。[③]共和主义拥有广泛的社会基础,而工人阶级的加入,更使它具有广泛的群众性。虽然人们对共和主义的具体解释众说纷纭,但有一个共同的基调,那就是在自由和平等的基础上,建立一个隶属于英王的白人国家。长期担任维多利亚最高法院首席法官的希金博萨姆的观点最具有代表性,他说:"尽管在国家事务管理上殖民地立法议会要拥有完全独立的权利,但是,殖民地与英帝国的联系仍应保留",即"在英王名义下的独立"。[④]这也是同期澳大利亚联邦运动的思想理论和行为指南。可见,澳大利亚人要求建立民族国家的

[①] M. McKenna, *The Captive Republic*, p.79.
[②] Ibid., p.133.
[③] F. Crowley, *A New History of Australia*, pp.203—204.
[④] M. McKenna, *The Captive Republic*, p.119.

动机主要是出于对平等的向往与追求,而非旨在摆脱母国而独立发展。1891年3月17日,新南威尔士政府总理H.帕克斯在《悉尼先驱晨报》上发表文章,阐释道:"共和主义的精神……不是反对君主政体,而是反对专制制度。"①

由此看见,澳大利亚共和主义不同于美国、中国、法国等国家的共和主义,它并不把君主制完全置于平等、自由和民主的对立面,而是在平等的前提下把受法律约束的君主与自由和民主相结合,这是敬重君主的英吉利民族心理在澳大利亚的体现。在英国,一个不犯错误和统而不治的君主被认为是社会稳定的象征,能够使人在心理上形成一种安全感,如同一首英国民谣所描述的:"当国王在白金汉宫时,全国百姓生活更安宁,睡眠也更安静。"伏尔泰称英国为"百姓自由和君主制并存的国家"。② 恩格斯坦言:"大家知道,没有一个地方比英国更崇拜统而不治的人们。"③ 作为英国移民殖民地的澳大利亚,英国移民是以英国臣民的身份来到这里,并以这种名义与母国保持着联系。对他们来说,没有任何人或任何机构能够有英王那么大的号召力和凝聚力,所以,澳大利亚共和主义实质上是崇尚自由与平等的英吉利民族心理在澳大利亚的本土化,反映出澳大利亚人在思想感情和思维方式上与英国的渊源关系。这种思想感情和思维方式使具有民族运动性质的澳大利亚联邦运动有别于亚非拉国家的民族运动,体现为寻求自主,要求与母国的平等,但没有与母国决裂的意图;热衷于自治,而在独立问题上热情不高,动作迟缓。

作为一种社会意识,平等原则不仅体现于澳大利亚与英国的关

---

① M.McKenna, *The Captive Republic*, p.154.
② 伏尔泰:《路易十四时代》,商务印书馆1982年版,第185页。
③ 《马克思恩格斯全集》,第一卷,人民出版社1956年版,第682页。

系中,而且体现在澳大利亚社会里的人际关系中。由于来自英国的移民绝大多数是到此来谋生创业的英国社会下层民族,因此,在英国社会上根深蒂固的贵族意识在此黯然失色,母国的社会等级关系难以在澳大利亚生根。再有,澳大利亚民族经济的发展与移民们的同舟共济是紧密相连的,所以,社会成员之间的等级划分是遭人唾弃的。在澳大利亚人心目中,平等的社会意味着每一个人都享有同等的权利,没有地位与身份的高低与贵贱之别。"当权的澳大利亚人倾向于跟他们的顶头上司或下属保持像同事一样亲密的工作关系,大多数事情是通过讨论和商量,而不是靠行政命令来完成的。"① 因此,澳大利亚文化虽源于英国文化,但两者的区别在于澳大利亚文化是"去掉了上层阶级"的英国文化。曾有一位初到澳洲的英国贵族在悉尼码头上拿出1英镑,以在英国常见的贵族派头示意一位过路的澳大利亚工人将其行李搬运到旅馆。而这位工人则随之掏出5英镑,嘴里含着烟蒂,瓮声瓮气地对贵族说:"给我擦皮鞋。"由此可见,"澳大利亚是一个大多数人都接受平等观念的国度。"

平等原则意识在澳大利亚民族的形成过程中具有难以估量的隐性作用。以平等为行为准则与规范的英国移民在长期的相处中,自然形成了休戚相关的伙伴关系。这种具有不寻常的社会乃至民族凝聚力作用的伙伴关系显示出英国移民之间的相互帮助与友爱关系。它的出现与形成可追溯到1788年"第一舰队"抵达澳洲时,是移民们为生存而披荆斩棘和艰苦奋斗的产物。在那艰难的创业时代,恶劣严酷的自然环境和迁徙流动的生活方式迫使移民们患难与共,团结互助。从到达澳洲开始,他们就处于互相帮助的状态,共同搭建茅

---

① 约翰·根室:《澳新内幕》,第60页。

舍,开垦荒地,谁有不幸,左邻右舍便竭力相助。"因此,一个人总是乐于找到一个伙伴,一个自己能够信得过的人,而伙伴情谊也就作为一种澳大利亚人的品质而获得了一种半神秘的意义。"这种伙伴关系情谊浓厚,以致在早期的澳大利亚,异性之间的爱情都逊色于同性之间的友情。前往澳大利亚的日本商人得到这样的嘱咐:"日本人必须懂得,澳大利亚……有着根深蒂固的'伙伴情谊'的因素。"[①] 澳大利亚人对这种伙伴关系大加讴歌。在19世纪,特别是在后半期,虽然澳洲各殖民地之间有着不同的利益,各地英国移民中也时常产生分歧和冲突,但是,同世界上其他地区的民族相比较,在"伙伴情谊"意识的作用下,澳大利亚人之间的政治联合、经济合作和社会互助是最容易获得的。

不过,我们也要看到,虽然在澳大利亚民族意识中充满了自由、平等、民主等内容,但这一切仅限于以英国移民为主体的"白色澳大利亚"。在澳大利亚社会具有舆论权威性和导向性的《新闻公报》曾喊出在当时获得社会共鸣的口号:"澳大利亚是澳大利亚人的——便宜货支那人、便宜货黑鬼和便宜货欧洲瘪三一律滚开。"一位政客撰文解释道:"就澳大利亚人一词而言,我们不认为仅是那些出生于澳大利亚的人,所有登上这里海岸的白人都是澳大利亚人。……黑人、中国人、印度人、喀纳喀人以及廉价的有色人种劳工则不是澳大利亚人。"[②]

由此可见,"白澳"意识是澳大利亚民族意识中的又一重要内容,它长期影响着澳大利亚社会,表现为英国移民对来自其他国家和地

---

① 约翰·根室:《澳新内幕》,第5页。
② M. McKenna, *The Captive Republic*, pp.151—153.

区移民的态度,对早期澳洲社会乃至澳大利亚民族产生了巨大的凝聚作用。它的出现和盛行是西方种族主义思潮在澳大利亚社会中的反映。它早在19世纪40年代就显露端倪。其产生的原因在于:其一,英国移民及其后代中的母国情结使"白澳"意识成为维系澳大利亚民族与英吉利民族密切联系的感情和血缘纽带,因此,英国移民担心有色人种的进入以及由此造成的通婚和融合会导致血统混乱,进而影响英吉利民族血统的"纯洁性",不愿意澳大利亚成为一个多民族国家。其二是着眼于经济利益,唯恐其他民族和人种的移民进入会使英国移民的就业机会减少、生活水平下降。

从19世纪下半期开始,"白澳"意识随着种族偏见的加深而变得系统化和理论化。首先,它在大加赞美澳洲是一块圣洁的乐土的同时,害怕有色人种的进入会带来新的社会问题,如种族冲突和民族矛盾。一些澳洲政客鼓噪:澳大利亚是"一个摆脱了压迫和奴役、没有等级的社会。……压迫和奴役则是古老国家所特有而新大陆也未尝幸免的东西",因此,有色人种的进入"就意味着澳大利亚文明和社会结构的毁坏"。[①]澳大利亚当局曾以"不想引进犹太问题"为由而拒绝犹太移民入境。其次,澳大利亚白人(特别是白劳工)视有色人种的进入如"鸠占鹊巢",认为有色人种的移民和廉价劳工是对他们经济利益的威胁。因此,在"白色澳大利亚"社会里形成的共识是:将"劣等民族"一概拒之门外的办法是"最好的防范手段"。

总而言之,形成于19世纪后半期的澳大利亚民族意识对澳大利亚的社会转型和历史发展具有决定性意义,它一方面以"自由、平等、

[①] M. Wilard, *History of the White Australia Policy to 1920*, Melbourn University Press, 1967, pp.189,196.

民主"的思想推动社会演进,促成民主国家的建立;另一方面因与种族上的亲缘关系而又使澳大利亚始终不把自己与英国分开。在澳大利亚民族形成过程中,没有产生什么理论,也没有出现什么理论家,它一直处于来自英国的相关社会理论的影响下,因此,澳大利亚民族意识其实是英国社会意识在澳洲大陆的本土化。英国的社会意识随着英国移民进入澳洲,经过与澳洲社会的结合,最终形成了不同于英国社会的澳大利亚民族意识。这种民族意识与当时澳洲政治发展和社会力量的结合导致出现了旨在改变澳洲地位与现状的社会运动——联邦运动。

近代澳大利亚民族意识在澳大利亚联邦运动中具有"使社会政治意识和社群情感结合在一起"的作用,它使联邦运动形成了以下基调:一、虽然澳大利亚人的国家概念十分模糊,但他们正愈加清晰地意识到他们有别于英伦的英国人。在澳大利亚人之间,逐步产生了民族认同感和归属感。二、向英国人要求平等的权利,虽然在感情上仍对英王忠心耿耿,但在政治上则越发效忠澳大利亚人的民族国家,而不是母国。三、要求建立自己理想中的政治制度。

第二章 澳洲认同感的生成：
从"澳大利亚英国人"
到"澳大利亚人"

进入19世纪70年代后,英国的帝国政策逐步发生变化,这一变化使澳洲人感到自己正在失去来自母国的庇护,帝国利益与澳洲利益之间的差异逐渐显露。于是,在竭力呼吁英国要对澳洲尽责尽职的同时,澳洲人不得不逐步担负起"自治"的责任。在抱怨英国的气氛中,澳洲人的合作与澳洲的联合初见端倪,由此在澳洲出现了与以往不同的社会发展趋势。在澳大利亚人的"自治"概念里,"独立"的成分越来越多地取代了"依附"的含量,虽然,这种意识还相当地模糊不清,甚至其变化过程还处于无意识的自然状态。① 正是在这样的背景下,孕育出了澳大利亚联邦运动。

第一节 英帝国政策的变化与
澳洲联邦意识的萌发

工业革命的完成与工业化的实现使19世纪中期被称作是英国的"维多利亚中期大繁荣时期"。经济上,英国在世界上居于无可争

---

① 参见王宇博:《剖析近代澳大利亚民族认同》,《世界历史》2007年第6期。

议的领先地位,享有"世界工场"的盛誉;政治上,英国雄踞世界霸主宝座,独揽国际事务的决定权,令他国唯英国马首是瞻。但是,这美好光阴仅维系了 20 年左右,就出现夕阳西斜的征兆。欧美其他国家的工业化发展的突飞猛进,使英国的国力相形见绌,"70 年代起,英国就感到了竞争的凛冽寒风"。19 世纪后半期英国经济的发展趋势有三个特点:一是虽然工业生产仍在增长,但增长速度趋于减缓,1860—1870 年英国工业生产增长率为 33.2%,1870—1880 年为 20.8%,1880—1890 年为 17.4%。二是英国逐渐不再是世界经济的中心。1860 年时,亚洲、非洲和拉丁美洲半数的出口货物都是运往英国。但之后,这一比例逐年下降,到 1900 年时,英国所占比例已降至 25%,而出口到西欧国家的货物数量则占 31%。① 三是其世界霸主的经济支柱正在坍塌,"世界工场"处于"无可奈何花落去"的境地。以 1870 年至 1900 年英美德法俄 5 大国在世界制造业产品中所占比例为例,显而易见的事实是英国的优势已是昨日黄花:②

表 1:英美德法俄在世界制造业产品中所占比例(%)

年代	英国	美国	德国	法国	俄国
1870	31.8	23.3	13.2	10.3	3.7
1881—1885	26.6	28.6	13.9	8.6	3.4
1896—1900	9.5	30.1	16.6	7.1	5.0

伴随着以国力竞争为基础的欧洲国家的经济发展和商业竞争,自普法战争以后,欧洲政治版图发生了重大变化,1815 年维也纳体

---

① 艾·霍布斯鲍姆:《帝国的时代:1875—1914 年》,江苏人民出版社 1999 年版,第 52 页。

② B.Thomas, *Migration and Economic Growth: A Study of Great Britain and the Atlantic Economy*, Macmillan, 1973, p.459.

系所维系的欧洲格局已风雨飘摇,英国愈加难以推行"均势政策",它正逐步失去在欧洲的发言权和决定权。德意志的统一和觊觎霸权的举措对英国的霸主地位构成越来越大的威胁;充满复仇主义的法国不甘心失败,正在摩拳擦掌,决意要夺回欧洲霸权,恢复往日的欧洲霸主雄风;俄国则在处心积虑地寻机改变克里米亚战争后的处境,誓言要重返欧洲政治舞台,虎视眈眈地盯着欧洲霸权。虽然,英国仍能在欧洲政治舞台上利用欧洲各国的内忧外患以及彼此间的矛盾冲突来从中渔利,但是,它已难以左右欧洲总体局势的变化,"光荣孤立政策"大有捉襟见肘之势。从克里米亚战争后,英国的注意力越来越多地转向欧洲和中亚,普法战争加速了这种转向。

更令英国人不安的是,与19世纪中期由自由贸易和自由竞争主控的情形不同,19世纪后半期,世界进入了国家扩张的时代,欧洲国家成为其弄潮儿。它们对外扩张呼声一阵紧似一阵,扩张的行动一个紧接一个。除了德意志的扩张叫嚣煊赫不止外,法国也摆出了如果舍弃向欧洲以外扩张,便别无选择的架势,"因为他们共和国的领袖们已经认识到:除非法国人从其依附地中获得其所需要的一切,否则,它绝对成不了一流国家。"[①]工业化的发展使欧洲市场处于饱和状态,人口的增加使欧洲大陆国家出现人口过剩,因此,大到俄国、德国和法国,小到荷兰、比利时和丹麦,越来越多的欧洲国家意识到了殖民地的价值,认为它可以决定一个国家的生存,"占领殖民地本身就变成了地位的象征"。[②] 在19世纪后半期,欧洲的移民数量达到1200万,[③]欧洲人在非洲、亚洲和太平洋等区域展开了占领争夺殖民

---

① E.A.Walker, *The British Empire*, Oxford University, 1943, p.80.
② 艾·霍布斯鲍姆:《帝国的时代:1875—1914年》,第74页。
③ B.Porter, *The Lion's Share: A Short History of British Imperialism*, Longman, 1980, p.77.

地和势力范围的角逐与争斗,来势汹汹,咄咄逼人。欧洲国家的关税壁垒使英国的"自由贸易"难有作为,英国的"自由帝国"也逐渐难敌欧洲大陆国家的扩张势头。此时的欧洲令英国的海外领地面临愈加沉重的压力。

1868年,由英国学者和社会活动家C.W.迪尔克撰写的《更大的不列颠》一书出版,在英国引起广泛关注。在书中,迪尔克写道:"我们能否从保留殖民地中克服民族的狭隘还是一个问题……真正能使我们走出小英格兰地方主义的应是建立更大的撒克逊王国,它将包含世界上最优秀最智慧的一切。"他提出以"撒克逊种族"为纽带,建立一个同种族的"更大的不列颠"。①

面对来自欧洲的压力,英国朝野对自由党政府奉行的"自由帝国政策"提出了质疑,越来越多的英国人意识到殖民地的稳定与帝国的巩固是英国霸主地位稳固的基础。在英国人的眼里,英属殖民地——特别是移民殖民地——应逐步由受英国保护和扶植的海外领地转变为拱卫英国既得优势地位的角色,殖民地的地区性利益应服从于帝国的全局利益,英属殖民地应为英帝国尽忠效力。总而言之,在英帝国里,是殖民地为英国效劳,而不是英国为殖民地服务。对英国在非洲进行的祖鲁战争进行论证"只能进一步证明我们的愚蠢",迪尔克忿忿不平地写道:"为支持墨尔本而向圣加尔征税,让多塞郡农业人口支付保护新西兰的费用是荒唐的","澳大利亚几乎没有感到要为保卫卢森堡出力,加拿大在塞尔维亚事务中毫无建树"。面对英属殖民地对母国的依赖,他认为,殖民地不但应支付保护自己的费

---

① 参见张红论文,第23—25页。

用,而且应为母国尽责任与义务。①

在英国政坛上,"自由帝国政策"遭到了抨击和否定。曾经力主放弃殖民地、声称殖民地是"挂在我们脖子上的磨盘"的保守党领袖D.迪斯雷利于1872年6月24日在水晶宫的演说中变换口吻,说道:英国人"以属于伟大的国家而自豪,并希望保持它的伟大;……他们属于一个帝国国家而自豪,并尽自己所能地去维护他们的帝国"。这一演说"在很大程度上代表着现代意义上的英帝国概念的问世"。②

在不断的探索过程中,迪斯雷利设想的帝国构架在概念上逐步成型,成为英国的既定国策。其要点为:首先,这是一个以英国为中心的有形帝国。英国的外交政策就是帝国的外交政策;英国的军事指挥系统是帝国的军事指挥枢纽;英国与殖民地的经济利益合为一体,形成以英国为核心的经济互利区域。其次,在国际政治中,帝国是英国抗衡欧美国家竞争与压力的有力武器。帝国的关税制度可使英国用于对付别国的关税壁垒;来自各自治殖民地的军队可在战争时期组成帝国联军,由英国将军统一指挥,按照英国的指令去冲锋陷阵。再次,维系英国与自治殖民地之间的关系不再是"自由、松散的联系",而是以感情为纽带,即基于"双方的感情、道德和社会的同情",明确母国与殖民地之间的权利和义务关系。因此,"帝国主义"的理念逐渐取代了"殖民主义"的概念,英国的殖民政策更多地显示为帝国政策,迪斯雷利由此被认为是最早的"帝国主义者"。

"帝国主义"的理论与呼声很快就使国家政策发生了变化,旨在帝国扩张与巩固的"新帝国主义"政策与理念取代了"自由帝国政

---

① 引自张红论文,第24页。

② G.D. Goodlad, *British Foreign and Imperial Policy*, *1865—1919*, London, Routledge, 2000, pp.11,7.

策"。进入19世纪80年代,伴随着英国殖民扩张速度的加快和殖民地面积的迅猛增长,为了避免帝国"没有永久的凝聚力",巩固帝国的行动也在紧锣密鼓地进行着。《泰晤士报》坦言:"由于殖民地紧密地团结在我们周围,我们才能跻身于世界列强之列……如果没有殖民地,我们的地位定将下降到不过一个欧洲的王国而已,这种地位将使英国缓慢地但又是必然地趋于死亡。"①

在巩固帝国的既定政策中,加强母国与白人自治殖民地的联合与团结是巩固帝国的关键举措。从70年代起,在英国朝野,就有不少人提出建议。其中,一些人主张让这些殖民地派出的议员进入英国议会,参与英国与帝国事务的决策;而另一些人则力主建立一个有别于英国议会和各殖民地议会的帝国议会,由英国和各殖民地的代表组成,专门处理帝国稳固和彼此之间协调的问题。英国政府采纳了后一种建议。1884年7月成立的"帝国联盟协会"正是这一建议的产物。

这个以"帝国的永久团结"为宗旨的机构是英国为促进帝国内部关系密切的最初努力的结果。②它虽是一个无党派的组织,但其成员却尽为英国和各白人殖民地的著名政治家和社会名流。在英国政府中主管爱尔兰事务的福斯特出任第一届主席。"帝国联盟协会"致力于英国与殖民地在贸易和军事等方面的联系与合作,体现出英国设想以感情纽带来维系帝国的初衷期盼。英国诗人饱蘸激情地写道:"大家紧密团结,和不列颠同心同德、同一生命、同一旗帜、同一舰队,同保吾皇定一尊。"英国政治家则慷慨激昂地说道:"我们所企求的这

---

① L. Trainor, *British Imperialism and Australian Nationalism*, p.12.
② A. Porter, *The Oxford History of the British Empire*, vol. III, "the Nineteenth Century," p.347.

个联邦,乃是英王所统治的各自治领间尽可能紧密的联合,它和全世界的英国臣民的民族自由发展那种与生俱来的权利是相一致的,它是在同情心上、在对外行动上以及在国际上的最密切的合作。"① 这个协会虽然仅存在了不到 10 年,但它在激发人们对帝国的热情和感情上功不可没,特别是它说服英国政府于 1887 年召开了第一次殖民地会议。

时至 19 世纪中期,在英国的海外领地中,澳大利亚是发展速度最快和富裕程度最高的殖民地。英国的殖民政策屡屡因自身情况与殖民地事务的变化而变化,然而,总的说来,这些变化的起源往往与澳大利亚无关,但变化的结果则对澳大利亚产生了重大积极影响。在英帝国中,澳大利亚各殖民地是英国"自由帝国政策"的最大的既得利益者,屡屡因此而顺利获得梦寐以求的权利,进而使得澳洲人的政治地位和生活条件几乎与英伦的英国人处于相同水平上。正是作为英国传统政策的最大受益者,澳大利亚各殖民地很快就感受到了英国的政策变化以及这种变化的影响。澳大利亚人逐步意识到的变化是:一、原本认为自己与英伦岛上的英国人是平起平坐的澳大利亚人渐渐不以为然地意识到自己与母国的同胞存在着差别;二、在英国与殖民地之间,以往来自母国的奉献正在逐步转变为母国的索取,原本殖民地对母国的依附正被来自母国的行为所逐渐终结。1887 年 5 月 21 日,在澳洲颇具影响力的《悉尼先驱晨报》对英国政策变化进行了剖析,指出英国推行的"帝国主义"的实质在于借助殖民地的力量,"帮助英国去支持它自己的事业。这一事业是它正步入一场行将在

---

① 马里欧特:《现代英国》,商务印书馆 1963 年版,第 125—126 页。

欧洲进行的大规模战争。"①而对于一向对欧洲事务漠不关心的澳大利亚人来说,这种帝国主义无论是扩张还是巩固,都是不受欢迎的,被认为是不适合澳大利亚的。这一系列变化无不令澳大利亚人十分不满和倍感失落。

从19世纪70年代起,英国越来越明显地从帝国巩固和英国利益的角度来对待澳大利亚各殖民地的事务。澳洲人依旧视自己为英国人,关注的是争取和维护作为英国人所拥有的权利;而英国则将澳洲各殖民地等同于英帝国中其他部分,注重的是殖民地应对母国履行的种种责任与义务。澳大利亚是英国推行"自由帝国政策"的成功产物,而英国帝国政策的变化如需适合于澳洲,势必使澳大利亚各殖民地的构成与结构产生相应的变化,然而,澳大利亚人并不想出现什么变化。因而,出于各自利益的考虑,围绕责任与义务,在澳英之间出现了分歧,好似一场不愿离家的大孩子与父母就是否应自食其力和孝敬长辈而发生的争执,孩子的离家是大势所趋,澳英之间的离心亦初见端倪。面对英国诸多不由分说就改变现状的行为,澳大利亚各殖民地愈加感到不安,现实迫使它们逐渐脱离了对英国的依附,走上自立、自主与互助的道路,联邦运动逐渐地在不以人们意志为转移的过程中应运而生。这是一条通向澳大利亚民族国家的不归路,不得已而为之的澳大利亚人怀着酸楚的失落感踏上这条"离家"之路。

继18世纪末美国建立联邦国家后,1871年,联邦体制在德意志得以确立。一时间,联邦制和联邦主义成为舆论界的热门话题,代表着不同利益与理念的人们各抒己见,高谈阔论其利弊。在英国的海外领地,尽管爱尔兰和加拿大对联邦制青睐有加,但英国倾向于将联

---

① L. Trainor, *British Imperialism and Australian Nationalism*, p.1.

邦制与澳大利亚联系在一起。英国社会对此乐见其成,大多数英国人认为,在澳大利亚各殖民地建立联邦制,将确保这些殖民地与英国的永久性团结。特别是在符合英国意愿的"澳大利亚联邦会议"在1886年2月成立后,更多的英国人持积极支持在澳大利亚建立联邦制的观点。在80年代,英国在帝国范围内最为重视的就是已经具备了民族意识的澳大利亚。

而此时依然以做英国人为荣和视效忠英王为本分的澳大利亚人并未对联邦制度和联邦主义报以多少兴趣,他们所关注的是英国的帝国政策的变化以及这种变化对澳洲的影响。虽然,在澳洲各殖民地之间,彼此缺少共同之处,近邻间的交往密切程度甚至大大逊色于各自与英国的往来,但是,它们对英国在防务问题上所进行的调整与变动的认识则是一致的,认为70年代以来英国军队的撤离标志着"在澳大利亚事务的管理上帝国当局最后象征的转移",而澳大利亚人"仅关心的是(将防务问题)与英国的防务联系在一起",[1]希望撤离的英国军队能够重返澳洲,强化两地军事联系。1887年,维多利亚的资深政治家A.迪金出席在伦敦召开的殖民地会议。在会上,他抱怨英国对殖民地漠不关心,殖民部对殖民地事务"表现出蔑视与冷漠",他恳切地呼吁:"我们希望从现在起,殖民地政策能被认作帝国政策,殖民地利益能被视为帝国的利益……"[2]在防务问题上,随着澳洲各殖民地与母国的分歧渐渐显露,各殖民地之间的共同利益逐步形成并不断增强,而最终导致澳大利亚民族国家形成的联邦运动由此在澳大利亚人旨在维护既得利益的言行中生成和发端。100年

---

[1] L. Trainor, *British Imperialism and Australian Nationalism*, p.12.

[2] T. B. Millar, *Australia in Peace and War*, the Australian National University Press, 1978, p.62.

前,北美十三州的殖民者在向母国争取权利的斗争中不知不觉地取得了民族国家的独立,现在,澳大利亚人则以相同的心态,重蹈其"表兄弟"的覆辙。而两者的区别在于北美人与英国人的唇枪舌剑引发起一场大规模的独立战争;澳大利亚人的抗争形式则始终是讨价还价和口诛笔伐。

第二节 澳洲认同的经济因素: 从帝国性到民族性与国际性

从19世纪中期开始,在相互衔接的两股强劲推动力——"牧羊业大潮"和"淘金热"——作用下,澳大利亚经济稳步走上了工业化发展的道路。从1861—1891年,澳大利亚经济年平均增长率为4.7%,而在同时,英国的增长率为3.2%,美国的增长率为4.8%。[①]经济的飞跃发展使澳大利亚的经济结构发生了重大变化,以牧羊业和羊毛贸易为主要内容的单一经济体制逐步被生产门类越来越多的多种经济体制所代替,由某一行业的产品垄断天下生产和贸易的状况逐渐改变。澳大利亚的经济活动是按照英国经济发展的模式进行的,市场调节决定着生产规模、发展速度和产业种类。

19世纪澳大利亚经济发展趋势表现为:发展→转型→自主。澳洲的经济体制移植于英国,其资金、技术及贸易甚至还依赖着英国,但是,澳洲的经济正越来越明显地与英国经济主体剥离。虽然,澳洲经济在表面上看与英国经济有着千丝万缕的联系,是英国经济的补充与延伸部分,但实际上,澳洲经济和经济利益越来越不等同于英国

[①] R. Jackson, *Australian Economic Development in the Nineteenth Century*, 1977, p.14.

经济和经济利益。随着经济的发展,澳洲经济的属性也随之而变化,即一方面是经济上的"澳洲性"在从原先的"帝国性"之中逐步游离出来,表现出愈加明显的民族性;另一方面是因越来越面向英国以外的世界而逐渐具有"国际性"。这无疑是导致澳大利亚联邦运动形成与开展的社会经济因素。澳洲内部的向心与澳英之间的离心在澳洲的经济领域得以再度彰显。

牧羊业在"淘金热"期间一度受到冲击,牧民们纷纷改行,羊毛产量下降,羊毛贸易额减少。但从1860年代起,牧羊业逐渐复苏,进而稳步前进,直至再度独占鳌头,所不同的是,它由原先澳大利亚经济的唯一支柱成为现在澳大利亚经济的主要支柱。1886—1890年,羊毛出口占澳大利亚出口量的60%,而1848—1850年,该比例为67%。[①]1882年,新西兰航运公司用装有冷冻设备的运输船第一次成功地将冷冻羊肉运到英国,在英澳引起轰动。"羊肉变得与羊毛一样值钱",这使畜牧业产品的种类增加,乳制品和肉制品的产量和产值都有较大提高。在对外贸易中,这类产品在1888—1890年为总量的6%,而1898—1900年已升至15%。由此可见,以前以羊毛生产和羊毛贸易为主要内容的牧羊业单一经营已经发展为畜牧业的多种经营,生产规模自然也有增无减。在此带动下,用于肉类和乳制品出口的养牛业也兴盛起来。畜牧业全面发展,其概念也不再是以追求羊毛产量的牧羊业为主。

"淘金热"使农业因农民的大量流失而一度呈衰败之势。然而,紧接而来的人口猛增却又使粮食供应问题成为燃眉之急,粮价由此攀升,农业生产开始复苏。1851年,全澳可耕面积为49.1万英亩,

---

[①] R. Jackson, *Australian Economic Development in the Nineteenth Century*, pp. 7,14.

1858年达到100万英亩。在各地政府的指导和扶持下,农民积极钻研农业科技,绿色革命发展速度惊人。以1860年同1850年相比较,全澳人口增长了188%,而同期的小麦种植面积和耕地面积分别增长了207%和209%。[①]"淘金热"过后,农业发展愈来愈快,1860—1861年,全澳播种面积为1173628英亩,1880—1881年为4560991英亩,1900—1901年为8813666英亩。播种面积的扩大使农业产值增长,1861年农业产值为610万英镑,1881年为1020万英镑,1891年为1050万英镑。到90年代,澳洲的粮食不仅能够自给,而且有一定数量的出口,1891年出口小麦41万夸特,1900年为68万夸特。[②]南澳大利亚和维多利亚成为两大谷物生产地。

伴随和围绕着农牧业的发展,澳大利亚的基础工业发展起来。到19世纪八九十年代,民族工业体系已经基本形成,尽管它是澳大利亚民族经济中的薄弱环节。冶金业率先发展起来,相继成立的冶金公司及其所属的冶金工厂构成了澳大利亚钢铁工业的基础。在新南威尔士和维多利亚,兴办起了一些钢铁厂,其中较大的有建于1878年的新南威尔士的埃斯克班克钢铁厂。此时澳大利亚冶金业的主体是冶铁业,金属制品加工业也随着社会需求而出现。虽然19世纪下半期澳大利亚冶金业的生产水平不高,但是,开始于第一次世界大战的澳大利亚钢铁业大发展正是以此为基础的。

采矿业的发展由来已久。而"淘金热"后,它又有了新的发展,探矿活动的范围扩大;矿种增加,涉及银、铜、铅等多种矿物;矿产量增加,1816年其产值为1010万英镑,1900年为2010万英镑;采矿技术

---

① 季国钧:《澳大利亚和新西兰农业地理》,商务印书馆1995年版,第48页。
② 格林伍德:《澳大利亚政治社会史》,第537页;张天:《澳洲史》,第183页。

提高,1893年,澳大利亚第一所高等矿业技术学校——矿业工程学院成立,为采矿业培养人员。采矿业一方面与冶金密切相关,保证和促进了后者的生产与发展;另一方面矿产品出口成为澳大利亚对外贸易中又一重要项目。从1888—1900年,矿产品出口量占全澳总出口量的11%—12%。

在工业生产各部门中,制造业的发展尤显重要。它发展起点低,但发展速度快。从1860—1890年,其年增长率为8%;到1891年,其从业人员占全澳总就业人员的15%,产值占全澳总产值的11%。[1]这时的制造业尚属不发达和落后的经济部门,其生产仅为简单的加工制造,产品也完全用于内销,大都为机械和车辆的配件加工或维修。虽然它严重缺乏与欧美同行进行竞争的实力和能力,但是,这是一个有潜力和有作为的工业生产部门。

建筑业不仅是澳大利亚民族经济中的一个重要部分,而且集中体现了澳洲社会发展的趋势与特征——城市化。其兴盛的最直接动因是"淘金热"及由"淘金热"引发的城市化。前者造成了人口增加,后者导致了人口集中,进而共同向解决住房问题的建筑业提出了紧迫的要求,因此,建筑业随之繁荣起来。到1890年,其从业人员人数占全澳从业人员总数的比例和其产值占全澳境内生产总值的比例均为14%。它的规模仅次于农牧业,与制造业各有所强,不分上下。建筑业的发展使澳大利亚人的居住条件大为改善,1850年人均拥有住房0.64间,1881年为0.85间,1901年为1.07间;永久性砖石结构的住宅在1861年时占建筑住宅总量的28%,1881年则升至32%;而临时性住宅的建筑比例却在下降,1861年为32%,1881年为12%,

---

[1] R.Jackson, *Australian Economic Development in the Nineteenth Century*, p.21.

1901年为5%。①所以,尽管澳大利亚人口增长迅猛,城市化发展迅速,但是,没有出现住房紧张现象,更未出现欧美常见的贫民窟。

交通运输业对澳大利亚民族经济的飞跃产生了至关重要的作用。澳大利亚修筑铁路始于1850年。1854年9月,新南威尔士第一条铁路开通,由此形成修筑铁路热潮。该项工作需要投入大量资金和先进技术,而"淘金热"使资金得以注入,确保了交通运输业的发展和飞跃。1870—1890年是筑路高潮时期。1860年,新南威尔士和南澳大利亚共有铁路线126英里;而到1870年,新南威尔士、南澳大利亚、昆士兰和维多利亚共有铁路线953英里,1880年为3347英里,1890年为8416英里,1900年为10566英里。②与此同时,通信事业也有长足发展。到1880年代,在澳洲,已经形成了以悉尼和墨尔本为中心的全澳电信网。交通和通信网的建立与交织在有力地促进民族经济的发展,使社会经济的各环节趋于一个有机体的同时,也深刻地影响到澳洲社会的变化,往来的便利加快了共同利益的孕育,推动了联合的进程。

但是,在这一阶段,澳大利亚铁路建设在规格与布局上多有不合理之处,一是由于澳大利亚各殖民地彼此之间处于各自为政的状态,因此,铁路轨距各有不同,新南威尔士采用的是1.435米的英国式标准轨距;昆士兰和西澳大利亚采用的是1.07米的苏丹式窄轨;塔斯马尼亚初为1.6米的爱尔兰式轨距,后改为苏丹轨距;南澳大利亚则是干线为爱尔兰式轨距,支线为苏丹式轨距。二是铁路线大多为以各殖民地首府为中心,向几个重要的加工场地和港口延伸,其意在于

---

① R.Jackson, *Australian Economic Development in the Nineteenth Century*, pp.21,121.
② Ibid., p.87.

本地的原材料的加工和外运,但各首府及各地之间的铁路建设则较之逊色。上述情况的出现并非是简单的经济现象,而是澳大利亚社会政治所致。19世纪澳洲社会演进与经济发展的一致之处就是要变革与消除这些出现在社会各方面的不合理的政治格局与经济布局,这也正是导致联邦运动生成的根本性社会因素和联邦运动的终极目标。

作为民族经济重要组成部分并对民族经济发展起有保障作用的金融业在"淘金热"的刺激下进入了一个新的发展阶段。澳大利亚银行储备金有增无减,1860年为1.42亿英镑,1870年为2.01亿英镑,1880年为4.62亿英镑。[①]到1890年,出现了控制澳大利亚金融命脉的7家银行,它们在全澳设有近千个分支机构,形成了一个庞大而坚挺的金融网络。为了能够更便捷地吸引更多的英国资本,不少澳大利亚银行将分行开办到了伦敦。金融业的发展与壮大使澳大利亚民族经济的飞跃得到了可靠的支持。

毫无疑问,英国对澳大利亚民族经济的产生和发展起到了至关重要的促进和保障作用。除了连续不断地向澳大利亚提供资金、技术和劳动力外,英国所奉行的自由贸易和放任政策在很大程度上为澳大利亚民族经济的产生和发展创造了条件,使流放犯殖民地时代的各种带有强制性的制度和关系荡然无存。英国经济体制和经济发展模式的移植与借鉴极大地解放了澳大利亚的生产力,有效地调整了这里的生产关系,便利和促进了澳大利亚民族经济的形成与发展。

19世纪后半期,美国和德国等欧美国家经济发展突飞猛进,给

---

① R.Jackson, *Australian Economic Development in the Nineteenth Century*, p.134.

英国构成愈加沉重的压力,这使英国感到有必要加强对殖民地的控制,以增强自身力量,"帝国联合运动"应运而生,澳大利亚不仅理所当然在"联合"的范围内,而且是其中的重要角色。加强与各殖民地的经济联系和促进殖民地之间的商贸往来是此时英国殖民政策的一大经济内容,整个英帝国逐渐"被一个由贸易关系、贸易委员会以及英帝国各成员之间和不列颠与海外自治领之间的互惠关税协定所织成的一个网联结了起来"。① 英国小说家G.奥威尔曾评说道:英帝国是一个造币企业。这种情况在1880年代尤为明显。

英国的这一政策性调整非但没有伤害和妨碍澳大利亚民族经济的发展,反而使它得到了更多的机遇和更大的保护。其作用首先是使澳大利亚能享受到"很大的优惠待遇",轻而易举地从英国得到急需的资本,英国在1870年向澳大利亚投资250万英镑,后呈逐年递增之势,1886年时为1940万英镑。"70年代后……(英国)大规模的基础设施投资主要置于南美、澳大利亚、亚洲以及美国"。② 其次是澳大利亚能以英帝国成员的身份在国际市场上受到英国的保护和支持。这对竞争力不强的澳大利亚民族经济来说是相当重要的。再有是扩大和增强了澳大利亚与其他成员国之间的贸易关系,如印度逐步成为了澳大利亚的重要贸易伙伴,"当澳大利亚的小麦在出口增加时,它就需要印度的麻布袋。澳大利亚长期以来就是印度茶叶的最大顾客之一。"③ 这一切对尚处发展阶段并具有外向型属性的澳大

---

① 诺尔斯:《英国海外帝国经济史》,第一卷,上海人民出版社1965年版,第38—39页;L.Trainor, *British Imperialism and Australian Nationalism*, p.55.

② P.J. Cain and A.G. Hopkins, *British Imperialism: Innovation and Expansion, 1688—1914*, Longman Publishing, 1993, p.176.

③ 诺尔斯:《英国海外帝国经济史》,第一卷,第39—40页。

利亚经济而言,无疑是提供了良好的机遇和广阔的空间。英国对澳大利亚民族经济发展给予的优惠、扶持和保护是英国的其他殖民地很少能够享受的,这是因为澳大利亚经济在发展之初是作为英国经济的延伸与补充部分而出现的,它所出产的工业原料和农牧产品直接关系到英国的国计民生。澳洲社会的依附性在经济领域表现为辅助性。

当然,英国厚待澳大利亚的出发点在于增强自身实力,然而,本土化所造就的澳大利亚民族经济独立性和民族化发展趋势与发展结果则与英国的利益和英国人的初衷相悖,这是不以任何一方的意志为转移的。于是,出现了这样的情况:一方面是英国旨在加强与巩固其影响与控制,指望澳洲各殖民地能够在英帝国中发挥出重要作用,为此,它积极促进和扶持澳洲经济的发展,致力于协调澳洲各殖民地彼此之间以及它们与澳洲以外英属殖民地的经贸往来;而另一方面,经济实力愈加充实的澳大利亚各殖民地则越来越表现出自主意识,在澳英贸易往来与关系上,澳洲人的利益与英国人的愿望日益相悖。

澳大利亚民族经济形成与发展的标志并非简单地是生产门类的增多和生产总值的增加,而是澳大利亚经济的属性产生了变化:一是作为澳大利亚民族形成的内容之一,澳大利亚经济在量变中缓慢地脱胎于英国经济,进而形成自成一体的澳洲经济体系;二是澳大利亚经济发展的目的逐步发生了方向性的根本变化,即由补充和发展英国经济转变为旨在增加澳大利亚的社会财富。澳洲地区经济的发展、各地经贸往来的增多使各地澳大利亚人的经济利益出现越来越显著的趋同现象,因而,澳大利亚经济逐渐有别于英国经济,澳洲的利益也日益不同于帝国的利益,从而构成为澳大利亚民族国家的经济基础。相对于1886年在伦敦举办的"殖民地与印度博览会",1888年在墨尔本举办的博览会上,被突出表现出来的不是帝国的发展与繁荣,而是"前进中的澳大利亚",其所透露出澳大利亚经济自主性的信息使这场博览会像是一个国际性博览会:澳大利亚的工业品被置于显著位置上,而英国的产品与德国和法国等国的产品被一并作为外国展品而展出。这显示出了澳大利亚的经济贸易国际化倾向,使澳大利亚经济俨然具有自主的国家经济的架势。[1]

在经贸往来上,英国原本旨在加强帝国内部发展与联系的举措在加速澳大利亚各殖民地发展的同时,又引发了它们与英国的离心倾向。在邮政与通信业务上,这种情况表现得尤为明显。1872年,在英国大东电报公司的主持下,英伦与澳大利亚的海底通信电缆铺设完毕,便捷了英国与澳大利亚和新西兰的交往。按照英国的本意,通讯系统的改进与完善意在"引导澳大利亚经济趋向国际化,尤其是帝国化"。[2]但是,这条海底电缆并没有引起澳大利亚人的多少兴趣,因为其费用昂贵,从英伦到澳大利亚的电文是每个字10先令,而从悉尼到澳大利亚和新西兰的任何一处则是2.5便士。再有,自1886年加拿大太平洋铁路修筑完成后,在澳大利亚,来自美国的太平洋电报电缆以其低廉的费用与英国大东电报公司展开了竞争,英国大东电报公司相形见绌。结果是太平洋电报电缆揽去了澳大利亚人对外通信联系的大部分业务,而英国大东电报公司的业务对象则渐渐不再是澳洲的民众,而主要是驻扎在这里的英国皇家海军。这自然使澳大利亚与英国以外国家的往来(尤其是商务贸易)增多。因此,仅

---

[1] L. Trainor, *British Imperialism and Australian Nationalism*, p.51.
[2] A.F. Madden (eds), *Australia and Britain: Studies in A Changing Relationship*, Cassell, London, 1980, p.25.

就通信事业的发展和通信业务的竞争而论,实际结果是澳大利亚经济不是越来越帝国化,而是越来越澳洲化和国际化。

这一时期,原有的澳洲邮政业务,特别是海外邮政业务,也愈加不能满足澳洲的社会需要。长期以来,澳洲的邮政业务是以伦敦为中心的,受英国邮政部的管辖,但是,澳洲经济的澳洲化与国际化则使这种邮政体系与澳洲的现实情况愈加不相适应。按照原有邮政业务程序,澳洲的邮政业务是由英国人操办的,境内的邮件往来也需按照英国的时刻表,由来自英国北部的邮船负责运送。而现在,澳大利亚人却自行根据自己的需要,更多的是同法国和德国签订相关合同,由它们承接原本由英国垄断的澳洲各殖民地的邮政业务。1891年,英国邮政部惊诧地看到这些殖民地竟与自己平起平坐,成为了"世界邮政联盟"的成员。

澳洲化和国际化是澳大利亚民族经济发展在这一时期最为明显的表象,其实质就是本土化。而由此导致的转型则是澳大利亚经济发展的目标发生了根本性变化,经济贸易活动由澳洲各殖民地唯英国马首是瞻转变为受澳洲各地经济利益趋同的作用,并由此进行整合,外向性国家经济属性的特征愈加明显,澳大利亚经济逐渐不再是英国经济的延伸和组成部分。这较为集中地体现在各殖民地社会对关税问题的态度上。

在19世纪50年代,澳洲各殖民地为了增加自己的收入而互设关卡,造成澳洲境内关卡林立。从当时澳洲社会政治与经济的角度而言,这般状况与澳洲各殖民地之间的关系以及各自与英国的关系是相吻合的。可是,经济的本土化发展现实与趋势使得澳洲境内经济往来日益频繁,澳洲人所面临的外来商业竞争也日益激烈,以致越来越多的澳洲政治家和商人主张在全澳实行统一的关税政策,一些人还动议成立关税同盟,并为此多次召集各殖民地会议。① 但由于澳洲各殖民地的经济发展不平衡以及各自与英国的经济关系复杂,再加上这种澳洲统一的关税政策与英国的既定相关政策多有相悖,因此,关税问题一方面一直悬而未决,而另一方面又自然成为了全澳范围内的人们讨论与争执的重要问题之一。虽然直到澳大利亚联邦成立时,各殖民地也没有制定出统一的关税政策,但是,这一问题的争论不仅有力地促进了各地的沟通、交流和合作,表明澳大利亚人的自主独立与自我保护意识正在增强,由此构成了联邦运动中举足轻重的组成部分之一,而且因关税保护主义愈加占上风,致使保护关税成为日后澳大利亚联邦政府的基本国策之一。

自19世纪中期以来,英国越来越重视与殖民地的关系,为此,在1854年,英国政府增设了殖民部。在英国的朝野内外,许多人士都提出了诸多加强英国与白人自治殖民地联系和团结的建议,尤其是进入70年代以后。1872年,分别在曼彻斯特和伦敦,英国首相迪斯雷利改变了一向主张放弃殖民地的论调,两度发表演讲,对"自由帝国政策"提出质疑与抨击,呼吁巩固"200年来英国人建立起来的帝国",以帝国为后盾,保持和扩大英国在国际事务,尤其是在欧洲事务中的作用,维护英国在世界的霸权地位。在他设想的管理帝国的具体措施中,建立旨在与欧美国家高额关税抗衡的帝国关税制度是其中的关键内容之一。而英国学者卡莱尔早已提出了未雨绸缪的见解:"一旦其他国(指欧美国家)提高关税,我们的产品势必被拒之于门外;一旦关税下降,我们的产品才能得以进入。只有英格兰的子女

---

① 格林伍德:《澳大利亚政治社会史》,第155页。

们,我们说英语的人们,任何时候都不会拒绝我们的产品。"①

70年代末,面对因海外竞争而导致的农业危机,将食品工业从高额关税保护国转移到英属殖民地和附属国的举措使英国大为受益,解决了"亲爱的大面包"。热衷于帝国联合的英国政治家约瑟夫·张伯伦感慨道:政府可做的是"开发我们帝国的资源,将英国的资金、技术和工业投向我们的自治领,而不是那些在商业上与我们敌对的地方"。② 1881年成立的"公平贸易协会"是一个主张变传统的自由贸易政策为关税保护政策的组织,它得到了保守党的支持。随后由保守党组建的"经济萧条处置皇家委员会"的主张与观点虽然在诸多问题上与前者相左,但也是关税保护主义的支持者。而英国此时所主张的关税保护政策是针对英帝国以外国家和地区的,而在帝国内部,则执行的是加强以英国为中心的自由贸易政策。1885年,首相索尔斯伯里就帝国特惠关税指出:"我们可以认为,因(帝国)各组成部分之间在关税上的分散而对联合王国造成的损害与爱尔兰与英格兰之间的冲突所导致的损害是相同的。"③

而随着澳洲经济的发展,关税问题早在"淘金热"时就成为了澳洲社会中的热门话题之一。在澳大利亚各殖民地之间的和澳洲各地与海外各国的商贸往来中,海关与关税愈加事关重要,进而导致是推行保护关税还是实行自由贸易的争论升温,但是,这里的这种争论的基点是澳大利亚,而不是英帝国。虽然人们对保护关税政策含义的解释不一,对其推行的程度存在分歧,但是,大多数商人、企业家以及城乡居民出于自身利益的考虑,为阻止外来商品(特别是英国商品)

---

① 张红论文,第31页。
② 同上,第61页。
③ L. Trainor, *British Imperialism and Australian Nationalism*, p.52.

的流入而主张提高关税,因而,保护关税政策的呼声在社会上占上风,仅有新南威尔士是明确支持"自由贸易"政策的。维多利亚是拥护保护关税政策的先锋。1859年,"维多利亚关税同盟"在墨尔本成立;1866年,维多利亚殖民地议会通过了澳大利亚历史上第一个保护关税条例;1871年,维多利亚殖民地议会通过法案,规定对所有的进口货物平均征收25%的进口税。南澳大利亚和塔斯马尼亚予以响应。而英国关税政策的变化则使这一澳洲的内部问题成为涉及与影响澳英关系的大问题。这一问题不仅显示出澳大利亚经济发展目标发生了根本性变化,标志着澳大利亚经济已经脱胎于英国经济体系而成为真正意义上的民族经济,而且对关税问题的争论很快就因显示出澳洲的利益趋同而越出了对经贸问题的讨论,越来越多地由此涉及诸多社会问题,尤其是澳洲的地位与联合问题。

然而,此时母国提出的帝国特惠关税对殖民地而言则意味着:一、关税收入的减少;二、殖民地与英国以外国家与地区的贸易往来势必因此而受到限制。由于英属殖民地各自经济发展状况与水平不一样,因而,对帝国特惠关税的反响不同。1886年,在由"帝国贸易商会"和"帝国联盟协会"召集的会议上,加拿大对此予以积极回应,而澳大利亚各殖民地的态度则是多样的。昆士兰因其制糖业遭遇境外同行的竞争而支持帝国内部的自由贸易和建立关税壁垒,一位名叫 J.E.戴威的昆士兰厂主在1886年7月23日的《公平贸易》杂志上撰文:帝国内的自由贸易和帝国关税壁垒为昆士兰的制糖业提供了一个可靠的市场,并为昆士兰奠定了稳固的经济基础。[1]在1887年召

---

[1] M.Edelstein, *Overseas Investment in the Age of High Imperialism: the United Kingdom, 1850—1914*, Methuen, 1982, p.25.

开的殖民地会议上,关税问题成为重要议题之一。昆士兰责任政府总理 S.格瑞费斯的鼓动与活动使他成为澳洲支持帝国特惠关税势力的领头人物。而拥有关税保护体系的维多利亚则主张建立澳洲关税体系,因为关税收入大致占其财政收入的三分之一,甚至更多。其代表指出,正是因为 70 年代末以来的关税制度,导致它的制鞋产业损失惨重。维多利亚的制造业主们对来自英国的竞争心有余悸。[1]

在帝国特惠关税问题上,新南威尔士的态度与举措是举足轻重的,也是具有代表性的,这不仅是因为新南威尔士在澳洲社会上具有导向性的作用,而且也是因为新南威尔士的经济发展水平和它与英国的经济贸易关系。对于新南威尔士而言,与英国的贸易关系是至关重要的,在 19 世纪 80 年代,向英国出口产品的价值占其出口总值的 48%,英国进口的羊毛三分之一来自于这里。换言之,依据帝国自由贸易原则和现行的关税体系,新南威尔士可获利多多,其原料产品可在英国市场上享受着独领风骚的地位。因此,从具体的统计数据上看,作为既得利益者,它是帝国自由贸易的"满意成员",应是英国政策的支持者,可是,自主意识日盛的新南威尔士人则根据自己的地位与作用,将这由来已久的获利体系视为"被动的双边协议原则"[2],转而成为关税保护主义的中坚,并由此形成了一场颇有影响的"保护主义运动"。新南威尔士的这种转变并不意味着它放弃奉行"自由贸易"政策,而是表明,它追求的是具有国际性的"自由贸易",而不是帝国范围内的"自由贸易"。

经济生产的发展和经济实力的增强自然导致新南威尔士不再满

---

[1] G. Linge, *Industrial Awakening: A Geography of Australian Manufacturing, 1788—1890*, Australian National University Press, 1979, p.255.

[2] L. Trainor, *British Imperialism and Australian Nationalism*, p.53.

足于现有的贸易关系与格局,因此,它的经济发展得益于帝国自由贸易,但是,经济的继续发展则导致它逐渐超出帝国自由贸易的范围。这种变化是受经济利益的驱动和经济规律的作用,而并非是宗主国的非经济手段和殖民地"母国情结"所能左右的。因此,"保护主义运动"的实质并非是要建立澳洲的关税壁垒,它"保护"的是澳洲经济的"国际性",而不是"帝国性"。换言之,新南威尔士要使澳大利亚经济的"澳洲性"寓"国际性"之中,而不是寄"帝国性"篱下。1882年,在帕克斯的一次海外旅行中,他以被认可的殖民地代表的身份,就羊毛出口和旧金山邮政等问题同美国政府进行了谈判。英国政府对此十分关注,指示英国驻美大使设法介入帕克斯的活动,并对之施加影响,但帕克斯则使这位作梗的大使受到冷遇。《新闻公报》就此写道:英国"能够垄断这些(澳洲)殖民地的出口贸易……这是完全可理解的,因而……他(帕克斯)的活动会在母国引起不满的情绪"。在论及新南威尔士的对外贸易的利益和与英国的关系时,它指出:"贸易关系决定着我们自己的社会与老家亲戚联系的冷热。"[①]

"保护主义运动"是在19世纪80年代澳英关系中因澳洲经济发展而导致的双方经济利益相悖和经济关系变化的结果之一,与70年代盛行于澳洲的反移民倾向和活动的属性相同。它的发端可追溯到1881年"保护与政治改革联盟"在新南威尔士的成立。1880年,律师D.布查南向新南威尔士议会提交议案,要求对新南威尔士可以生产的进口产品征收关税。该议案得到社会舆论的好评,特别是冶金业和制衣业的厂主和工人对此大加赞扬,但是,它因35:5的议会表决

---

① J.Richards, *Class and Politics: New South Wale, Victoria and the Early Commonwealth, 1890—1910*, Australian National University Press, 1976, p.81.

结果而被否决。1881年,该议案再次被提出,但仍是相同结局。对此,新南威尔士社会一片哗然。次年,著名律师L.赫顿提出应对进口小麦和面粉课以关税。这是保护主义付之于行动的开始。他以屈从的口吻阐释:毫无疑问的是,英国的政策对新南威尔士是有利的和适宜的,然而,就其发展而论,更好的办法是吸引移民来种植小麦。虽然赫顿的提案仍未在议会通过,但是,保护主义的主张与活动在社会上引起了共鸣与反响。在1885年的政府竞选中,对于竞选者来说,关税问题成为了一个明确的竞选议题。1886年,帕克斯组阁,"保护与政治改革联盟"进入议会。至此,保护主义的影响与作用逐渐不仅是简单地表现为一种具有竞争的意识,而是成为一种旨在经济自主意识的行动纲领,并进入具体操作状态。

虽然,直到澳大利亚联邦成立,澳洲各殖民地仍未就具体的关税事宜而取得一致性的观点和采取协调的行动,或者说没有能够制定出统一的关税政策,但是,在人们的争吵中,保护关税愈加表现为大势所趋,而纷争也越来越拘泥于枝节问题。这种自我保护意识及相关措施表明澳大利亚民族经济正在走向自主与独立,虽说它与英国经济的千丝万缕的联系依然存在,但是,它逐渐不再是英国经济的延伸和组成部分。比如,英国的投资对澳洲经济的发展是至关重要的,然而,这些投资的使用则是由澳洲人具体根据澳洲的实际情况而操作的。再比如,在新南威尔士修建一条400英里的铁路过程中,要建造不少于105座普通桥梁、8座高架桥及10条隧道,挖掘土方不少于900万立方,其体积大致3倍于埃及最大的金字塔。[①]在这项工程建

[①] J.Richards, *Class and Politics: New South Wale, Victoria and the Early Commonwealth, 1890—1910*, p.17.

设过程中,澳洲人使用的是英国的投资和技术,而施工则是他们自行实施并完成。正是在类似情况的层出不穷中,澳洲的经济发展了,实力增强了,而与母国的经济关系也因此由依附与依赖逐步演进为平起平坐与互助互利。这验证了一位英国学者的说法:"现在,经济发展也是经济斗争。"[①]

民族经济的发展对澳洲这方天地由殖民地社会向自主国家社会的转变提供了必要的物质基础,具有导向性与决定性的作用。"淘金热"为1860—1890年澳大利亚经济的长期持续繁荣创造了条件,引发了澳大利亚经济全方位的飞跃。民族经济的飞跃使澳大利亚的社会经济结构发生了重大变化,资本主义经济走向健全,为独立的民族国家的建立提供了愈加坚实的经济基础。澳大利亚民族经济发展的目标较前发生了根本性变化,即由补充和发展英国经济转变为增加澳洲社会财富。澳大利亚社会对关税问题的态度转变正是这种变化的一种体现。在1850年代,各殖民区为了增加各自收入,互设关卡,可是,频繁的经济交往和激烈的商业竞争使越来越多的澳大利亚人为了自身经济利益而主张在全澳实行统一的保护关税政策,以阻止以英国商品为主的外来商品的流入。同时,澳洲经济对英国的依赖程度逐步减弱,其从属地位逐渐发生变化。以英澳贸易为例,1854年,澳向英出口额为43万英镑,进口额为130万英镑;而1900年的出口额为238万英镑,进口额为236万英镑。此后,大致比例状况长期持续。[②]这表明澳英贸易趋于平衡,双方的地位也转向平等。虽然,澳民族经济同英国经济仍保持着千丝万缕的联系,但它已从英国的

---

① L.Trainor, *British Imperialism and Australian Nationalism*, p.59.
② T.Lloyd, *The British Empire, 1558—1983*, Cambridge University Press,1984,p.401.

经济体系中派生和脱胎而出,成为一个自成一体的新经济体系。它的发展和健全过程与澳大利亚民族脱离英吉利民族的进程是同步的。前者是后者的先决条件和经济基础。共同的经济利益使人们逐渐认识到:"在财政上有联合的必要";"撤除殖民区之间的界线对社会经济是有利的。"[①]而具体办法就是通过组成联邦,求得政治统一,扫除交往中的障碍,以获得更大的经济利益。

第三节 澳洲社会的渐进:自治能力与自主意识的增强

建立联邦制国家的建议早在19世纪中期就有人提出。温特沃斯曾乐观而模糊地勾勒出"从殖民地过渡到一个国家的新时代"的轮廓。新南威尔士的另一位政治家 J.兰格继而较为明确地提出未来的澳大利亚"是建立在普选制、联邦制和代表制的民主政体柱石上的"民主共和国。[②]同时,英国殖民大臣 H.格雷出自英国的利益需要,提出"在澳大利亚各殖民区建立一种……政府体制",即澳大利亚联邦。依此设想,它听命于英国,受英国委派的总督控制。澳英的各种设想在澳洲各殖民区的统一和联合问题上观点相近,但在平等和自治问题上则认识相悖。澳大利亚人要与母国平起平坐,而英国人却只想维护最高统治权。因此,英国对澳大利亚人的呼吁感到"不可思议":"为什么我们应当让出我们的最高霸权地位……没有下属的殖民地,何来帝国?"[③]而澳大利亚人则怀疑格雷建议的真实

---

① G.Disher, *Australia Then and Now*, Oxford, 1995, p.192.
② M.McKenna, *The Captive Republic*, Melbourne, 1996, p.79.
③ W.Hancock, *Argument of Empire*, London, 1943, p.12.

动机。^①然而,这一切仅停留在动议和设想上,并未在澳大利亚社会引起积极反响。其主要原因在于澳大利亚社会尚不具备建立民族国家的条件。

进入19世纪80年代后,澳大利亚社会变化明显,澳洲大陆逐渐不再仅是一个以英国移民为主体的移民汇聚地,人与人之间和地区与地区之间的分歧和差异在减少和缩小,而共同点则在增加和扩大,新生的澳大利亚民族呼之欲出。于是,各殖民区联合乃至建立统一国家的呼声鹊起,这不仅逐步成为与日俱增的社会要求,而且也成为澳洲社会大势所趋的发展方向,"殖民区已经自发地组织起来,采取联合行动。"[②]

民族经济的发展使澳大利亚的社会经济结构发生了重大变化,对澳洲这块土地由殖民地社会向自主国家社会的转变乃至建立独立的民族国家提供了必要的物质基础,具有导向性与决定性的作用。澳大利亚民族经济发展的目标较前发生了根本性变化,已从英国的经济体系中派生和脱胎而出,成为一个自成一体的新经济体系,即由补充和发展英国经济转变为增加澳洲社会财富。共同的经济利益使人们逐渐认识到:"在财政上有联合的必要";"撤除殖民区之间的界线对社会经济是有利的。"[③]而具体办法就是通过组成联邦,求得政治统一,扫除交往中的障碍,以获得更大的经济利益。

澳大利亚经济的繁荣和社会的富裕吸引来大批追逐财富的移民,尤其是在"淘金热"期间。此间,全澳人口从1851年的437665人

---

① J. Ward, *Earl Grey and Australian Colonies*, 1847—1857, pp.171—182.
② L. Trainer, *British Imperialism and Australian Nationalism*, p.32.
③ G. Disher, *Australia Then and Now*, p.192.

第二章 澳洲认同感的生成:从"澳大利亚英国人"到"澳大利亚人"

增至 1861 年的 1168149 人。①人口的增加引发起澳大利亚社会的一系列变化。第一,由于澳洲初为英国流放犯殖民地,造成男女比例严重失衡。而随人口的增加,这一比例趋于均衡,成年男子从 1861 年占总人口的 39% 下降到 1901 年的 34%;成年女子的比例从 24% 上升到 31%。这使长期困扰社会的男女比例失衡问题得以解决。第二,非英籍移民增多,使澳大利亚民族成分出现了多民族倾向。第三,工商业的发展促成人口集中,进而导致城市化现象逐渐成为澳社会发展的一个特点,表现为城市人口的增加和城市的增多与扩大。上述种种在很大程度上使澳大利亚愈加具备了民族国家的要素。

澳大利亚人对未来社会的豪迈和自信程度有增无减。他们对未来澳大利亚的构想是美好的乌托邦社会:"拥有一个澳大利亚,一个新的国家,一个光荣的共和国,一个自由的国度。在这个国家里,每一个公民各尽其职,同时,因人们的自我防范,伤害也不复存在。"②早期移民眼里"受神诅咒"的"极端荒芜的土地"已在新一代澳大利亚人眼中成为生机盎然的乐土。虽然,他们对英国依然怀有崇敬的"母国情结",但对英国视他们为"二等臣民"的歧视态度则持强烈的不满情绪,屡屡本着新的国家观念去反驳来自母国的歧视言论。在社会意识形态领域,澳大利亚与英国已分为两个民族和两个地区。

随着澳大利亚民族逐渐成熟,针对英国热衷倡导的"帝国联邦运动",澳大利亚人则认为英帝国是一些平等国家的结合体,是"平等、和谐及互助的大家庭",即"民族国家的联盟"。而英国则认为英帝国是一个主权国家与其附属国的组合体,"一方为宗主国,另一方为封

---

① G. Sherrington, *Australian Immigrent*, 1788—1978, p.59.
② M. McKenna, *The Captive Republic*, p.121.

臣",双方地位有高下之分。① 如此差异决定了澳大利亚逐步走向独立是不可避免的。英国早已预感到这种发展趋势。曼彻斯特学派学者、曾任英国殖民部常务次长的 F.罗杰斯在 1854 年说道:"令人遗憾的是,无论你怎样让步,只要不给予绝对的独立权,就难以使殖民地人民满意,以此,很难预料怎样才能做到在保持良好关系的情况下最后分手,我想这是我们一致期望的。"②

19 世纪后半期,特别是进入 80 年代,澳大利亚各殖民区责任政府威望、职能和能力的提高不仅使澳洲人的注意力由英王与英国政府逐渐转移至澳洲当地的政治家与政府,而且为联邦运动奠定了政治与组织基础。19 世纪 50 年代,澳各殖民区的责任政府相继成立,并以较快的速度在实质上取代了英国委派的总督,成为各地事实上的统治集体与管理机构。到 80 年代,英国除仍保留各殖民区的外交控制权外,其余如防务、移民、关税、教育等方面权力几乎均由各责任政府执掌,或正在向其手中转移,责任政府在澳洲事务中的领导权威和决定作用愈加明显。1888 年,澳洲发生大规模排华运动,有关殖民区的责任政府起有推波助澜的作用。当英国政府出面劝阻时,帕克斯扬言:他"既不顾女王陛下的军舰,也不顾女王陛下派驻的代表,更不顾英国殖民大臣的干预"。新南威尔士总督德比尔无奈地说:"我们……只好随他们的意旨办事。"③

各殖民区责任政府以积极方式参与社会经济活动,起到了组织和保障作用。其表现为:(1)1860—1890 年期间的经济高速发展使资

---

① 转引自洪霞:《论加拿大自治领取得完全国家地位过程的特征》,《世界历史》1998年第 3 期,第 40 页。
② 格林伍德:《澳大利亚政治社会史》,第 174 页。
③ 同上,第 180 页。

金需求量大增,而各责任政府在吸引和筹措资金中以政府的信誉起着坚挺的担保作用。为了缓解劳动力不足的局面,它们成为移民工程的组织者,"资助移民以增加劳动力的供应"。①(2)责任政府出面主持和承担兴建铁路、公路、桥梁、电讯、水利等大型公共工程。这些工程虽然意义重大,但由于耗资巨大和收回成本缓慢等原因而使私人企业难以承接。政府出面承揽这些工程,一方面产生了重大的社会和经济效益,另一方面使就业率大为增长,澳大利亚人基本上无失业之忧。(3)责任政府用立法手段颁布新的公司立法,规范经济活动,帮助金融和产业部门克服困难。(4)在澳大利亚经济的工业化进程中,各产业之间以及劳资之间的矛盾冲突也曾一度达到剑拔弩张的程度,但在责任政府的斡旋下,对抗无不在有利于社会稳定和经济发展的前提下化干戈为玉帛。19世纪末,在社会保障和福利制度被作为"文明的包袱"而被移植到新南威尔士等地的过程中,责任政府是主要的倡导者和组织者。②

在取代英国殖民部,自如而有效地行使职权,有序而稳妥地管理社会事务的同时,各责任政府充当了联邦运动的领导角色。这种角色作用首先明显地表现在防务问题上。自克里米亚战争后,英国的注意力逐渐转向欧洲和中亚,因而逐步要求各处殖民地当局自行招募军队,在国防上采取自卫措施。1870年,虽然澳大利亚海防仍由英国海军承担,但英国撤走了驻扎澳洲的英国陆军,把陆基防务留给了几乎赤手空拳的澳大利亚人去自行解决。然而,就在此时,德、美、法、俄等国则对太平洋虎视眈眈,澳大利亚人首次感受到外来威胁。

---

① R. Jackson, *Australian Economic Development in the Nineteenth Century*, p. 160.
② 参见王宇博:《澳大利亚福利制度的形成》,《史学月刊》2001年第5期。

他们再三呼吁英国提供保护,但英国则声明澳大利亚各殖民区应尽自己之所能。[①]于是,加强防务成为全澳关注的共同问题,并促使各殖民区走向联合。因此,防务问题是导致联邦运动的一个重要因素和这场运动中的一个敏感而迫切的主题。

在这一问题上,各责任政府理所当然地担负起了建设武装力量的作用。值得注意的是,在防务事宜和军备建设上,各责任政府不再是各自为政,而是主动合作、共同发展,这对全澳的政治联合产生了积极影响。国防问题不仅增强了澳大利亚人要求自主与自治的信念,而且巩固和提高了责任政府的社会地位和政治威望。

消除和缓解社会矛盾是政府确保社会稳定的必备职能。而此时澳大利亚的各殖民地责任政府逐步具备了这样的能力。澳洲的居民大都来自于欧洲工业国家,当然,工业国家所固有的社会矛盾——劳资冲突——也随之进入澳洲。在澳洲各地都先后发生过规模不一的工人运动,罢工风波也曾风起云涌,矛头直指政府与资方,尤其是在经济危机发生时期。1891年2月,昆士兰剪毛工人罢工。尽管这场劳资冲突的规模很有限,只有1000多剪毛工参加,仅涉及昆士兰全境150多个剪毛棚中的20多个,但是,双方的对峙相当严峻。2月18日的《悉尼先驱晨报》曾宣称:"在昆士兰,我们有武装叛乱的威胁,政府只有一条可行的途径,那就是不惜任何代价加以坚决而猛烈的镇压。"前方记者送回的报道的语气像是从战场发回的战报。[②]这样的情形在19世纪后半期的澳大利亚已经不是新闻。然而,这些冲突从未演变成社会骚乱,也没有造成人员和财产的损失。因而,政治

---

① T. Miller, *Australia in Peace and War*, p.62.
② 格林伍德:《澳大利亚政治社会史》,第224页。

与社会的稳定成为了澳大利亚各殖民地的一大特征,这无疑是有利于澳洲社会的,并大大促进了其发展。究其原因是,在欧洲国家的社会矛盾进入澳洲的同时,澳洲人也移植了欧洲人用于解决矛盾的良策——劳资仲裁制度,用以化解矛盾与稳定社会。

劳资仲裁本是长期饱受劳资纠纷困扰的欧洲工业化国家经过艰苦探索而创造出的解决社会问题的办法,为此,它们蒙受了巨大的人员与财富损失。而在澳洲,人们则很快就将这种办法移植而来,并加以本土化。面对作为澳洲社会主要矛盾的劳资纠纷,从19世纪70年代起,各责任政府就着手运用劳资仲裁,站在中立者的立场上,插足工人与雇主之间的纠纷,"干预经济事务,涉及范围之广,为任何国家前所未有。"[①] 1891年,为了解决新南威尔士海员罢工问题,帕克斯向新南威尔士议会提出设置劳资调解和劳资仲裁机构的议案。这一议案成为新南威尔士最初的劳资仲裁法案。根据该议案,设置了一个或几个调解委员会,委员会由工会和雇主(或雇主联盟)派出等额的代表(初定为各派2位代表)组成。如果该委员会不能解决纠纷,可将原案移交仲裁委员会,仲裁委员会由政府委派的3位委员组成。在这3位委员中,一位是由在工会提出的名单中选派的,一位是在雇主(或雇主联盟)提出的名单中选派的,而委员会主席则是与双方都没有关系的中间人。虽然,这个议案在调解和仲裁这次海员罢工中因劳资双方意见分歧太大而未能取得预期效果,但是,它将劳资仲裁制度化了,责任政府越来越理所当然地成为纠纷的仲裁者。与此同时,在澳洲其他地区,类似的尝试也在进行并卓有成效,维多利

---

① 格林伍德:《澳大利亚政治社会史》,第232页。

亚议会就曾试图以强制仲裁的方式来处理纠纷。[①]

除此之外,各地政府还着手以相关的法规与条例消除和处置矛盾与纠纷,即制定工厂法。1873年,维多利亚议会制定了一项保护女性的法案,禁止女工或女童每日工作8小时以上。但因种种无法克服的缺陷,该法案难以执行。1885年,维多利亚议会又通过了一个法案,抨击工厂中所存在的工作条件恶劣和工人遭受虐待的情况。与此同时,在新南威尔士、昆士兰、南澳大利亚,各自的议会都曾制定和通过多项工厂法。这些工厂法虽各有不同,但原则是相同的,内容是相近的,并在立法过程中形成相互启发与相互补充。其主要内容是:(1)规定了工厂工作环境的最低卫生标准;(2)规定劳动保护,如对有危险性的机器必须安装防护栏;(3)限制妇女的工作时数,等等。

1891年,澳大利亚随着英国而卷入经济危机,损失惨重。在危机期间,各殖民区责任政府的过问和干预,以及彼此之间的协调和帮助,对于缓和危机和减少损失产生了积极作用,因此,人们逐渐放弃了原先狭隘的价值观,开始认真思考有关的社会和政治问题。建立各殖民区之间的联合是确保经济持久发展的前提的观点逐渐成为社会共识。

联邦运动不是一场由少数社会精英策划和导演的变法活动,而是一场具有民众广泛参与性的社会变革。19世纪后半期澳洲人口数量的增长和人口结构的变化,为联邦运动提供了牢固的民众基础。值得注意的是,澳洲民众具有很高的政治热情,他们所关心的政治并非自己所在殖民地的政治,而是全澳洲的政治社会。1880年创刊的

---

① 参见王宇博:《对澳大利亚公民权利概念与实践的历史考察》,《法制现代化研究》第十卷,南京师范大学出版社2006年版。

《悉尼公报》被公认为是"代表澳大利亚精神的东西","澳大利亚是澳大利亚人的澳大利亚"的口号就出自该刊物。它拥有广大的读者,"你无论在哪里都能见到它,在所有的俱乐部和旅馆的桌子上,不但新南威尔士,而且在所有的殖民地里,包括塔斯马尼亚和新西兰。如果你走进乡下人的茅舍,十之八九你可以看到最近的一期。"[①]

随着以工业化为内容的民族经济的发展,在19世纪60—70年代,澳大利亚工人阶级逐渐形成。在新南威尔士和维多利亚,总人口的一半以上居住在城市,其中75%为工薪阶层。加之社会政治民主化水平的提高,特别是议员薪俸制度的实行,使工人阶级的代表有可能进入议会。在墨尔本,"一名石匠白天为议会大厦砌墙,晚上则在议会大厅发表关于劳工事业的演讲"。[②]政治热情高涨的澳洲工人阶级构成了联邦运动的民众基础,为联邦运动注入了强大的力量,发挥了主力军的作用。

澳大利亚工人运动的发展与联邦运动的演进是同步的,前者是后者的一个组成部分。这表现在以下两点上:第一,在联邦运动的发展进程里,全澳走向联合的趋势首先出现于工人运动之中。在澳工人阶级队伍中,英国移民众多,特别是熟练工人。他们把英国的行业习惯和工会原则带到了澳洲,英国工联主义对澳大利亚工人阶级的思想和行为产生了强烈影响,突出体现为工会组织发展迅速,并很快走向联合。1879年,悉尼和墨尔本的工会召开了第一届各殖民区工会代表会议。这是澳大利亚工人运动走向联合与统一的第一步。在全澳范围内的交往中,工会等工人团体合并与联合成为工人运动的

---

① 格林伍德:《澳大利亚政治社会史》,第198页。
② R.Terrill, *Australians*, Simon,1987,pp.74—75.

发展趋势。"在没有联合起来的时候,这些殖民区的无数工人团体,在资方的有组织的力量面前显得十分脆弱,正像未经训练的乌合之众和正规军相对垒,但一经联合起来,工人阶级在人数和精神上的力量是强大无比的。""澳大利亚的各工人组织对某些社会政治方面的意见实际上是一致的。"[①] 正是在这种联合的趋势中,1891年4月,在"新南威尔士劳工选举联盟"的基础上,组建了新南威尔士工党,并在当年的大选中获得新南威尔士立法议会中的36个席位。其他地区也相继建立了工党。在同年召开的第七届各殖民地代表大会上,各地工党实行大联合,统一的澳大利亚工党成立。各地工人的联合先于各责任政府之间的合作,这反映出作为一个新生的民族,社会成员之间在利益和心理上的共同点在不断增多。

第二,由"英国化"转向"澳大利亚化"的澳大利亚工人阶级是联邦运动积极而忠实的参加者。19世纪后半期,工人与政府和资方的冲突与矛盾主要集中在工会的合法性、八小时工作制及劳动立法等问题上,而在建立独立和统一的民族国家问题上,工人阶级的要求与政府的观点是一致的,甚至更为激进。广大工人将民族国家的建立与切身利益联系在一起,他们有一个共识:一旦自主的联邦国家成立,"肉价将降低……将会有一个出售马铃薯和苹果的市场"[②]。一份名为《蜂鸟》的政治刊物刊登了一位工人领袖的文章:"我们通宵达旦地研讨……仔细研究每一个事关人类新生的新计划。"[③]作为议会党团的工党以改良主义者的身份进入议会,其宗旨是参与国家管理,使自由、平等和民主的理想成为社会全体成员共享的现实。在联邦

---

① 格林伍德:《澳大利亚政治社会史》,第208页。
② 约翰·根室:《澳新内幕》,第43页。
③ M. McKenna, *The Captive Republic*, p.199.

第二章 澳洲认同感的生成:从"澳大利亚英国人"到"澳大利亚人"　121

运动涉及"建立何种国家"的问题上,工党与政府和其他社会阶层仅在一些枝节问题上有不同解释,而在总的发展方向和基本原则上则是一致的,彼此之间是同盟关系。由于工人阶级是一支庞大的队伍,所以,联邦运动更显得声势浩大,也更具有民族特性。

联邦运动是一场关系到澳大利亚社会转型的重大社会运动。同世界绝大多数国家在枪林弹雨中完成的社会变革相比,这场运动的发展道路是"平坦而畅通的",澳大利亚人也常因其未造成一人伤亡而自豪。究其原因,关键在于澳大利亚联邦运动拥有稳固的社会基础,趋同的经济利益和相同的政治观点使澳大利亚人在运动中目标一致,思想统一,动作协调。唇枪舌剑是十分激烈的,但这未导致同室操戈,而是转化为求得共识,握手言和,进而携手共进。这也体现出澳大利亚现代化发展的一大特征——在平稳的嬗变中完成深刻的变革。

第四节　离心与向心:澳洲的两次庆典的启示

当具有向心倾向的自我认同感在澳大利亚人中间不断增进的同时,澳英之间的离心现象也基本同步出现,澳大利亚民族与英吉利民族之间的关系越来越明显地表现为"长大的孩子"与"父母的家"的关系。澳大利亚人对待1887年6月英国维多利亚女王登基50周年庆典和1888年1月澳洲百年庆典的态度折射出了澳英之间的关系变化。

由于澳大利亚人的身份是双重的,即英国的臣民和英属澳大利亚殖民地的居民,因此,对于他们来说,前一个庆典涉及的是母国与殖民地之间的帝国关系,而后一个庆典体现的则是正在形成中的民族关系。然而,他们对此的态度却显示出此时澳大利亚人更为关心的是澳洲的事务,虽然澳大利亚人心目中的母国情结依旧存在,但是,这已经逊色于由澳洲的发展与辉煌所带给他们的荣耀感。这本是两场没有联系的庆典,但在时间上的如此接近则使它们产生了意想不到的对比反差效果:澳大利亚人之间的自我认同提高了,结果是联邦运动的深入发展,澳大利亚人的所思所想明显地进一步"从帝国转向民族"。所以说,这两场庆典实际上是对澳英关系的检测,是对澳大利亚民族认同程度的考察,也是对渐进发展中的澳大利亚联邦运动的检阅。

1880年代,英国的海外扩张使英帝国版图变化令世人瞩目,同时英国倡导的"帝国联邦运动"也方兴未艾。1886年5月4日,"殖民地和印度博览会"在伦敦开幕,维多利亚女王主持了剪彩仪式。英国的目的不仅旨在显示英帝国的伟大和实力,而且期盼以此加强帝国内部的联系。英国桂冠诗人为赞美英帝国的辉煌而写下了华美的诗句,折射出了英国政府的良苦用心:"从各岛屿、海角和大陆,子弟们已经装船起运,物产海陆杂陈……制作精良见匠心,东方的光华耀眼明";"过去的光荣同有份,我们岂终旧分离?难道不要同甘苦,相依相靠永相亲?"[1]

1887年6月21日是作为英帝国首脑的维多利亚女王登基50周年纪念日,因而这也成为一个具有帝国特征与意义的节日。它再次被用于向世界昭彰英帝国的强盛和母国与殖民地之间及殖民地与殖民地之间的密切关系。英国殖民大臣、前"帝国联邦同盟"主席 E. 斯

---

[1] 引自张红论文,第57页。

第二章 澳洲认同感的生成:从"澳大利亚英国人"到"澳大利亚人" 123

坦豪泼提议:各殖民地派遣代表前往伦敦参加庆典,并届时与英国的大臣和官员们探讨一系列各自关心的问题,而其中主要是关于殖民地支付英国皇家海军军费问题。

虽然女王庆典在英国举办得轰轰烈烈,但在澳洲进行得却并不成功和顺利。具有英国臣民身份的澳大利亚人对该庆典没有表现出多少兴趣和热情,澳洲各地的责任政府对此也多为应付,甚至是敷衍。以新南威尔士政府而论,尽管相关的准备工作早在一年前就已经着手,但直到7月份,用于庆典的大钟才安装完毕。在澳洲人眼里,英国利用它来达到帝国政治目的的意图过于明显,这反而使应有的感情色彩失色。而此时澳大利亚社会关心的是反对英国政府就海军军费问题向他们施加压力,各殖民地政府也正怀着"不满的情绪"就此同英国进行交涉。代表新南威尔士政府前往伦敦出席庆典活动的帕克斯明确表示此时反对谈论涉及帝国联邦事宜的问题。尽管他的这些言论大都表述于庆典活动的幕后,但这在一定程度上说明了澳大利亚人对女王庆典报以冷淡态度的原因:他们更加关心的是与自身利益相联系的澳洲事务,而不是千山万水之外的英国和其他英属殖民地的事务。新南威尔士是澳洲各殖民地中对英国最为亲近的殖民地,连它都这般如此,其他各殖民地的态度就可想而知了。

1886年5月,悉尼的《新闻公报》指出,英国政府打算将"王室盛典当作治理不满(情绪与现象)的灵丹妙药"。[①]但是,澳洲的现实和澳洲人的情绪却与英国的初衷则有很大的出入。新南威尔士的首府悉尼是当时澳洲最大和最具代表性的城市,对于澳大利亚人来说,这里的民众情绪同样是具有代表性的。在19世纪,饱尝失业与贫穷的

---

① L. Trainor, *British Imperialism and Australian Nationalism*, p.68.

英国社会下层民众始终处于对当局不满的状态,这种不满状态也随英国移民而被移植到了澳洲。而他们当初移民澳洲的动机是来自于澳洲的吸引和英国政府的宣传,但接下来,他们却因在澳洲的境遇并未好到政府向他们许诺的那种程度而对英国耿耿于怀,于是,这些英国移民大有被英国政府欺骗和出卖的感受。就个人感受而论,女王的庆典难以触发起这部分移民对母国的激情和忠诚。再有,爱尔兰与英国的矛盾与冲突越发激烈,许多爱尔兰人是带着敌视英国的情绪迁徙澳洲的,所以,他们对女王庆典更是持以敌意。而相对于其他澳洲殖民地,在新南威尔士人口中,英国和爱尔兰移民所占比例一直居高不下。在1891年,英国和爱尔兰的移民及后代的人数在新南威尔士居民总数中分别占52.2%和26.3%,[1]列移民比例的第一位和第二位。而悉尼接纳的这类移民又是最多的。他们的情感对公众情绪和社会舆论的影响是不能忽视的。

在这种情况和氛围中,在新南威尔士,特别是在悉尼,围绕女王庆典而举行的庆祝活动往往与主办者的意愿多有出入。许多人对此缺乏热情,敷衍了事,场面冷落。在一次集会上,集会的组织者竭力动议给主日学校的孩子们赠送庆典礼品,如蛋糕和汽水。但这项动议遭到反对,以10:1的表决结果遭否决,许多澳洲百姓还抱怨地方当局为举行女王庆典活动花费太大,不符合殖民地的民主精神。结果是热烈的庆典屡屡被激烈的争论所取代。新南威尔士的总督助理A.斯蒂芬出席了一场集会,但给他留下的印象不是人们的真情与忠诚,而是场面的混乱,他抱怨道:"一群憎恨法律和秩序的人……,必须以强硬的手腕……将他们打倒。"[2]级别最高和规模最大的庆典集

---

[1] G. Sherington, *Australia's Immigrants , 1788—1978* , p. 82.
[2] L. Trainor, *British Imperialism and Australian Nationalism* , p. 69.

第二章 澳洲认同感的生成：从"澳大利亚英国人"到"澳大利亚人"

会是在悉尼展览大厅举行的，与会者达1.2万人。但是，会场上的气氛不是热烈隆重，而是自始至终伴随着喧闹。对此，集会主持者无可奈何，出席集会的新南威尔士总督卡林顿勋爵只能借助手势发表演说，再由别人使用旗语传达出去。而较为热烈而欢快的庆典场面仅出现在由总督夫人卡林顿女士到场的另一场庆祝集会上，集会的参加者是妇女和儿童，会议通过了为澳洲妇女设立一个庆典基金的决议。

虽然，在殖民地政府发往伦敦的电报中将这些在庆典活动中出现的不协调现象称作"良好的自然性混乱"，但是，这些通过"自然性"方式表露出的言行揭示了澳洲人心态的变化：一、在他们心目中，英王的地位正在下降，而英王的实际作用则是连接澳英之间母国情结的纽带；二、在澳洲出现的冷淡和混乱是对英国大力举行女王庆典的真实目的的回应，表示出了澳洲社会对母国的不满和抗拒。

然而，澳大利亚人和各地政府对待接踵而至的澳洲百年庆典则是另外一种态度与情绪，表现出的是积极参与，是在欢度"自己"的节日，尤其是在新南威尔士。举行澳洲百年庆典的难度大于操办女王庆典，首先遇到的问题就是各殖民地对自己"生日"的确定不一。在人们的眼里，将1月26日作为百年庆典之日是在庆贺新南威尔士的"生日"。可是，这并没有对百年庆典造成什么不利，只是各地的热情程度有所差异，而这些差异又在庆典过程中被淡化与弱化，从而使这次百年庆典真正成为全澳的节日、全澳的盛典。在庆典的筹办和举行过程中，"英国的"和"澳大利亚的"时常因人们的选择或认可而发生碰撞和冲突，而最后的结果往往都是"英国的"让位于"澳大利亚的"。"澳大利亚是澳大利亚人的澳大利亚"的口号在此得到最大程度的体现。

新南威尔士政府早在1886年就开始着手准备和组织百年庆典。

最初的庆典设计方案是打算援引1876年美国在《独立宣言》颁布的所在地费城举办大型博览会来庆祝独立100周年的先例,也想大操大办一个能够显示澳洲百年成就的博览会。但是,这个方案未能得到广泛的支持,究其原因,表面上是新南威尔士政府和新南威尔士商人对举办博览会所需要的浩大费用多有顾虑,而实际上是新南威尔士害怕澳洲其他地区政府与民众对此采取不合作的态度与举动。这种担心很快就得到证实。对于1886年"殖民地与印度博览会",澳洲各地报以极大的兴趣,仅维多利亚就派出了一个由50人组成的参观团赴英。而此时澳洲人是以那场博览会的规格为标准来审视新南威尔士的设想,有的人认为新南威尔士是自不量力,有的人对新南威尔士抱有几分嫉妒,而总的说来,人们对新南威尔士举办博览会的动议反应冷淡。因此,相形见绌的新南威尔士决策者们再无举办博览会的信心和勇气了。这从一个侧面反映出虽然澳洲人对英国多有不满,但各地澳洲人之间关系的密切程度尚逊色于他们同母国的关系。

接着,围绕百年庆典,帕克斯向新南威尔士议会提议:建造一座"国家大厦"和一处主题公园。按照帕克斯的设想,具有体现澳洲发展历程意义的"国家大厦"包括安葬已故著名政治家和代表澳洲出征的阵亡将士的纪念堂、展示澳洲土著人种研究的博物馆和存放澳洲历史档案的档案馆;主题公园将坐落在悉尼郊外的一处沼泽地边,是一座具有英国公园建筑风格的园林,建造资金来源于出售附近土地的收益。由于帕克斯的提议明显地与女王庆典的筹备和举办颇为不协调,因此,在议会里立刻招致亲英势力的反对。经过议会里一次次的唇枪舌剑和舆论界的口诛笔伐,结果是:公园如期建造。有意义的是,公园被议会命名为"世纪公园",而不是亲英势力所坚持的"女王公园";而"国家大厦"的建设始终停留在一套套风格各异的设计图纸上,它在建筑设计师们无休止的技术争论中不了了之。

1887年11月,得寸进尺的帕克斯又提议:在举行百年庆典之际,将新南威尔士更名为澳大利亚。执新南威尔士社会舆论之牛耳的《悉尼晨报》随之附和,大力鼓噪,新南威尔士的反响热烈。新南威尔士人感到这使澳洲进一步远离了作为"流放犯殖民地"的过去,使澳大利亚人不再被外界视为"西方的犯人与看守者"。一些人还试图将新南威尔士的称呼改为"澳大利亚,即新南威尔士"。这种意识和情绪最初出现于新南威尔士的中产阶级上层,进而在新南威尔士的各个阶层都引起了共鸣。

当时正值澳英之间围绕帝国海军对澳大利亚海上防务问题计划讨价还价之际,因此,帕克斯的这番言论与新南威尔士的社会反响不仅有助于确立新南威尔士在澳洲政治事务与经济活动中的主导地位,而且可以被视作是为敦促英国议会通过有关加强澳大利亚的海上防务决议而加重澳方筹码分量的举措之一。帕克斯以此向英国政府显示出他代表的并非是新南威尔士一地,而是澳大利亚,即不是一批澳洲的地方政府在同英国的中央政府进行商谈,而是整体澳洲在同帝国从事谈判。在这一系列交涉中,帕克斯处处表现出澳洲在英帝国内的特殊地位和自立倾向。在要求英国继续承担对澳洲的海防义务和积极寻求得到英国用于殖民地的帝国防务基金的同时,他对英国殖民部不屑一顾,明确表示澳洲无意接受英国对殖民地议会的干预权,声称:"被责任政府授权的人们应该拥有和维护体现着他们意志的独立的议会权力。"①

然而,不和谐的声音还是从澳洲内部传出。帕克斯俨然摆出全

---

① A. Martin, *Henry Parkes*, Melbourne University Press, 1985, p.469.

澳代表的姿态和新南威尔士陡然自封澳洲之首的情况无疑是在澳洲其他几个殖民地中间产生了"一石激起千层浪"的效应。虽然澳洲各地在对待英国的态度上是相近的,要求英国承担澳洲防务义务的意愿也是相同的,但是,它们之间关系的基调是合作,尚不是联合,因此,帕克斯的言行不仅是一相情愿,而且招致来了冷落和非议,甚至是抗议。维多利亚的反应尤其强烈,而且"墨尔本的反对呼声"是"通过英国唐宁街"传达到悉尼的"政府大楼"的。[1]这表明,澳洲内部虽存在向心力,但缺乏凝聚力。

1888年1月26日,悉尼百年庆典活动如期举行,尽管其规模逊色于女王庆典,如同其他节日一样,最热烈的活动是人们在悉尼港举行了一场划船比赛,然而,在百年庆典的活动中所使人关注的不是庆典的隆重程度,而是在这期间在悉尼节外生枝发生的一些事情。这些事情在一定程度上折射出澳洲人的心理活动、澳英关系中的离心现象和澳洲内部的联合趋势,因而被后人视为"标志性冲突":

——在贸易大厦奠基仪式上发生的情况曾引起英国舰队街的关注,被称为是"这场庆典中最具有代表性特征的活动"。当时,由悉尼各行业工人组成的乐队从卡林顿勋爵等政府官员面前通过时,一反常态,演奏的不是英国国歌《天佑女王》,而是日后被定为澳大利亚国歌的《前进!美丽的澳大利亚》。此举违反了百年来的惯例。

——新南威尔士政府主办的官方宴会在博览会大厅举行,这是一场由多任澳洲总督出巨资和有1000多位澳洲各地的政府要员与社会名流应邀参加的盛会。可是,操办会议的新南威尔士人在大厅的两端分别悬挂起"欢迎回家"和"澳洲联合"的巨幅标语,其双关含

---

[1] L. Trainor, *British Imperialism and Australian Nationalism*, p.71.

义一目了然,使得宴会的气氛从一开始就因新南威尔士人的意愿与英国政府旨意相悖以及与澳洲其他地区想法相左而不谐调。而帕克斯演说的主旨实际上与以前他建议更改新南威尔士名称的意图是一脉相传的,他将澳洲作为一个整体来追述1788年以来的澳洲历史,按时间顺序讲述了澳洲各殖民地建立的过程,处处突出新南威尔士是移民们在澳洲建立的第一个殖民地和它对其他殖民地的影响以及彼此之间的联系。而许多来自澳洲其他地区的与会者对此不以为然,他们对帕克斯突出新南威尔士,甚至将新南威尔士凌驾其他殖民地之上的做法多有微词。而与此形成对比的是,有许多反对派政治家参加的民间宴会则在庆贺"澳洲的生日"的热烈气氛中进行,宴会还向来自各地的穷人分发出1万份食物。①

——"世纪公园"开工典礼是百年庆典活动之一,但这场典礼的进行过程则令英国总督们和澳洲政治家们颇为难堪。组织者们计划先由总督们和澳洲的名流们发表演讲、种植树木,然后举行阅兵式,最后安排一场向失业者发放救济品的活动。发放救济品原本是典礼的次要内容,试图体现英国对澳洲民众的关心和澳洲民众对母国的感情。然而,事与愿违,前来参加典礼的老百姓只对发放救济品感兴趣,而总督和政治家们的演讲是在一片嘈杂声中勉强完成的,表情尴尬的总督们在人们冷漠的目光中草草种下了几棵树。事后,一位名叫W.考提尔的失业者在给帕克斯的信中写道:"……我不希望混迹于失业的行列。假如你能够仁慈地给我们2英亩土地……那么,我们将非常荣幸。"②

---

① M. Tucker, *Centennial Celebrations*, *1888*, Buelltin7(April 1981), pp.15—19.
② L. Trainor, *British Imperialism and Australian Nationalism*, p.72.

在这一天中,在澳大利亚的其他地方也举行了一些气氛低调和规模有限的庆祝活动,这些活动大都是由"澳大利亚土生白人协会"操办的。值得注意的是,从这场百年庆典开始,在澳洲的社会与政治中,全澳属性与特征日趋明显。几个月后,维多利亚耗费巨资举办了规模庞大的"墨尔本国际博览会",而从其作用与意义上来看,这基本上是新南威尔士百年庆典的翻版,是一场实质上的"澳洲国际博览会"。值得注意的是,澳洲社会对这场博览会的反应是积极的,这与不久前新南威尔士举办博览会的动议遭冷遇的情况形成鲜明对比。

从表面上看,秩序混乱是这两场庆典都存在的现象,但是,这些混乱则显示出不同的含义。其一,对于母国来说,它们折射出澳大利亚人的离心倾向,表现为澳大利亚人逐渐对英国的兴趣在减退。在这些场合中及其之后,澳英都没有流露出希望消除分歧的愿望。在两次庆典上,当英国官员在场或涉及英国时,相当数量的澳大利亚人(特别是民众)表现出的是冷漠与不满,甚至是对抗。新南威尔士政府在一处平时主要是被大批失业工人和世俗主义者等社会中下层民众用于举行反政府集会的场所塑造了一尊维多利亚女王塑像,并在百年庆典之际举办揭幕仪式。在仪式上,卡林顿勋爵以一副占领了"敌人阵地"的架势发表演说,强调法律与秩序。然而,民众对此反应冷淡,劳工组织干脆拒绝派代表出席仪式。

其二,对于澳大利亚而论,混乱显示出的是澳大利亚人之间的向心趋势,反映出澳大利亚人愈加关心澳洲。这些庆典过程中,各地的澳大利亚人自发地聚集在一起,在为澳洲的现状而骄傲的同时,他们也就澳洲的未来先是畅所欲言,各抒己见;接着是争执不休,甚至是相互攻击;进而是通过争论,各种观点开始接近。这些来自澳洲各地、代表着不同利益的澳洲人就像一辆辆正在举行赛跑的马车,互相不停地给对方溅上污泥,但在同一条路线上,向着同一个方向奔跑。在口诛笔伐和推推搡搡中,澳洲人之间的了解增加了,共识增进了。比如,在澳洲的"生日"日期问题上,尽管澳洲各地对新南威尔士的百年庆典和新南威尔士人的言行反应不一,但是,在唇枪舌剑中,"1月26日"逐步被所有澳洲人当作是一个具有共同意义的纪念日。

在女王庆典和百年庆典的一系列活动中,有一个值得注意的现象,即庆典活动为澳洲人之间的直接接触提供了条件和机会。此后,澳洲各地间的往来明显增加,特别是在解决冲突与纷争时,人们更多的是通过协商或论战来达成和解与妥协,而不再是"通过英国唐宁街"的斡旋。当然,这种现象是在澳大利亚民族生成的大环境中自然形成的,而不是政府有意引导或人们刻意追求的结果。

虽然,澳洲各地对百年庆典的重视程度不一,但是,在澳洲人的心目中正在形成这样一种尚不清晰的意志:这是"我们澳大利亚人"自己的节日。因此,相对于女王庆典是帝国的节日而言,百年庆典则是具有民族国家特征的庆祝日。在1888年1月25日的《悉尼晨报》上,有篇社论写道:"'国家'是一个含义广泛的词汇,其中包含着尊严和骄傲,虽然它现在仍然是一种未来的象征而难以进行具体的表述,但是,如果说(我们)何时适合使用这个词汇的话,那就是现在。"[1]1888年是澳洲历史上具有标志性的一年,"无论是在维多利亚,还是在新南威尔士,或是在昆士兰,1888年使人产生了一种变化的感觉,代表了一个时代的到来。"[2]这种感觉主要表现为全澳性的自我认同感。

澳大利亚的历史发展的特点是其在平静中进步,在和缓的气氛

---

[1] L. Trainor, *British Imperialism and Australian Nationalism*, p.73.
[2] Ibid., p.79.

中完成本质性的变化。女王庆典与百年庆典在澳洲的举办过程所显示出的是从新南威尔士扩展到澳洲各地的"澳洲自我认同感",尽管它还是朦胧的、模糊的。它表现为澳洲对英国的离心倾向与澳洲内部的向心趋势正趋于明显,即在思想上,澳洲人正愈加关注"澳洲的联合",而不是英国人正在竭力倡导的"帝国的联合";在行为上,澳洲人对"澳洲的"活动报以激情,而对"帝国的"或"英国的"活动则多是应付。

霍布斯鲍姆曾写道:"'民族'最重要的含义,是它在政治上所彰显的意义……'民族'即是国民的总称,国民乃是由全体集合而成,是一个主权独立的政治实体,因此,国家乃民族政治精神的展现。"[1]这两场庆典所反映出的并非是澳洲人"母国情结"的淡化,而是澳大利亚民族"在政治上所彰显的意义"。"母国情结"的依旧与政治立场和社会感情的变化构成了澳洲人在这一时期的特定心理与行为:一方面为了维护和争取作为"澳大利亚英国人"和英帝国的一部分而应该享有的权利,他们力主在帝国内部巩固能使他们获利的自由贸易制度,要求建立能确保他们安全的帝国防务体系,表现出对母国的依附,竭力维系与母国的"联系";但是,另一方面伴随着澳洲人彼此之间认同感的提升,也就是民族意识的生成,他们越来越不乐于接受英国的管理,不愿作为帝国成员而按照英国的意愿为帝国承担义务,显露出与母国的"离心"端倪。这种似乎矛盾的心理状态和言行举止反映出澳大利亚民族正在形成中,正处于与作为母体的英吉利民族逐渐剥离的状态。

---

[1] 霍布斯鲍姆:《民族与民族主义》,第21页。

第三章 联合与分离：
联邦运动的进程

在澳大利亚的历史上，19世纪后半期是民族国家形成的时代，澳大利亚民族的成型与澳大利亚联邦的孕育是这一时代的主要内容。其表现形式一方面是澳洲人在为维护自身利益而持续不懈地追求着自由、平等、权利，澳洲社会由此从分散到合作，再到联合，进而形成了联邦国家；另一方面则是伴随着澳大利亚民族的形成，尽管澳大利亚人在思想感情上依然固守着对英国的"母国情结"，但是，他们与英国的分离则已经是大势所趋。澳洲的联合与澳英的分离不是在枪林弹雨中进行，而是在平和的气氛中嬗变，整个历程如同"长大的孩子"离开"父母"的过程。这一切构成了自19世纪80年代以来逐步方兴未艾的澳大利亚联邦运动。

第一节 澳英对澳洲联邦问题的态度

1787年美国《联邦宪法》的颁布使联邦主义和联邦模式成为欧美社会上备受关注的问题之一，人们饶有兴趣地注视和谈论着这种理念和体制在处理国家事务中，特别是在处置中央与地方的关系中的功能与影响。1871年，联邦问题因德国的统一及其联邦制的实施而再度成为人们的话题，智者见智，仁者见仁。在澳大利亚，人们同样也讨论这一问题,澳洲社会也出现了与此相关的变化,英国人敏锐地感受到了这一切。1881年5月4日,英国陆军大臣H.恰德斯致函已身为新南威尔士政府总理的帕克斯:"我已经感到,冲击势必来自于澳大利亚,而不是这个国家(指英国)。可以设想,假如公众将在澳大利亚推行联邦制度作为某种特别的目标的话,它的前景将会具有破坏性的……"①

19世纪80年代,由于认为这种联邦制度是建立在澳大利亚各殖民地与母国之间永恒的联盟基础上的,所以,英国公众普遍对澳大利亚各殖民地结成联邦一事报以赞同与支持态度。1885—1886年,"澳大利亚联邦议会"的成立和召开则正中英国之下怀,它的建立并非是遵循英国的意旨,然而,它的出现使英国人感到殖民地联邦的建立可被视为是对构建帝国联邦的积极回应,可与成立于1884年并在澳洲设有分会的英国"帝国联盟协会"形成呼应之势。根据英国人的设想,帝国联邦是由以英国为首的中央政府与以殖民地联邦为主体的地方政府所组成,中央政府全局驾驭帝国事务,而地方政府则在中央政府派驻有代表,进而构成帝国内部的永久性联合。虽然,人们也多有预感,认为这也许是帝国分裂的序幕,但是,就当时的效果而言,它是可使帝国更加团结与稳固的举措。总之,英国人心目中理想的"澳大利亚联邦"是依附于帝国联邦的澳大利亚殖民地联邦。

而在80年代初期的澳洲,联邦问题的讨论并未引起澳大利亚人的多少注意。这里的人们往往是在谈论自由贸易与保护关税、就业与工资和工作条件等问题时,连带议论到澳洲联合,再由此涉及澳洲

---

① C. Goodfellow, *Great Britain and South African Confederation*, *1867—1881*, Oxford University Press, Cape Town, 1966, p.92.

联合的形式——联邦问题。然而,正是澳大利亚人对这些与切身利益相关的问题的关注程度的提高,使得澳大利亚联邦运动得以酝酿和启动。在关税等问题上,奉行自由贸易的新南威尔士与坚持保护主义的维多利亚之间的争论吸引了越来越多人的注意力,争论不可避免地使澳洲联合的问题若隐若现地显露出来。英国对此相当关心,殖民大臣 R.哈伯特认为澳洲可能会形成一个各地都保留着自己关税体系的联邦。但他认为,在澳大利亚建立统一关税制度的最好办法是首先设立一些共同参与的机构。[①]有趣的是,哈伯特的这种设想与"澳大利亚联邦议会"的运作方式相吻合。1880—1885年间,在英国政坛,无论是自由党还是保守党,在致力于打造帝国联邦的过程中,都认为这种形式的"澳大利亚联邦"非常适合英帝国的稳定与强大。

英国之所以赞许和支持建立一个有助于帝国巩固的澳大利亚联邦,其原因在于:(1)众所周知,澳大利亚是英国人的重要投资场所,特别是在19世纪后半期。澳洲富裕的社会、良好的环境、稳定的政局使英国投资者趋之若鹜。尤其是在1850—1890年期间平均5%的国民经济增长率(高于英国经济的增长率)[②]使英国人愈加重视澳大利亚。1884年时,英国殖民大臣德比勋爵在澳大利亚股市(主要是新南威尔士)拥有5000英镑的投资。而这种依附于帝国联邦的"澳大利亚联邦"是符合英国投资者利益的。(2)"淘金热"后,澳大利亚各地的交通日趋发达并逐步贯通,1883年新南威尔士与维多利亚的铁路线在阿尔堡对接成功。而交通的发展使澳大利亚内部的统一市

---

① L. Trainor, *British Imperialism and Australian Nationalism*, p.10.
② P.J.Cain and A.G.Hopkins, *British Imperialism Innovation and Expansion*, 1688—1914, p.246.

场逐步成型,进而又使澳洲经济呈现出良好发展势头。不过,虽然来自澳大利亚社会和企业的保护关税呼声日盛,但是,英国依然执澳大利亚经济发展之牛耳,因此,联邦制有利于英国更好地驾驭澳大利亚的经济命脉与经济发展。(3)在英国官方的眼里,联邦体制有助于保持澳大利亚的现有稳定。联邦体制可以提高政府的办事效率,减少各殖民地之间的矛盾与纠纷,避免出现当时正在加拿大发生的"自治运动"所造成的社会动荡。当德比勋爵被加拿大的事务搅得心烦意乱时,澳大利亚的稳定则使他心满意足,"实在难以发现能够使德比勋爵情绪激动的原因"。[①](4)对英帝国防务的考虑也是英国倡导在澳洲建立联邦体制的一个原因。许多考察过澳大利亚防务的英国军官在向英国政府提交的澳洲防务报告中指出,在澳洲需要建立一种各殖民地之间的合作防务体系,即"联邦防务体系",并将此纳入由英国执掌的"帝国防御体系"。

英国推崇的"澳大利亚联邦"概念在澳洲上层社会里也激起了一些反响。富有的 D.库帕爵士是一位来自英国的新南威尔士人,他对帕克斯关于在澳大利亚建立更加团结的联盟关系的呼吁的响应基于下面这种信念,即这一联盟将建立在帝国联邦基础上,库帕的言行颇具代表性,鲜明地反映出澳洲社会中亲英势力的观念。1880 年 6 月,他致信帕克斯:澳大利亚联邦的建立"将更加强有力地加强英帝国的力量,(澳洲)各殖民地在公众面前势必更加受到尊重,任何分离运动也行将停止"。他自信地写道:"如果公众了解到帝国联邦将以比现在更少的代价就可以使英帝国更加强大的话,它将会享有盛

---

① L. Trainor, *British Imperialism and Australian Nationalism*, p.11.

誉。"①

然而,由于在英国推行的帝国联邦中,各殖民地承担的防务支出不断增加,所以,澳大利亚人普遍对联邦的概念不感兴趣,甚至是反感。在1880—1881年澳大利亚各殖民地联席会议上,联邦问题仅仅是被提及,且刚一提出就因遭遇非议而搁浅。而相对能引起大家共同关心的问题则是愈演愈烈的排华问题和老生常谈的关税问题。

在组建联邦问题上,新南威尔士较早地表现出热情与向往,而其他地区则反应冷淡。其原因在于各殖民地之间在利益问题上尚缺乏共同之处。在会议进行中,1880年11月,帕克斯试探性地向维多利亚和南澳大利亚的政府代表提出会议可否考虑包含"联邦意向计划"的原则。他建议成立联邦会议,以处理事关各殖民地共同关心与共同利益的事务。按照帕克斯的设想,这个会议是一个结构松散的常设机构,各殖民地向它派驻数量相同的代表成员,而各地财政权力和立法权仍由各自的责任政府执掌。帕克斯的这一系列建议在与会者中引起了很大的争议,这些争议导致了联席会议的不欢而散。但是,帕克斯的活动为1883年召开的"全澳代表大会"埋下了伏笔。

然而,帕克斯建议的搁浅仅是暂时的。随着澳洲社会的发展,各地之间的关系也在渐进中发生了实质性的变化。在1880—1881年的联席会议上,维多利亚代表明确表示反对帕克斯的建议,而其政府对此也持冷淡的态度。可是,刚到1883年,维多利亚社会的态度就产生了变化。维多利亚的政治活动家、苏格兰移民J.瑟威斯为帕克斯的建议在维多利亚奔走呼号,维多利亚朝野对澳大利亚联邦问题的态度由漠然逐渐转为热情。原因在于,制造业是维多利亚经济的

---

① L. Trainor, *British Imperialism and Australian Nationalism*, p.11.

强项,可是,维多利亚制造业越是发展,就越是感受到其殖民地身份对其可持续性发展的局限与限制。此外,维多利亚在澳大利亚其他地区的投资与日俱增,这也使得它与地区之间的关系不再疏远。[1]总之,商贸关系与经济利益是维多利亚态度变化的动因,这也逐步为澳大利亚联邦运动构建了日益坚实的经济基础。

应予指出的是,驱动澳大利亚人走向联邦的原因一是在于澳洲的发展(特别是经济的发展)使得各地之间的联系与交往与日俱增,并孕育出不断增加的共同利益。而共同利益又驱使澳大利亚人走向合作,走向联合。二是同样因澳洲的发展,尽管英国对这种发展产生着积极的作用,但是,在澳英之间,发展带来的是利益分歧,其直接表现是澳大利亚人对英国的管理与政策,以及自己的殖民地身份越来越不满意。因此,虽然澳英都在谈论澳大利亚的联合与联邦问题,但是,双方的出发点与基调则愈来愈显示出大相径庭。英国人倡导的澳大利亚联邦是建立在帝国合作基础上的,是英帝国的组成部分之一,并从属于英国;而澳大利亚人构想的澳大利亚联邦则是具有自治属性的国家体制,他们想通过这种形式,获得更多的自治与自主权力。所以说,澳大利亚联邦运动的形成与涌动同英国的"帝国联盟运动"有着密切关系,但是,它的发展却大大越出了英国人的预想,是按照自己的利益需要和依据澳大利亚社会的实际情况而推进和深入的。

1883年4月,当昆士兰出于自身防务和经济需求的考虑,以英国政府的名义宣布兼并仅一水之隔的新几内亚时,英国迅速作出反

---

[1] G. Serle, *The Rush to be Rich: A History of the Colony of Victoria, 1883—1889*, Melbourne University Press, 1971, pp. 190—193.

应,表示绝不同意昆士兰政府的行为,认为这类事务应由一个以行政与经济能力为坚实基础的"澳大利亚联邦"政府来加以处理和解决,昆士兰政府不具备解决这类问题的能力与权力。这场偶发事件使英国感到应当促成联邦制在澳洲的建立。此时此刻,英国对成立"澳大利亚联邦"的热情达到了高潮。但是,也正是这次事件显示出澳英对"澳大利亚联邦"的理解与设想是截然相悖的。

澳洲各殖民地之间历来矛盾重重,特别在新南威尔士与维多利亚之间。而英国关于力主在澳建立联邦的主张则成为了它们在钩心斗角中利用的手段之一,它们都以某种方式迎合英国,换取英国对自己的支持,进而对付或打压对方,最终实现自己的某种目的,然而,双方都没有打算按照英国的意志行事。"殖民地政府所使用的技巧旨在赢得英国的支持,而实际上,英国在澳大利亚的处境比以往更加黯淡。"而真正促使澳大利亚人考虑建立联邦问题的原因在于80年代初德国占领了北新几内亚和法国人向新赫布里底群岛运送罪犯等事件的发生以及英国对此的无所作为。这一切使澳大利亚人突然感到安全缺乏保障,于是,帕克斯当年的建议开始受到重视。对于澳大利亚联邦问题,人们本着试探的态度,决定召开一次全澳会议,塔斯马尼亚总理W.R.吉布林对此的表态是具有代表性的:"我们并不是指望去建设一座建筑物,仅打算起草计划。"[1]1883年12月,"全澳代表大会"在悉尼召开,英国自由党领袖、"帝国联邦运动"的鼓吹者索尔斯伯里专程前往出席了大会。他敦促新南威尔士主动与其他殖民地建立联邦关系。新南威尔士司法部长W.B.达莱对此表示:"我认

---

[1] L.Trainor, *British Imperialism and Australian Nationalism*, p.12.

为,帝国政府的要求和希望无疑是一个完整的澳大利亚各殖民地邦联。"①

在大会围绕建立联邦问题的讨论中,新南威尔士与维多利亚则就这个联邦的关税问题展开了又一番争斗。新南威尔士坚持认为这应是一个奉行"贸易自由"的联邦,并没有就此愿作出让步的征兆;而维多利亚所希望的联邦则是一个对内不设海关,对外却有关税壁垒的联邦。而会议所通过的决议则是妥协性的。在该决议中,提出了组建联邦议会的主张。依据该主张,联邦议会每两年召开一次,每个殖民地向联邦议会派遣两名代表。其立法职能涵盖两个方面,一是其制定的法律通行于参加该议会的澳洲殖民地;② 二是其立法内容涉及澳洲的内部事务,如防务、商务、婚姻事务、侨民入籍等。但是,该议会没有单立的财政机关,也没有履行其法律的行政机构。③

1883 年的这个决议虽然仅是停留在纸上,并受到在澳洲具有主导作用的新南威尔士的作梗,在后世的诸多论著中也常常是名不见经传,但是,它的意义在于澳大利亚人在处理共同事务时,开始运用联合的方式自行进行立法,在自然的演进的过程中逐步离心于帝国议会和游离于英国法律,尽管这还只是纸上谈兵。因此,可以说,在此之前,联邦运动处于酝酿状态,而现在,这一纸决议则表明联邦运动正在步入实质运作阶段。值得寻味的是,澳大利亚联邦运动的直接推动力不是来自于澳大利亚本身,而是来自英国,但是,它从一开

---

① L. Trainor, *British Imperialism and Australian Nationalism*, pp.13—14.
② 当时商议组建联邦议会的澳洲殖民地是维多利亚、昆士兰、塔斯马尼亚和南澳大利亚。新南威尔士因与维多利亚意见相左而未介入此事。
③ C.M.H. Clark, *Select Documents in Australian History*, 1851—1900, Angus and Robertson, 1955, pp.457—461.

始就与英国的意愿和期望相悖。

经过帝国议会,也就是英国议会的批准,澳大利亚联邦会议在1885年成立。1886年初,首届联邦会议召开,维多利亚、昆士兰、西澳大利亚和斐济群岛都派出了代表。但是,声望与实力均名列澳洲之首的新南威尔士却没有派出代表,帕克斯声称,这样的联邦会议在澳洲的真正联合问题上不会有多少作为。新南威尔士的一贯不合作态度给萌芽初露的联邦运动带来不小的负面影响,使得联邦议会长期默默无闻,可是,这一机构一直存在着。

总之,在19世纪80年代前半期,作为澳英社会上的热门话题之一,联邦问题包含着两个实质上不同的内容,即一方面是英国期盼以此维护英帝国的完整与巩固,另一方面是澳大利亚人指望以此自治、自主与自立。联邦会议的产生说明联邦运动已经启动,但是,它的难有作为则又证明联邦运动的发展受到了来自澳洲内部纷争的牵制。如果结合联邦运动发展的全过程,可以看出,在英国付出第一推动力后,澳大利亚联邦运动运作的动力便出自于澳大利亚民族的发展与澳大利亚民族的利益,这决定了这场运动的发展方向与实质内容是促进澳大利亚各殖民地利益的趋同、澳大利亚民族的形成和澳大利亚民族国家的造就。

第二节 1880年代的话题:澳洲的利益与澳洲的合作

一、澳洲白人在排华中联合

在19世纪中后期,澳洲白人发动的排华运动此起彼伏。这场运动的运作轨迹是从民间兴风到各殖民地政府作浪,再到几乎所有殖民地政府联手,接着是各地白人合作;它的布局演变表现为由分散于澳洲各地逐渐发展到各地区合作,再升级为全澳联合,进而具有了全澳性社会运动的属性。这使得此时受经济利益吸引而进入澳洲的华人遭遇到几乎是所有澳洲白人的敌视与排斥。综观这一时期的澳洲,可以越发清楚地看出:排华运动的运作不仅与联邦运动的推进是同步的,而且排华运动是联邦运动的重要组成部分。①

"白澳"意识是近代澳大利亚民族意识中的重要内容之一,表现为在澳大利亚民族形成的过程中,英国移民对来自非欧美国家和地区移民的歧视态度。虽然在澳大利亚民族意识中充满了自由、平等、民主等内容,但这一切仅局限于以白人移民,甚至只是以英国移民为主体的"白人澳大利亚"。这使澳洲社会与正在形成中的澳大利亚民族背负着浓厚的民族偏见和种族色彩,响亮的民族主义口号——"澳大利亚是澳大利亚人的澳大利亚"——实际上充满了狭隘的种族主义气息:"澳大利亚是白种人的澳大利亚"。

在"白澳"意识的驱动下,将"劣等民族"一概拒之门外的办法是"最好的防范手段",成为澳大利亚社会的"共识"。换言之,虽然在这些分散在澳洲大陆上的白人之间存在着许多矛盾与纷争,但是,在排斥有色人种问题上,他们则具有一致性。在 19 世纪后半期,在对待中国移民(即华工)问题上,这种一致性不仅得到了淋漓尽致的体现,而且成为引导白人走向合作和联合的重要动力之一。

---

① 参见王宇博:《19 世纪后半期澳洲排华运动与澳大利亚联邦运动》,《华侨华人历史研究》2004 年第 2 期。

第三章 联合与分离:联邦运动的进程 143

早在1783年,当英国政府正在商讨如何开发和使用澳大利亚时,就有人倡议把中国苦力输入澳大利亚。1829年,鉴于澳大利亚牧羊业的发展和劳动力的奇缺,威克菲尔德曾主张雇用包括中国人在内的亚洲人和太平洋岛国上的土著人作为契约工人运入澳大利亚。① 据说第一批运到澳大利亚的中国人是新南威尔士于1848年接受的来自中国厦门的100个成年人和20个男童。另一批270个中国人于1849年装船运出。1852年,驻厦门的英国领事报告说,已经有2666位中国人被运往澳大利亚,其中1438人是在1851年间运出的。② 这些华人大都以契约苦力的身份就业于牧场和农场,虽然这些华人体力不强,多有被白人所不能接受的陋习,但是,澳洲的牧场主和农场主对雇用华人等有色人种劳工还是颇有兴趣,白人与华人之间基本上相安无事。

然而,1851年开始的澳洲"淘金热"则改变了这种情形。在黄金的吸引下,在澳大利亚做工的契约苦力不顾雇主的百般挽留,纷纷奔向金矿。这种情况严重到了在1852年的新南威尔士立法会议上,温特沃斯提出修改金矿场地管理法案的议案,以便拒绝向未经雇主辞退的华人发放淘金许可证。由于淘矿急需劳工等因素,这个提案被否决。③ 而接着发生的是,"淘金热"吸引来了来自中国福建和广东地区成千上万的华人,以致在澳华人人数迅速增长。以维多利亚为例,在其1854年第一次人口调查记录内只有2341位华人,到1855年初,华人人数则达到了10000人,再到1855年年中达到17000人。其中

---

① M. Willard, *History of the White Australia Policy to 1920*, p.2.
② 陈翰笙:《华工出国史料汇编》,第八辑,中华书局1984年版,第4—5页。
③ 同上,第6页;M. Wilard, *History of the White Australia Policy to 1920*, p.19.

几乎全是成年男子。① 这些成群结队涌进澳大利亚的中国人"以为英国人是很友好"的,他们把位于金矿区的墨尔本称为"新金山",以区别于美国加利福尼亚的"旧金山"。1858—1859 年,在澳华人人数达 42000 人。②在当时澳大利亚各地的人口比例中,在维多利亚,中国人为 4.56%,在新南威尔士为 3.63%;而在金矿区的劳工人数比例中,华人矿工占矿工总数的 18%—24.5%。特别是在较为贫瘠的矿区,华人劳工的数量超过了白人劳工的数量。③在澳华人移民的共同理想是在发财致富后衣锦还乡。他们相同的愿望是"叶落归根",渴望与家人团圆和在故乡安度晚年。这种传统观念使在澳华人不去追求浪漫、冒险和享乐,而是默默劳作、克勤克俭。因势单力薄和缺乏技术等原因,华人通常不与白人直接竞争。他们往往是 4—6 人一组,主要在白人废弃的矿井里淘金,在"淘金热"中,大多数华人是"与世无争地在别人采过的金矿里挖掘矿渣"。所以,他们被白人蔑称为"挖渣滓的家伙"、"跟踪者"。而那些受雇于白人的华人的工资也仅及白人矿工工资的一半。④ 为了攒积钱财,他们省吃俭用,过着十分贫寒和简陋的生活。南澳大利亚总理在谈及华人生活时说道:"他们的生活方式,使他们能在使欧洲人家庭挨饿的地方生活并存钱。"⑤尽管如此,在"淘金热"中,华人因手中的财富可观而成为一股不可低估的竞争势力。1851—1861 年间,澳大利亚的黄金产量约占同期世界黄金总产量的 40%,时值约 1.24 亿英镑,其中维多利亚的产量居

---

① E.M.Andrews, *Australia and China*, Melbourne University Press, 1985, p.7;陈翰笙:《华工出国史料汇编》,第 8 辑,第 6 页。
② *Australian Encyclopedia*, vol.2, Michigan, 1958, p.351.
③ E.M.Andrews, *Australia and China*, pp.7—8.
④ 张秋生:《澳大利亚华侨华人史》,外语教学与研究出版社 1998 年版,第 73 页。
⑤ 约翰·根室:《澳新内幕》,第 39 页。

各地之首,约值1.1亿英镑。而在1854—1870年,有价值3531956英镑的886065盎司的黄金和价值560627英镑的黄金制品从维多利亚输往中国。仅在1856年,就有116903盎司和价值50万英镑的黄金"流到广州"①。

对黄金的渴望使白人矿工对华人手中的财富垂涎三尺,对华人备感嫉妒,由此而导致的白人矿工仗势欺人、驱赶、劫掠、殴打华人的案件和事件与日俱增,殖民地当局则屡屡予以偏袒。1854年,维多利亚本迪戈金矿的白人矿工举行大会,决定在7月4日对矿区的华人发动袭击,企图将华人全部赶出该金矿区。幸而当局及时干预而未酿成严重事件。但是,此事则拉开了澳大利亚有组织和有规模排华的序幕。

事后不久,维多利亚当局组织了"金矿皇家委员会",着手调查和处理这类纠纷。在该委员会动议下,1855年6月,维多利亚议会通过一项旨在排华的法案——《为某些入境移民作出的规定》,规定凡经登记的船只,每10吨位准载华人1名,并且每1名入境华人须交入境人头税10英镑。这是澳大利亚历史上的第一个排华立法。这一法案的重要之处在于它为澳大利亚其他殖民地树立了一个以立法手段排华的先例。

白人矿工因此而大受鼓舞,更加肆无忌惮,排华活动逐步由个体的事件发展成为大规模的运动,并呈现出越演越烈的趋势。1857年7月4日,在维多利亚巴克兰河金矿区,爆发了白人矿工大规模袭击华人的恶性事件,有3名华人当场死亡,2000多名华人遭遇抢劫,华人的财产损失达5万英镑。而维多利亚当局不仅任凭白人暴徒逍遥

---

① 沈已尧:《海外排华百年史》,中国社会科学出版社1985年版,第77页。

法外,听任他们拉帮结派,在次日成立澳大利亚历史上的第一个排华组织——"维多利亚矿工反华联盟",而且还在事后不久,向华人开征居留税,凡12岁以上的华人每人每月须缴纳1英镑。后经华人的集体请愿,"祈求议会为贫民设想,免除此税",1859年2月,维多利亚议会才将征收标准改为每人每年4英镑。①

为了达到将华人排斥于澳洲之外的目的,维多利亚向其他殖民地多次发出共同排华的呼吁。虽然各地澳大利亚人之间矛盾重重,难有一致之处,但是,在排华问题上,他们则很容易就达成了一致。南澳大利亚率先响应。1857年,南澳大利亚议会通过了一项以维多利亚排华法案为蓝本而制定的限制华人入境法案。

在1856年3月新南威尔士的人口调查统计中,华人仅为1806人,因此,当局未对此事予以重视。而在其后,在维多利亚和南澳大利亚遭遇排斥的华人纷纷转道流向新南威尔士,在1861年的新南威尔士人口调查统计中,华人已达12986人。② 与此同时,白人与华人之间的冲突事件也时常发生。1860年12月12日,在新南威尔士蓝滨滩发生了白人袭击华人事件,华人死亡2人,伤10人。此后,暴力排华事件在这里也逐步蔓延。次年9月,有数千华人在光天化日下被白人打劫,甚至连白人妇女和儿童也趁火打劫。对此,新南威尔士当局非但未予弹压,反而在1961年通过一项与维多利亚相同的法案,以排华的方式来平息事端。

这三处殖民地的排华运动不仅成功地拦阻了华人的涌入,而且还迫使许多华人离境,使得在澳华人数量陡减。1861年时,居留在

---

① 沈已尧:《海外排华百年史》,第75页。
② 陈翰笙:《华工出国史料汇编》,第八辑,第8页。

新南威尔士和维多利亚的华人分别是 12988 人和 24732 人;而时至 1871 年,该数字则降为 7220 人和 17826 人。[①] 这期间,"淘金热"由盛转衰,矿工们纷纷转业,白人矿工与华人的冲突则随之减少。因此,这些排华法案基本上已经失去继续执行的必要,于是,在 1861—1867 年间,三地议会先后各自废除了排华法案。第一次排华运动平息。

澳大利亚各地的 18 世纪五六十年代的排华运动表现为各自为政,联系甚微,仅局限为简单的呼吁和在具体问题上的谈判,如,在 1857 年,维多利亚当局为了谋求制止华人从陆路绕道进入维多利亚的办法而同新南威尔士和南澳大利亚进行了谈判。这种状况与当时澳大利亚分散的政治与社会格局是相吻合的。然而,值得注意的是,虽然各地白人彼此之间矛盾重重,钩心斗角,但在排华问题上,他们的一致性则是在其他问题上所没有出现的。

澳大利亚学者们在研究 19 世纪后期澳大利亚民族的形成与发展以及联邦运动的酝酿与运作时都着重提出和罗列澳大利亚人的合作与联合问题,但是,尽管他们都提及了排华问题,但大都将其置于次要位置。然而,在以白人为主体的澳大利亚民族的形成过程中,"白澳"意识所起的作用就是推动了民族聚合与民族向心力的凝聚,在排华运动中,这一点得到了具体而明显的体现。而在同样以白人为主体的联邦运动中,各地澳大利亚人的合作与联合也是开始于在排华问题上的观念上的共识与行为上的一致。

在 1875 年以前,当其他地区的排华运动风起云涌时,缺乏劳动力的昆士兰不但置身于其外,而且对使用低工资的有色人种劳工颇

---

① 陈翰笙:《华工出国史料汇编》,第八辑,第 9 页。

感兴趣。1874年,代表种植园主利益的人还试图说服当局试探从中国厦门引进中国劳工。有些种植园主甚至自己到中国去招工。然而,在1875年,在昆士兰帕尔墨河发现金矿,华人随之蜂拥而至,并且收益丰厚。"据估计,那时白人掏取黄金有一百三十万盎司,华人亦有一百万盎司。"① 这立即招惹来白人的嫉妒,于是,第二次运动呼啸而来,这次,昆士兰走在了前面。1875年,昆士兰殖民当局向香港殖民当局提议拘留所有驶往昆士兰的船只,以图断绝广东华人赴昆士兰的源头。1876年年底,昆士兰议会通过金矿区管理条例,对华人征收大大高于白人的采金执照税。与此同时,昆士兰殖民当局还以退还税金为诱饵,鼓励华人回国。可是,这个方案在英国遭到否决。

对此,昆士兰一片哗然,人们认为这是其内政,强调英国此举违反了自治原则。于是,他们采取了更为强硬的做法。1877年,昆士兰议会正式通过《限制华人移民法案》。同时,昆士兰当局和社会在全澳寻求支持,并立刻得到了积极的响应。在各地的响应举措中,1880年澳大利亚殖民地联席会议的召开是最具有意义和影响的,它标志着排华运动成为了澳洲白人的联合行动。简言之,如果说澳大利亚联邦运动的过程是澳大利亚逐步走向联合的过程的话,排华运动则成为这场运动的先导部分。

虽然这次联席会议涉及多种议题,但各地代表仅在排华问题上取得了共识。在会上,会议主席、新南威尔士政府总理H.帕克斯呼吁各殖民地采取联合行动,遏制由华人引起的社会问题。代表们以

---

① 沈已尧:《海外排华百年史》,第77页。

维护"澳大利亚人的利益"为宗旨,一致通过排华决议。从1880年到1888年,在各殖民地,排华措施和法案层出不穷,进而构成了一个覆盖全澳并具有封闭性的排华体系。①

进入1880年代以来,排华运动愈加显示出是联邦运动的一个重要组成部分。在排华与反华问题上,各地的澳大利亚白人以整体认同的形式取得了意识上的共识与行动上的一致,澳大利亚白人开始以自然的演进形式从合作走向联合。

首先,排斥华人的种族主义思潮在澳洲日益盛行,丑化华人的谣言甚嚣尘上。这一切逐步形成为一种具有号召力的政治鼓动,表现为一个民族对另一个民族的排斥。中国人被视为劣等民族,被形容为个个都吸食鸦片,男盗女娼,其服装、外形、语言和宗教信仰都成为了被白人们侮辱的对象。在城市里,华人居住区被认作是污染源,一旦出现传染病流行,华人必定遭遇无端攻击。②当白人看到在澳华人中妇女仅占2%—4%时,他们惊恐地预言:这会导致华人与白人的混血,打破澳大利亚的白人血统。其实,这纯属危言耸听,造成在澳华人这种结构的原因是:他们并无意想在澳大利亚安家立业,仅是打算为养家而在此挣钱而已,因此,没有带妻子同行的必要。况且,他们也都无力为妻子支付赴澳路费。再有,绝大多数在澳华人财力不济,难以融入高于华人消费标准和承受能力的澳大利亚社会,迎娶白

---

① 1881年,维多利亚和新南威尔士分别重新修订了限制华人的法案,其中诸多条款更加苛刻。例如,将载客吨位由每10吨限载华人1名修改为每100吨限载华人1名;1884年,昆士兰将载客吨位提至50吨限载华人1名,入境税提高到30英镑;以往对华人未采取任何排斥措施的西澳大利亚、塔斯马尼亚和北领地,也分别于1886年、1887年制定并实施了排华法案。

② L. Trainor, *British Imperialism and Australian Nationalism*, p.85.

150　渐进中的转型

人妇女为妻则更是天方夜谭。①

其次,进入80年代后,白人与华人之间的冲突有增无减,因此,利益的趋同使白人在排华中获得了越来越多的共同点,使排华越发成为他们的一种必须采取的行动。在"淘金热"后,当许多白人矿工还在为失业而苦恼时,华人矿工则迅速转行,大量进入城市。"在每一个谋生领域……华人似乎普遍都能适应。"在诸多行业中,他们以机敏、廉价和高效而受到白人雇主和顾客的青睐,并对白人同行构成了威胁,"华人……的成功引起了羡慕和反对",白人们惊呼遭遇了"华人竞争"。家具制造业是当时华人工匠与白人工人竞争最激烈的行业之一。在这个行业中,尽管白人的从业人员数倍于华人,但是,华人仍占有明显优势,长期处于生意兴旺发达状态。在18世纪八九十年代,当白人的家具生产经营因缺乏市场而不景气时,"华人的产品已分配到墨尔本以至维多利亚乡镇的各大家具货栈和商店中去,顾客来自欧洲人的各个阶级"②。这使白人家具经营者工人相形见绌,望尘莫及,于是,他们纠集在一起,组建了"家具制造业反华联盟",再度依靠人数优势和政府偏袒,运用非竞争手段来打压华人。而类似的竞争在澳大利亚各地的众多行业中多有出现。③ 此外,在社会上和政界里,保护关税主义者也发现排华的目的与他们要保护澳洲经济利益和澳洲人就业的宗旨是一致的。

从另一角度来看,排华运动也愈加从一个侧面显示出澳大利亚

---

① 王宇博:《19世纪后半期澳大利亚排华运动探析》,《学术研究》2001年第6期,第139页。

② 杨进发:《新金山——澳大利亚华人,1901—1921年》,上海译文出版社1979年版,第58页。

③ 同上,第98页。

民族国家的形成。虽然,时至80年代,澳大利亚仍是英国的殖民地,但是,澳大利亚人的国家意识在逐步增强。在排华问题上,这种现象初见端倪。由于白人仇视华人的更深层次的原因是预感到来自中国的威胁。"中国被视为具有掀起大规模移民潮的来源",[①]这使白人大有对华人"和平入侵"的集体恐惧感。一些政客分析:"澳大利亚人烟稀少,又是一块潜在的富裕之地。因此,处于邻近地理位置的中国把澳大利亚作为解决他们国家贫困而人口又过于拥挤的安全阀来使用。"[②]再有,这一时期中国政界"洋务派"的宣传和中国政府加强国防与军备的举措更使澳大利亚的白人产生无端联想,帕克斯曾危言耸听:"我不得不认为,中国政府支持了目前的中国人进入(澳洲)的运动。……其目的是为了组建中国的殖民地。"[③]1888年3月7日的《悉尼先驱晨报》声称:"中国可能派遣军舰来澳洲并令陆战队在澳洲北部登陆。"[④] 他们的这种感受显然是建立"在一个国家的基础上,而不是帝国的基础上"。通过他们的言行,可以隐约看出此时各地澳大利亚人的利益已经不是局限于自己生活的澳洲一隅,而是与全澳洲的领土和疆界相连。

排华运动源于以英国移民为主体的澳洲白人在利益上的相近和趋同,而运动的进行与蔓延又使他们愈加将澳洲大陆当作了共同所有的疆域,促使原本不相往来的各地白人为了自身需要而增进了交往,促进了散居澳洲各地的白人群体逐步结合成为一个整体的澳大利亚民族与民族国家。正是通过排华运动,澳大利亚民族和民族国

---

① L. Trainor, *British Imperialism and Australian Nationalism*, p.84.
② H. London, *Non-White Immigration and the "White-Australia Policy"*, Sydney, p.6.
③ L. Trainor, *British Imperialism and Australian Nationalism*, p.87.
④ 张秋生:《澳大利亚华侨华人史》,第131页。

家的概念得以越来越清晰地显示出来。维多利亚政治家、澳大利亚联邦第二任总理、"白澳政策"的始作俑者A.迪金曾做过具有代表性的表述:"以前,人为的而且带有任意的政治划分曾把我们分离开来,要消除这种划分,没有别的动力能比下述愿望起到更广泛的更强有力的作用。这种愿望就是:我们应该是一个民族,而且永远是一个民族,没有其他种族的掺杂。"[1]

如果说联邦运动的进程表现为澳洲的联合和在联合基础上的国家形成的话,那么,排华运动则最为明确地表现出了联邦运动的运作轨迹:在1880年代以前,利益的驱动使白人的排华活动由分散发展为白人的合作。而80年代后,特别是从80年代后期起,从1888年澳洲6个殖民地一致通过排华动议到1897年各殖民地以《纳塔尔法案》来限制华人和1901年澳大利亚联邦颁布的《移民限制法案》;从作为民族意识和社会道德概念的"白澳意识"到作为国家政策的"白澳政策"的确立,排华活动由合作演进为白人的联合和澳洲的统一行动。可见,在形式上,排华运动的发展和升级的过程与澳洲的统一和澳大利亚民族的进程是同步相伴的,在实质上,前者是后者的组成部分之一。

澳洲的排华在导致澳洲各地利益趋同和促使澳洲白人走向联合的同时,也加深了澳大利亚各殖民地与英国之间的利益冲突。在19世纪,虽然在与英国的关系上,澳洲各殖民地基本上是各不相同,各自为政,即使各地之间有合作,大都也仅是双边或三边等,而从未出现过各殖民地相互呼应和联合一致的现象,然而,在对待华人问题上,则出现了澳洲各地白人为了抵制英国的既定政策而联合一致和共同

---

[1] 张秋生:《澳大利亚华侨华人史》,第133页。

行动的现象。这种联合是澳洲利益与帝国利益冲突的表现之一。

英国政府对澳洲的排华运动颇不赞同,因为对于英国而言,这是一个对英国与英帝国具有广泛影响的国际问题。其原因在于:其一,英国政府与清政府签订过允许华人不受限制地进入英属领地的条约。在1860年10月订立的《北京条约》中,英国政府允诺:"以凡有华民情甘出口,或在英国所属各处,或在外洋别地承工,俱准与英民立约为凭,无论单身或携带家属一并赴通商各口,下英国船只,毫无禁阻。"[1] 其二,澳洲排华运动的最终目的是确保白种人的"纯洁",进而在澳洲构筑"白色城墙",建立"白色的澳大利亚"。这一系列行为符合澳大利亚人的意识与利益,但却与英国的"帝国理念"与"帝国利益"相悖,因为英帝国是一个包括了大量有色人种的大帝国,因此,虽然英国人的种族主义意识毫不逊色于澳大利亚人,但是,为了帝国的联合,英国人不会赞同或放纵澳大利亚人对有色人种的所作所为。其三,近代以来,英国与亚太地区(特别是远东地区)国家的交往逐步增多,在中国的第一次鸦片战争后,英国成为"唯一在远东拥有较大利益的欧洲强国",[2] 自19世纪中期以来,面对西方列强在亚远东地区的渗透与竞争,旨在维护既得利益的英国力主维持远东的"现状"。由于直到甲午战争爆发,中国一直被国际社会公认是当时亚太地区国力最强的国家,因此,英国将清政府当作其远东政策执行过程中一个颇有分量的筹码,[3] 这使得英国政府不会漠视清政府就澳大利亚

---

[1] 王铁崖:《中外旧约章汇编》,第一册,三联书店1957年版,第145页。
[2] M.H. Bailey, *Britain and World Affairs in Twentieth Century*, Oxford University Press, 1971, p.54.
[3] 参见王宇博:《甲午战争期间赫德与英国远东政策》,《江苏社会科学》2000年第5期。

人的排华所提出的抗议。所以,凡此种种,英国政府不会任凭其属地上的臣民在将会有损英帝国利益的情况下为所欲为。可是,此时的澳大利亚白人已将澳洲的利益置于"帝国利益"之上,甚至将"帝国利益"置于对立面。因而,华人问题逐步成为澳英之间的利益冲突点之一,以致澳洲的自治呼声更加高涨,分离倾向更加明显。

1876年,昆士兰的金矿区管理条例使澳英之间的这种矛盾冲突公开化与白热化。对于该条例,英国政府予以否决,并要求昆士兰政府对此进行修改。英国殖民大臣卡那封勋爵致函昆士兰政府,提出两条修改意见:"第一,……使之不至于成为直接专限对付英帝国某一友好国家人民的法律。英帝国正谋促进与这些国家的自由往来关系。第二,……使之不致成为损害英帝国内亚洲与非洲两处属地人民利益的法律。"[①] 然而,昆士兰的反应却是强烈的抗拒。它一方面不仅对英国干预其移民政策的做法大加抨击,而且在第二年正式颁布了《限制华人移民法案》;另一方面它呼吁澳洲的其他地区给予支持。针对昆士兰的呼吁,澳洲各地区给予热烈的响应。这个冲突回合的结果是,澳洲各英属殖民地不仅没有向宗主国屈就,反而因共同利益而加强了合作与联合,澳洲各殖民地驻伦敦总代表就此振振有词地表示:"如果要我们牺牲在政治和社会平等的原则上改进社会的希望,那我们是不会在没有做出最认真的努力以避免这样一场灾难之前,甘心这样做的。"[②]

进入19世纪80年代后,澳洲的排华运动愈演愈烈,其中既是受意识与利益驱动,也包含着对宗主国的抱怨。1888年4月,载有60

---

① 张秋生:《澳大利亚华侨华人史》,第129页。
② 陈翰笙:《华工出国史料汇编》,第4辑,第314页。

多位中国人的"阿富汗"号船在墨尔本被拒绝入境,接着又在悉尼被拒绝靠岸,进而酿成所谓的"'阿富汗'号事件"。不久,深得澳洲社会支持的帕克斯扬言:禁止中国人在新南威尔士的任何一个港口登陆。5月初,澳洲总督卡林顿告诫英国殖民部:中国乘客的任何上岸企图势必遭遇攻击。英国政府出面斡旋,但效果甚微,而帕克斯的气势更加咄咄逼人。面对已经"孤注一掷了"的帕克斯,英国的驻澳官员也无奈地说道:"只好随他们的意旨办事。"①

由于澳大利亚各责任政府不具有外交处置权,因此,澳洲的排华运动不可避免地涉及英国,表现为在中国的清政府依据中英之间的有关条约,向英国政府表示其对澳洲的那些"有损中国人"的立法应予以关注的同时,澳大利亚人则在要求英国政府能够像美国政府那样,就排斥华人进入澳洲而与清政府进行交涉与谈判,并订立相关条约。② 6月,澳洲各殖民责任政府的总理为协调排华事宜而聚首悉尼,旨在促成英国与中国的谈判,帕克斯为此使尽了浑身解数。对此,英国政府先是不理会,接着是拖延,再往后是外交部如此答复殖民部:中国政府无意就在澳华人而与英国签署"美国模式"的条约。而殖民部的意见是,对包括中国人在内的外国劳工加以限制与排斥的做法是不可能得到来自英国的赞许的,这种限制与排斥势必伤害澳大利亚的贸易。③

英国的态度和做法令只能通过英国才能就移民问题与中国进行交涉的澳大利亚各殖民地大为不满,澳英关系中的对立因素增多,分

---

① 格林伍德:《澳大利亚政治社会史》,第180页。

② 1888年3月13日,美国政府与清政府签订《限制华工条约》,该条约在美国参议院未获通过。其内容参见王铁崖:《中外旧约章汇编》,第一册,第533—534页。

③ L. Trainor, *British Imperialism and Australian Nationalism*, pp. 87—88.

离倾向加剧。也正是在这次会议上,各位总理就进一步加大限制在澳华人一事而达成一致协议,炮制出更加严厉而苛刻的排华决议:"1. 要求英政府与中国商定移民条约,使其自动禁止华人入澳。2. 要求英政府禁止香港和新加坡两殖民地默许华人入澳。3. 任何船只每500吨限载华人一名入澳。4. 禁止在澳华工从一殖民地进入另一殖民地。"① 而最后的结果是,第一,作为让步与妥协,澳大利亚将第3条中的500吨改为300吨,英国则接受了第2条;第二,就移民问题,英国政府与清政府举行谈判,然而,从所缔结的协议上看,这实际上是一个中英贸易协定,其中的排华内容不仅有限而且勉强。澳大利亚方面对此颇为不满,新南威尔士政府动用立法手段,宣布在新南威尔士终止执行该协议,昆士兰等地的澳大利亚人也一呼百应,闻风而动。

总而言之,澳大利亚联邦运动的运作过程是围绕着具体的澳洲利益而展开的一系列矛盾冲突与冲突升级。纵观这场运动,显而易见,华人问题是其中持续时间最长、波及范围最广和影响力度最大的矛盾症结与冲突内容。在澳洲,除了政府和政治家在排华运动中摇旗呐喊和兴风作浪,将分道扬镳作为抗议英国政府所为的"口头禅"外,社会各阶层也愈加将对母国的不满与华人问题联系在一起,特别是在工人阶级中间。"在劳工运动中,分离的话题适合于反帝国与反华的情感。"②在80—90年代,伴随着澳洲社会的联合程度的提高与"自治"意识的增强,这种社会情绪愈演愈烈,进而越来越明显地构成了联邦运动中的重要内容之一。

---

① 张秋生:《澳大利亚华侨华人史》,第133页。
② L. Trainor, *British Imperialism and Australian Nationalism*, p. 89.

二、谁来保卫澳大利亚

19世纪后半期,关于澳洲防务的争论与举措始终是一个引人注目的问题,澳洲人在极不情愿之中取代英国人而担负起了澳洲的防务之责。这一转化过程在使澳洲对英国的"不满"情绪进一步增长的同时,更促进了澳洲人之间的接触与合作,澳洲的防务合作成为澳洲现代国防力量形成的开端,[①] 澳英分离与澳洲联合的发展趋势愈加明朗化。因此,以"谁来保卫澳大利亚"为焦点的澳洲防务问题也成了联邦运动的重要内容之一。

"殖民地自我防卫政策"的确立是英国既定帝国政策中的一个组成部分,令"澳大利亚英国人"非常敏感。针对"帝国的所有部分在遇到危险时都向帝国政府求援"的问题,1862年,隶属于英国议会的"殖民地军费特别委员会"主席A.米尔斯指出:"殖民地已经建立了自己的自治政府,他们应该承担境内的安全和维护国内秩序的责任,他们还应该帮助自己的外部防卫。"[②] 早在1863年,英国就以奖励手段,要求澳洲各殖民地责任政府自行招募军队,在防务问题上采取自卫措施,其意图在于利用殖民地的军事力量来作为英帝国海外防务的补充。然而,自1788年起,澳洲就处于英国军队的护卫下,"澳大利亚英国人"一向为此而感到安全和自豪。因此,他们一开始对英国人要求殖民地加强军备建设和加强自卫能力的呼吁并没有予以多少关注,在他们的心目中,既然英军保卫英伦是理所当然的职责,那么,他们对澳大利亚的拱卫也必定是天经地义的。

---

① 参见王宇博:《19世纪中后期澳洲防务问题之争》,《军事历史研究》2004年第3期。

② C. Eldridge, *Victorian Imperialism*, Macmillan 1978, p.84.

英国军队对澳洲防务的承担不仅有效地维护了澳洲的安全,使澳大利亚人长期生活在安宁之中,不受外患威胁,而且也有力地维系住了澳大利亚人的母国情结,使他们自然将此视为一种英国臣民"与生俱来的权利"。虽然,澳大利亚民族已经形成,民族国家的建立也在许多有识之士的预料之中,但是,这还是一个年轻的不成熟民族,它的民族意识尚处朦胧阶段。虽然已经开始成熟起来的澳大利亚人一方面感到"这样一个人数众多的进步民族可以由远隔一万六千英里的一个国家来统治,这是不合理的",但另一方面又"宁愿求助英国的力量来维护澳大利亚的权益,因为按常理来说,这些权益也就是帝国的权益"。在澳大利亚,英国的"殖民地自我防卫政策"被称作"冷淡政策",成为"永远被诅咒的对象,因为它使澳大利亚各殖民区面临着在羽毛丰满之前失去依恃的危险"[1],但现实是他们只能接受这种"冷淡政策",然而,这一接受的过程也是他们从"澳大利亚英国人"演进成为"澳大利亚人"的变化过程中的内容之一。

自1870年以后,虽然澳洲的海上防务仍由英国承担,但英国人已将澳洲的陆基防御留给了几乎赤手空拳的澳洲人自行解决。然而,与此同时,德国、法国、美国、俄国则对太平洋地区虎视眈眈,它们的舰队和商船频频出没于南太平洋,分散在澳洲各殖民地的澳大利亚人逐渐感觉到外来威胁。他们因此而深感必须重新获得并着力加强英国在澳洲防务上提供的支持和保护,他们急切地向英国呼吁:"我们希望从现在起,殖民地政策能被作为帝国的政策,殖民地利益能被视为帝国的利益。"可是,英国却声称澳大利亚各殖民地应尽自

---

[1] 格林伍德:《澳大利亚政治社会史》,第203、183页。

己之所能。①1876年12月1日,时任新南威尔士总理的J.罗伯逊就此致信澳洲其他殖民地政府,指出欧洲国家在南太平洋上的活动使"战争爆发的可能性并非总是不存在的"。②1882年的一天,在距离南澳大利亚首府阿德莱德不到6英里的格勒尼哥镇,居民们惊诧地发现海面上停泊着一支俄国的舰队。虽然,居民们后来得知俄国舰队是应南澳大利亚总督之邀前来造访的,但令人望而生畏的俄国人居然轻易地出现在眼前,这已足以使澳大利亚人对澳洲的防务倍感担忧。

1878年,为处理英属殖民地的防务问题,由英国殖民大臣卡那封勋爵召集的殖民地防务委员会(即"卡那封委员会",英文缩写CDC)在英国成立。委员会包括维多利亚总督、英国海军部和陆军部的代表,是一个低级别的"英国皇家委员会"。它对殖民地的防务问题表现出漠不关心的态度,它所关心的是以英国为核心的帝国防务,认为对于英帝国的防务来说,在未来20年内,澳大利亚防务的改进与加强可作为一种加强帝国防务的典型模式,一种殖民地对母国做出贡献的形式而让其他殖民地效仿。

针对澳洲各殖民地在地域上和政治上的各行其是,该委员会指出,在陆基防务上,澳洲防务所面临的首要问题是澳洲各殖民地需要加强彼此之间的军事合作。这种合作旨在增强澳洲人以澳洲联合一致为荣尚的军事意识,给予澳洲军官们提供大范围协同工作的场所与机会,给各地的军队提供更好的军事技术和训练装备,使澳洲的各路兵马在澳洲遭遇入侵时能够迅速集结与有效配合。该委员会认

---

① T. Millar, *Australia in Peace and War*, 1978, p. 62.
② L. Trainor, *British Imperialism and Australian Nationalism*, p. 21.

为,阻碍实现这种合作的真正障碍在于各殖民地具有较强的独立意识和彼此之间缺乏联系,而造成这种状况的原因是缺少全澳性的联邦政府。一些英国军方人士呼吁澳洲各殖民地消除隔阂,并打算出面"填补这些鸿沟"。在澳洲各地的武装力量中受聘担任顾问职务的英国军官出于帝国军事联合的理念,致力于促成澳洲的"一种火力融合",即设有一个统领澳洲所有武装力量的督察军官,以便在危机时刻,他能够将澳洲的武装力量作为快速集结的帝国军事联盟的一部分而加以有效指挥。但是,一向认为澳洲防务应由母国承担的澳洲人对此则反应冷淡,当南澳大利亚总督 W.F.杰沃伊斯表露出这种态度时,帕克斯予以断然拒绝,理由是因为各殖民地已经使用了立法手段禁止自己的武装力量逾越各自的地界。

在海上防务问题上,"卡那封委员会"提出殖民地应增加向所在地区英国皇家海军所提供的海军军费。英国的既定政策是殖民地应承担所在地区英国皇家海军的军费开支,但考虑到如果由英国政府直接而明确地提出这一主张势必引起殖民地的不满和抗议,因此,"卡那封委员会"的做法是由英国政府通过间接方式来表述自己的意图。英国国防大臣、"卡那封委员会"成员 H.查尔德斯概括性地说道:"我们相信,(英属殖民地)对在共同责任与义务中所拥有份额的最终接受将是实现英帝国享受和平的重要组成部分。"[1]而澳洲的反应是:英国"要把防卫帝国的责任从帝国国库转嫁到殖民地国库"。[2]

1877 年,已身为澳洲海峡总督的杰沃伊斯建议新南威尔士政府购买一艘兵舰,没有料到的是,这引起了一场争论。为了谴责杰沃伊

---

[1] L.Trainor, *British Imperialism and Australian Nationalism*, p.22.
[2] 格林伍德:《澳大利亚政治社会史》,第 186 页。

斯的建议,新南威尔士"劳动者防务联合会"在库克船长纪念馆举行集会。一位发言者称这是一笔本可"用于保卫银行、《悉尼先驱晨报》和商会的巨额资金开销"。新南威尔士国土部部长 T.盖雷特在一次会议上提出:如果真有必要支付这笔费用,那就应该来支付,并为此征收特别税收。①弦外之音是澳大利亚没有必要与责任去支付这笔费用。

时至19世纪80年代,澳洲各殖民地虽然先后组建了各自的武装部队,但不堪一击,根本不足以抵御外部打击。新南威尔士和维多利亚各拥有军人2000人和3500人,军费开支每年分别为8000—9000英镑。而在同期,英国拥有陆军189000人,海军58000人,军费为2800万英镑。澳大利亚各地的军队由志愿人员组成,其训练和管理十分简单和松懈。由于设备器材不足,海军的训练主要是在陆地上进行,陆军士兵的训练周期也仅能维持两周,澳洲军官的职业素养也十分低劣。这些官兵隶属于地方警察机构,部署在城市和村镇,用于维护地方治安和镇压土著人。相比之下,布防在澳洲海岸线上的英军则是训练有素的职业军人,其陆军的服役期为9年。②

面对难以重获英国防务保护的现实,澳大利亚人不得不加紧考虑防务问题,于是,这成为澳洲各殖民地关注的共同问题,促使它们走向联合。澳大利亚人是在英国的压力下,怀着诧异、困惑、不满和无奈的情绪,不情愿走向自立的,母国在不知不觉中促进了各殖民地的联合。澳大利亚的联邦运动正是由此在各殖民地的接触、往来、合作的过程中逐步形成的。

---

① J.Grey, *A Military History of Australia*, Cambridge University Press, 1990, p.23.
② Mulhall, *Dictionary of Statistics*, Gregg International, Westmead, 1970, pp.21,22,325.

出于自身安全的考虑,自 19 世纪 80 年代以来,澳大利亚各责任政府愈加重视武装力量的建设。1883 年,维多利亚责任政府设立了国防部,投资 50 多万英镑,用于实施以筹建陆军和海军为主要内容的"五年防御计划"。随后,其他各殖民地也如法炮制。一些地区的地方当局和居民还自发地致力于本地区的防务,如在格勒尼哥,人们修建了一条通往阿德莱德的铁路,从英国购买了两门大炮,并架设在海岸边。

在 80 年代,澳大利亚各地军队建设的发展还体现为军人数量的增加、军事人员的职业化与专业化程度的提高,以及基本上实现英式武器装备的配备,这些武装力量的战斗力较前有大幅度增长。1885年,新南威尔士派出一支部队前往苏丹,与英国军队协同作战。更为重要的是,这些军队的职能逐渐产生变化,即在警察角色退化的同时,其国防职能不断增强,逐步接替了英国海军,担负起了保卫澳洲安全的责任。1881 年 5 月,一位英国商人在新几内亚海岸外遇害,对此,英国殖民大臣 A.帕尔玛写道:"我保证昆士兰政府的军舰'珍珠'号将会有效地惩治凶手。"[1]而在以往,这类事件是由英国海军负责处置的。

在防务问题上,为了自身的安全,各殖民地一方面不情愿地着手去建设自己的军队,另一方面却又以讨价还价的方式来求助于英国海军,共同出资"租用海军"来保卫海防。正是在"租用海军"问题上,澳大利亚各殖民地之间的趋同与澳英之间的分离最为明显地表现了出来。而围绕"租用海军"展开的博弈不仅推动了澳大利亚各殖民地联合,而且增强了澳大利亚人的自立能力和要求削弱英国控

---

[1] L. Trainor, *British Imperialism and Australian Nationalism*, p.24.

制的信心。

进入80年代,在对于英国要求澳洲各地承担和增加驻防于澳洲海域英国皇家海军军费的问题上,澳大利亚人和各殖民地责任政府的态度逐渐产生了不同程度的变化,由先后抵触和反对转变为同意和接受。而这种变化并非是出自殖民地对母国的忠诚而做出的自愿之举,而是澳洲人无力担负沿海防务的无奈之举,这无疑给澳英关系投下了一个阴影。

在地理位置上,澳大利亚与英国一样,都属岛国,因此,在防务问题上,海军的力量尤显重要。然而,虽然各责任政府开始重视海军的建设,80年代初,悉尼的海军基地业已建成,但是,澳大利亚各地海军还是相当弱小的。这些海军的舰只大多是小型的木制舰船,航行半径短,火力配备薄弱,如,昆士兰海军中的王牌战舰"珍珠"号仅配有两门火炮。它们仅适用于进行沿海警戒性巡逻和为岛际之间的民用船只护航,根本无力承担旨在抗击外来入侵的海上防务。此外,各地海军尚处各自为政状态,如发生战争,势必出现孤军抗敌的局面。尽管在1879年时就有人建议由澳大利亚六个殖民地共同出资组建一支澳大利亚的海军联合舰队,负责澳洲的沿海防务,但是,地域的分散和政治的分立使澳洲的联合舰队难以成军。因此,澳洲的海防还是只能求助于英国海军,各地的澳大利亚人也只得答应英国关于澳洲各地共同承担英国海军澳洲舰队的军费开支的提议。

就财力而论,"羊毛业大潮"和"淘金热"早已使澳大利亚人富甲一方,因此,支付这笔费用本是绰绰有余,但是,对于澳大利亚人来说,这笔费用意味着英国政府对"澳大利亚英国人"与英伦的英国人并非一视同仁,澳洲人无法无偿地受到来自母国的保护。因此,防务问题,特别是海军问题,是一个尤为"不受欢迎"的话题,它大大伤害了澳大利亚人的母国情结。如果说,100多年前,北美十三州的居民因税收问题而提出"自治",进而逐步与母国分道扬镳的话,那么,此时的防务问题则促使澳大利亚人也开始步其北美同胞之后尘。

在1881年召开的澳洲殖民地会议上,南澳大利亚总督杰沃伊斯秉承英国的意旨,提出澳洲各政府分摊英国皇家海军澳洲舰队的费用。[①]这使澳英之间围绕澳洲利益与帝国利益产生了冲突。就这支舰队的用途问题,澳英各有不同认识和解释。澳方的一致观点是,这支"租借"来的舰队只能用于保卫澳大利亚的港口和海岸,不应被调往澳洲以外的区域和执行与澳洲防务无关的任务。而英国的看法则大相径庭,指出澳洲防务是帝国防务的组成部分之一,作为皇家海军一部分的澳大利亚舰队理所当然肩负有维护帝国任何一处防务的使命。

虽然在澳洲内部,对于各自承担的军费份额还多有争议,但在上述问题上,它们之间是存在共识的,即澳大利亚各殖民地共同借用英国的舰队加强澳洲的海防,但条件是澳大利亚将不因这支租用的舰队而介入澳洲以外的事务,以防范随英国而卷入英国与别国的纠纷。可见,澳英之间的分歧正由民族情感转向实际利益。

应予指出的是,19世纪后期的英帝国政策是以英国的利益为核心的,而对于澳大利亚,该政策的制定者和执行者仅注意到澳大利亚人效忠英王和以英国为荣的民族心理,但忽视了这些澳大利亚人是以往"自由帝国政策"的既得利益者,以及在澳大利亚人中间正在形成的势必导致独立的自治意识,澳大利亚人已经不愿意"牺牲地方主权而去服从一个联合王国支配的、遥远的中央政府"。英国在澳洲防

---

① L. Trainor, *British Imperialism and Australian Nationalism*, p.28.

务问题所奉行的政策是英国对外政策变化的产物,但这种变化的产物是"澳大利亚英国人"在感情上难以接受的,以致澳英之间的离心力进一步加大;英国政府鼓励澳大利亚人采取自卫措施的举措本是旨在利用殖民地的军事力量作为英帝国海外防务的补充,但这一举措所产生的实际作用却是使在分散于澳洲大陆各地的澳大利亚人之间形成了愈加明确的共同利益和自我认同意识。1887年,在第一次英国殖民地会议(又称伦敦殖民地会议)上,围绕防务问题,澳洲的联合和自主趋势与澳英之间的分歧和冲突淋漓尽致地显示在彼此间的唇枪舌剑与讨价还价中。

这次会议的召开是英国强化"帝国联邦"的重要举措之一,9个自治殖民地和两个英王直辖殖民地参加了会议。在会上,澳大利亚各殖民地的代表就英国海军部提出的海防方案与英国展开了针锋相对的论战。尽管这些代表在要求与策略等方面并不完全相同,比如,新南威尔士的态度相对温和,显示出较浓厚的效忠母国意识,而维多利亚和昆士兰的态度则较为强硬,屡屡表现出要"单干"的意向,但是,他们的一致性却更为明显,明确地向英国表示:接受英国的方案的前提是不因此而卷入与澳洲无关的国际纠纷,即澳大利亚不能成为"欧洲的兵营"。[1]

经过讨价还价,他们就澳洲的海防问题与英国达成了协议,签订了《澳大利亚海军法案》,同意在10年内每年与新西兰联合提供12.6万英镑,作为完全用于澳洲海防的皇家海军澳大利亚舰队的费用。对于澳洲要求英国承担澳洲英王乔治海峡和托里斯海峡防务的提议,英国的态度最初是推辞,但最终同意提供武器,但不承担进一步

---

[1] F. Crowley, *A New History of Australia*, p.185.

的责任,理由是这两处海峡不同于开普敦和哈里法克斯,对帝国防务没有重要关系。此外,英国还同意派遣英国军官前往澳洲,负责各殖民地军队的标准化训练和统一指挥事宜。

对于这次会议的结果,双方的反应大相径庭。热衷于帝国联合与帝国统一的英国人认为这是一次失败的会议,因为英国的意图未能实现。而澳大利亚的社会舆论则认为会议的结果使澳洲的利益没有得到维护。当澳大利亚代表们返回时,分别受到了冷遇。在昆士兰,《澳大利亚海军法案》遭到殖民地议会的抨击。在不久举行的议会选举中,提出反对"租用海军"以及任何形式的"海军捐献"的国民党得到绝大多数的选票。直到1891年,昆士兰议会才通过该法案。

澳大利亚代表在伦敦殖民地会议上的言行和澳大利亚人对《澳大利亚海军法案》的态度反映出澳大利亚人对英国的帝国政策不仅没有多少兴趣,反而报以不满。这进而导致他们对包括英帝国事务在内的外部世界越发冷淡,其注意力愈加集中于澳洲。这种情绪和心理又体现出在澳大利亚人之间正在形成以自我认同为内容的民族意识。

这是一种充满危机感的理性与饱含自信心的感情交融的复合体。就理性部分而论,面对欧美列强在南太平洋的出没,澳大利亚人普遍认为在澳洲各殖民地需要依靠英国的保护,昆士兰政治家格里菲斯在1887年表达了人们的情绪和顾虑:"怎能保证不发生这样的事呢?某些突然产生了殖民倾向的大国可能对我们澳大利亚人说,这里还有世界上的一大部分未经利用,你们此刻还没有把它的大部分切实利用起来,让路给愿意利用它的人。"[①] 但是,他们清楚,澳大

---

① 格林伍德:《澳大利亚政治社会史》,第195页。

利亚的防务安全只能依靠澳大利亚人的联合一致。而就感情部分而言,就是坚定地相信澳大利亚人不仅有权享受美好的社会,而且拥有在未来享受美好社会的决心。1887年,昆士兰社会党领袖W.雷恩写道:我们"为了澳大利亚,为了即将出现的国家,为了正在揭开澳大利亚命运之幕的进步人类而工作着。在我们的背后的是过去,多少帝国崩溃,多少王位倾覆,多少家族衰微了。在我们的前面的是澳大利亚……我们的澳大利亚正燃烧着青春的旺盛的精力"。在新南威尔士工人选区同盟最初的政治纲领中曾包括这样一条:"澳大利亚各殖民地的联邦应建立在一个国家的基础上,而不应建立在帝国的基础上。"①

面对英国的"殖民地自我防卫政策",澳大利亚起初是难以接受的,在几经交涉后不得不接受。在这一过程中,澳大利亚人逐步因彼此的需要而走到了一起,进而形成共同利益和自我认同意识,澳洲由区域合作逐渐向联邦国家演进,使得澳大利亚民族国家呼之欲出。所以说,澳洲的防务问题是澳大利亚联邦运动的发端。

同当初英属北美十三州独立和加拿大自治相比较,此时英国对待殖民地的态度与手段有了很大的改变,越来越宽容与放任。这是澳大利亚联邦运动得以在和平环境中演进与发展的重要因素之一。所以说,从客观而论,这一时期英国的帝国政策既间接诱发了澳大利亚联邦运动,又直接保证了它的顺利发展。这一适得其反的结果是英国人始料不及的。

---

① 格林伍德:《澳大利亚政治社会史》,第196、204页。

三、新几内亚归属问题之争

进入 19 世纪 80 年代,随着澳大利亚民族经济的发展和澳大利亚民族的成熟,澳大利亚各殖民地与宗主国英国之间的利益差异与矛盾冲突日益明显,进而导致殖民地逐步不再是遵循宗主国的意愿行事,而是按照自己的主张行动。起源于经济利益冲突的新几内亚归属问题之争则是这一系列差异与冲突的突出表现。虽然这一事件的持续时间不长,波及范围也很有限,但是,它的激烈程度却超出了人们的预料,凸显出澳英之间的分歧、冲突与对抗已相当严重。这场纷争表明原本建立在母国与殖民地基础上的澳英关系正在逐渐发生变化,这种变化的趋势不是澳洲的顺从,而是澳洲的联合以及与英国的分离。从这个意义上说,这场冲突与纷争也构成了联邦运动的一个组成部分。

"淘金热"后,在愈加自主的状态下,澳大利亚各地的经济生产的产量不断增加,规模不断扩大,但是,澳洲的社会状况和产品物种则使与生产进行与发展密切相关的土地与劳动力问题日益显得重要。这些问题在澳洲的制糖业中尤显突出,直接关系到生产成本的高低,进而影响到产品的市场竞争。对于澳大利亚的生产者来说,相对于来自英国等欧洲国家的移民,新几内亚、新赫布里底群岛(今瓦努阿图)等南太平洋诸岛上的土著人劳动力不仅数量可观,而且费用十分低廉。这一情况对制糖业发达的昆士兰来说尤为重要。

在 70—80 年代,昆士兰制糖业发展迅速,获益丰厚。据昆士兰自己统计,在 1879—1880 年至 1883—1884 年间,昆士兰糖产量从 19000 吨提高到 37000 吨,甜菜种植面积从 18000 英亩扩大到 48000 英亩,而使用的来自南太平洋地区的劳动力人数则从 1995 人增加到

5273人。虽然崇尚自由与平等的社会舆论对这种近似于奴隶贸易的劳动力贸易多有抨击,但是,在昆士兰,这种贸易却一直很兴旺,不过,昆士兰人因在这种贸易中多有不道德行为而名声甚差。

自80年代初期以来,来自南太平洋地区的廉价劳动力直接影响到澳大利亚各地制糖业生产的和贸易的竞争,因此,对南太平洋劳动力的争夺是相当激烈的。在这类争夺中,不仅有澳洲人之间的巧取豪夺,而且还有澳洲人与来自欧洲国家竞争者之间的钩心斗角。澳大利亚人越发将南太平洋地区视为自己的势力范围,大有在此推行"南太平洋门罗主义"之势。这里的竞争与冲突虽然没有硝烟,但却非常激烈,表现为经济实力的对抗与国家政治的较量,因此,澳洲各殖民地责任政府不仅逐步由本地商人的支持者发展成为重要的执行者,还愈加成为澳洲利益的代理人与捍卫者。昆士兰政府就直接介入到劳动力贸易的管理之中,调控着劳动力的供应。与此同时,在与澳洲以外竞争者的抗衡中,相互的需要使澳洲各殖民地及各责任政府之间的合作趋于密切与默契,这又促使澳洲社会在自然演进中从分散走向联合。

19世纪后半期是欧洲列强瓜分世界的时代。德国、法国等国家在南太平洋地区的活动日趋频繁,俄国的兵舰屡屡出没于澳洲周围远海,法国在澳洲附近岛屿上修建监狱和输送罪犯,德国也正忙于在这区域建立殖民地。而从70年代末到80年代初,为了维护和开拓英帝国,英国南征北战,进行了一系列殖民扩张战争,如阿富汗战争、并吞埃及、祖鲁战争以及第一次布尔战争等,耗费巨大。因此,英国已经感到不堪重负,其对海外利益的关注点逐步聚焦于远东既得利益和在非洲的扩张。旨在确保既定方针的实现,英国对欧洲列强在包括南太平洋等区域的蚕食与扩张采取了默认的态度,甚至以"协商"的方式与一些欧洲国家达成某种划定各自殖民活动范围的交换协议。在1884年的柏林会议上,会议的正式议程仅是讨论非洲事宜,而并未涉及太平洋问题,可是,英国殖民部次官R.梅德则在与俾斯麦的非正式会晤中就双方在非洲和太平洋地区的殖民活动进行了协商,英国默许了德国在南太平洋的扩张行为,而德国则表示不过问英国在非洲的相同活动。从英国所致力于的"帝国利益"考虑,此举是符合重建"有形"的英帝国的宗旨的,可是,这却与澳大利亚人的愿望和"澳洲利益"相违背。

澳大利亚和新西兰与德国在涉及太平洋岛屿上的利益纠纷问题是南太平洋上竞争的重要内容之一,这一系列纠纷与冲突是从新几内亚归属问题开始的。澳洲人和新西兰人屡屡要求英国出面阻止德国人的渗透与蚕食,但是,英国对于这些要求与呼吁总是置若罔闻,持搪塞的态度,不予支持。新南威尔士曾几度以强烈的口吻要求由英国出面兼并新几内亚岛上尚无人提出主权要求的部分。对此,英国殖民部在1875年、1878年和1882年分别三次明确表示拒绝考虑。从1880年起,德国殖民者着手开发新几内亚东北部的海岸,于是,德国殖民者与澳洲人之间开始发生冲突。尽管德国政府在1883年1月已经宣布德国没有占领或政治控制新几内亚的任何计划,但是,澳洲人已不能再容忍德国人在这里存在的事实。

无望得到英国支持的现实促使澳洲人逐渐由向英国求助转为自己采取行动。昆士兰首先迈出第一步。1883年2月,昆士兰总理T.麦克尔瑞斯爵士建议英国兼并与昆士兰仅一水相隔的新几内亚。而在此前,昆士兰的政府官员谢斯特已经奉命乘坐轻型兵舰"珍珠"号进入了这一地区,他的使命是在这里升起英国国旗,制造此地已处于英国殖民部管辖的既成事实。4月4日,昆士兰责任政府以英国政府的名义宣布兼并新几内亚的东部。昆士兰政府此举原本旨在控制新几内亚的劳动力,以确保制糖业的发展。昆士兰人以为这是一件自然而平常的事情,澳洲其他地区的反应也很平静,[①]因为在澳洲虽然没有出现类似美国的"西进运动",但是,澳大利亚人从来都没有停止过在澳洲内地及周边地区开疆扩土的活动。

消息传到英国,却引起一片哗然。由于包括昆士兰人在内的澳大利亚人在对待澳洲土著人问题上一向是以残忍而臭名昭著,因此,这就成为了英国抨击昆士兰人此举的口实。曾任英国的西太平洋专员公署[②]高级专员和斐济与新西兰总督的 A.戈登闻讯后表示:如果准许昆士兰统治那块领土,它的寡头政治的执政者可能会将这里的土著视同虫豸。英国殖民大臣德比收到这份"震撼的电报"后厉声说道:"难道我们还要把新几内亚的土著民族交给这些尽干坏事的人们去任意摆布吗?"在英国下院的讨论中,议员们将昆士兰的劳工贸易与"奴隶贸易"相提并论,权威人士预言"北部有色工人(指新几内亚的劳工)的雇主,悉尼和奥克兰的航运业者以及曾在南洋的企业中投资的资本家"将残酷地剥削工人。《泰晤士报》的评论是:"不可否认的是,许多殖民者(指澳大利亚人)是以漫不经心的态度对待任何一个波利尼西亚人种的土著的权利。"英国首相格拉斯顿在 5 月 19 日写给德比的信所表述的观点则代表了当时英国内阁的看法:昆士兰

[①] R.C.Thompson, *Australian Imperialism in the Pacific: the Expansionist Era*, 1820—1920, Melbourne University Press, Carlton, 1980, ch.4.
[②] 《新编剑桥世界近代史》(1987 年中文版)的第 533—534 页上如此叙述英国设立该公署的初衷:"肆无忌惮的欧洲、美洲和澳大拉西亚商人常常拐骗土著居民,后者在种植园中的地位同奴隶没有区别。经过某种犹豫后,英国议会通过了太平洋岛民保护法,兼并了斐济群岛,并建立了西太平洋高级专员公署。"

"既难令人信任而又难被授权专断"。①因此,英国内阁决定取消对昆士兰兼并新几内亚一事的讨论,这意味着英国政府的态度,即绝不同意昆士兰政府的行为。

英国的态度与决定立刻在澳大利亚引起强烈反响,尤其是在昆士兰。麦克尔瑞斯扬言:"我认为应该考虑澳洲各殖民地是作为英帝国的一部分为好,还是建立自己的联邦制政府为好。"他号召人们以加拿大为榜样,建立"一个不与英帝国保持联系的联邦制澳大利亚"。② 澳洲各地的政府和民众在对昆士兰表示支持的同时,也都对英国表示出不满。

英国与昆士兰之间的这次冲突本可被认为是一个寻常的偶发事件,但在此时此刻,它却有了不寻常的意义。从狭义上讲,它加重了澳大利亚社会对英国的不满情绪,促进了澳洲各殖民地之间的合作,加快了澳洲联合的进程;就广义而论,它显示出澳洲人之间的认同感在不断深化和扩大,以及澳洲与英国之间的分离正由量变向质变演化。这一事件又一次验证了这样一个现实:大多数澳洲人与英国人在血缘和文化等方面是一脉相传的,毫无疑问,如果澳洲如肯特郡那样与英伦是接壤的话,那么,它们是不可能分离的,然而,孤悬南太平洋的地理位置使澳洲人拥有自主乃至主权不仅更为方便,而且更为必要。时至19世纪后半期,虽然"民族"和"国家"的概念在许多澳洲人脑海里还是很模糊的,但是,这种概念则已经实实在在地存在于澳洲社会,而英国因对这种变数的忽视而导致的行为则使澳洲人脑海中那模糊的概念趋于清晰,以致澳大利亚人争取权利的行为逐步由

---

① 格林伍德:《澳大利亚政治社会史》,第 171—172 页;比斯库:《新几内亚史》,广东人民出版社 1975 年版,第 80 页;L. Trainor, *British Imperialism and Australian Nationalism*, p.41.
② 王宇博:《澳大利亚——在移植中再造》,第 138 页。

"自在"演变为"自为",换言之,由本能的反应演进为有意识的活动。

事发不久,当时将自己当作是澳洲一部分的新西兰议会通过一项联邦法,以便推行"它在太平洋上的未经某一外国占领或在其保护下的岛屿上,建立其统治的步骤,而任何外国占领这些岛屿,则被将视作损害澳大利亚的利益的行为"。对此,英国政府表示,英帝国不同意这一法案,因而致使该法案不能生效。① 于是,昆士兰便提议召开殖民地联席会议。11月,各殖民地政府的政要为此而聚首悉尼。在"悉尼大会"上,与会者不仅起草了一个"澳大利亚联邦议会草案",考虑以联邦方式来对抗英国施加的影响和压力,而且还提出了一个协议,划分了各自在西南太平洋地区的势力与利益范围。尽管英国的大臣们对这一协议不屑一顾,但是,它却反映出澳洲人对南太平洋区域的重视以及他们言行中的"南太平洋门罗主义"倾向。这个协议意味着澳洲人在将欧洲列强排除于南太平洋区域问题上取得了共识,协议还提出由澳洲人拥有这一区域的利益——昆士兰和新南威尔士分享新几内亚,维多利亚独享新赫布里底群岛,新西兰则染指波利尼西亚。② 针对法国向新喀里多尼亚运送犯人一事,与会代表的态度是一致的,予以坚决反对。会议作出的决议是:"任何外国在赤道以南的太平洋上进一步攫取领土,均将严重损害澳大利亚的英国属地的安全和福利,从而也就有害于帝国的利益。"③

就这样,英国与澳洲各殖民地因在新几内亚的归属问题上利益和意见相左,双方展开了时近1年的讨价还价。冲突时常达到相当

---

① F.H.欣斯利:《新编剑桥世界近代史》,第11卷,中国社会科学出版社1987年版,第897页。

② L. Trainor, *British Imperialism and Australian Nationalism*, p.42.

③ F.H.欣斯利:《新编剑桥世界近代史》,第11卷,第897页。

激烈的程度,1884年3月,西太平洋高级专员公署提出的建议是由英国掌管西太平洋的劳动力贸易,可以给予澳洲从事这种贸易的特权。建议还威胁澳洲人:如果新几内亚被吞并,它将终止其使命。这就意味着澳洲将直接面对列强。而这一提议在澳洲遭到非议,3月11日的《悉尼先驱晨报》说道:"如果我们支付了费用(指向英国交纳的海军军费),那么,我们就将发出有威力的声音。"

1884年5月,英国政府提出了一个妥协方案。它首先指出西太平洋高级专员公署的建议是不可行的,进而提出在新几内亚或在新几内亚附近建立一处英国皇家海军基地,由可以独立行使权力的长官来"以女王名义,对那些海岸实施保卫职能"。对于估算出来的维系这种海上护卫的157000英镑费用,该方案的建议是由澳洲各殖民地共同承担其中的15000英镑,并直接交付给西太平洋高级专员公署。① 这个方案的"妥协"之处在于以保护为诱饵,促使澳洲人接受西太平洋高级专员公署的建议。现实的情况是,在处置新几内亚归属问题上,英国政府已不知不觉地将德国与澳洲各殖民地的矛盾冲突变成为面对德国等国的渗透与蚕食问题,英国与澳洲各殖民地成为了冲突的两方面。从宏观上看,这种局面促进了澳洲人的合作及澳英之间的离心;而从微观上看,这又加快了澳洲人讨论和实施"澳大利亚联邦议会草案"的速度。因此,与英国就南太平洋上劳动力贸易的讨价还价自然又促使澳洲人越来越关心起组建可用于共同议事的场所——"澳大利亚联邦议会"等事宜。另外,英国又将新几内亚归属问题与敏感的澳洲防务问题联系在一起。这一切的结果使英国造成了昆士兰等澳洲殖民地愈加难以兼并新几内亚的局面,令澳洲各

---

① L. Trainor, *British Imperialism and Australian Nationalism*, p.42.

殖民地利益损失严重;而这种结果所产生的反作用力就是促进了澳洲由合作向联合的发展。

英国政府反对昆士兰兼并新几内亚和控制劳动力贸易的理由是冠冕堂皇的,披上了人道公理的外衣,澳洲人的种族歧视、种族迫害和种族灭绝等不良纪录成为了被指责的对象,"在大洋上,英国的人道主义同样是制定英国政策的重要因素"。① 这也是英国社会舆论的基调。在 1884 年 3 月 3 日的《悉尼每日邮报》上有这样一段话:"我们同胞因过去的行为而导致的糟糕气息依然熏染着英国的嗅觉器官。"②在抨击昆士兰行为的诸多英国人道主义组织中,就有昆士兰总督 A.穆斯格雷爵士参加的"保护土著人协会"。也正是在 3 月,穆斯格雷还叫停了昆士兰在新几内亚招募劳工,此举无疑不仅不利于矛盾冲突的缓解,反而增添了澳洲人,尤其是昆士兰人对英国的不满和抱怨。

虽然不能忽视社会舆论与社会道德观念对英国政治与国策的影响作用,但是,此时在南太平洋上,英国的"帝国利益"恰恰因英国与德国等欧洲列强的关系非同寻常而与澳洲利益相悖。澳德之间的在南太平洋地区的商业竞争由来已久,澳洲人还时刻将正在向这一区域渗透的德国人视作是澳洲安全的威胁。当昆士兰人力图控制南太平洋地区的劳动力贸易时,德国早就觊觎着这一地区的这种贸易。1884 年,当澳英正在为新几内亚问题争执不休时,一艘载着德国官员的德国兵舰已经奉命抵达新几内亚海岸附近,随时准备乘虚而入。这种局面使英国处于特殊的位置,作为澳洲殖民地的宗主国,英国有

---

① F.H.欣斯利:《新编剑桥世界近代史》,第 11 卷,第 533 页。
② L.Trainor, *British Imperialism and Australian Nationalism*, p.43.

维护澳洲利益的义务与责任；而作为放眼世界的欧洲列强之一，英国则需要与同样正在谋求海外利益的欧洲国家就海外势力范围进行"协议"，特别是在80年代以来，与德国达成这样的协议尤为重要。在英国全局利益的天平上，此时此刻，后者的砝码明显比前者有分量。

在整个80年代，德国政府以越来越大的力度推行着海外殖民扩张政策，显得愈加咄咄逼人，屡屡侵害英国的海外利益，也使英国感到了不适和压力，但是，总的说来，在互有需求的前提下，英德关系还是友好的。在欧洲，普法战争后，推行"大陆政策"的德国需要与英国保持友好的正常关系，不希望出现英法接近的局面；而欧洲局势中存在的德法相争则正中一贯推行"均势"外交的英国之下怀。在瓜分非洲的过程中，英德的行动基本上是默契的，英国放任了德国在非洲南部、西部和东部等地的殖民扩张活动，而德国则没有妨碍英国在北非的行动。80年代初，英国与法国在对埃及进行"双重监督"中矛盾重重，然而，德国不仅没有在北非乘机浑水摸鱼，反而在多种场合中助英国一臂之力，尤其是在英国人与法国人争夺埃及的金融控制权的争斗中。[1]尽管德国经常冒犯英国的利益和蔑视英国，比如，1884年，德国首相俾斯麦公开称英国首相格拉斯顿"缺乏一个政治家的所有素质"，是"一个精神不正常的人"，但是，英国并没有生气。当1888年德皇威廉一世逝世时，英国下院领导人史密斯还将德国称之为"我们的盟邦和朋友"。[2] 因此，当听说昆士兰宣布兼并德国同样垂涎的

---

[1]　王绳祖：《国际关系史》，第三卷，世界知识出版社1995年版，第90—95页；L. Trainor, *British Imperialism and Australian Nationalism*, p.45.

[2]　王觉非：《近代英国史》，南京大学出版社1997年版，第677—678页。

新几内亚后,德比气愤地将其称之为"不友好的行动"。①

而德国人的咄咄逼人则加剧了澳英之间的分歧。1884年8月20日,德国移民在德国政府的支持下,以德国新几内亚公司的名义,在新几内亚南部海岸升起了国旗,大有在10月份以前,将这里收归德国囊中之势。德国驻伦敦大使强烈要求德国政府将此地划为保护领地,以便在新几内亚进行贸易。德国此举使英国陷于为难境地,它一方面要为了维护澳洲殖民地的利益而制止德国的主动行动的得逞,另一方面又要防止澳洲各殖民地因德国人的动作而"匆忙采取行动"。"在以后的几个月中,英国政府试图同时驾驭两匹马:与德国和澳大利亚殖民地都保持良好的关系。"②

德国国旗在新几内亚升起的几天后,英国宣布新几内亚东部为英国保护领地。英国外交大臣通知德国说,英国不反对德国在南太平洋上没有被占领的岛屿上殖民,但是,英国对与澳大利亚各殖民地利害攸关的新几内亚的保护领地部分拥有所有权。③ 英国的外交部和殖民部随之投入了这项工作。殖民部负责与澳大利亚各殖民地联系,致力于巩固新几内亚保护领地;而外交部则主要是同德国打交道,与之讨价还价。10月,英国内阁做出最后决议,宣布保护领地无损于南部海岸现状。梅德还私下向俾斯麦转告了英国的意向,打算"以满足德国对新几内亚北部的要求来换取德国在汤加、萨摩亚及南非等地的让步"。④

---

① L. Trainor, *British Imperialism and Australian Nationalism*, p.45.
② F.H.欣斯利:《新编剑桥世界近代史》,第11卷,第899页;L. Trainor, *British Imperialism and Australian Nationalism*, p.45.
③ F.H.欣斯利:《新编剑桥世界近代史》,第11卷,第899页。
④ L. Trainor, *British Imperialism and Australian Nationalism*, p.45.

英国的意向在11月底就成为了德国的行动,澳洲随之哗然。维多利亚率先作出反应,以对"澳大利亚现在与未来的担忧"为由,对此提出了抗议。一时间,澳洲各地群情激愤,德比的模拟像被当众烧毁。维多利亚向英国建议:任何英德协定都应该考虑到澳大利亚的利益。在英国,颇有社会影响力的《观察家报》要求德比辞职,内阁为之震惊。

由新几内亚归属问题在澳英之间引发起的风波与冲突对于放眼帝国的英国来说是微不足道的,被历史学家称作是一例"自由党政府的疏忽",然而,它对澳洲的影响则是不小的,"至少是就新几内亚而言,如果英国还不将我们从危险与羞耻中解救出来,这一代(澳洲人)在感情上对它(英国)的憎恨将是不会消失的。"[1]这种反应使英国人多少感到有些意外。当时身处新几内亚的英国传教士 W.G.劳斯曾向"老朋友"戈登描述了不少他"在澳大利亚见到的敌视反应",感慨于"我们自己实在理解不了他们"。[2]

的确,新几内亚归属问题体现出澳大利亚各地区正在拥有越来越多的共同利益和共同语言,但是,这一切仅是趋同。总的说来,德国的渗透使它们不安,英国做法使它们不满,而它们自己在新几内亚的利益所在也各不相同。如昆士兰因劳工贸易而觊觎整个新几内亚;新南威尔士曾直接告诉英国,它关注的是新几内亚南部海岸;维多利亚则明确表明它对新几内亚东部有利益要求……因而在这场风波中,一方面是各地的澳大利亚人所做出的反应及其反应强度是与它们的切身利益所遭受的影响相联系的;而另一方面是在新几内亚

---

[1] R.F.Morrell, *Britain in the Pacific Islands*, Oxford University Press,1960,p.258.

[2] L.Trainor, *British Imperialism and Australian Nationalism*, pp.42,45.

都有利益所在和利益要求的事实使各殖民地之间的社会和政治的交往与合作愈加密切,并且由合作走向联合。这种由合作走向联合的趋势在"澳大利亚联邦会议"的酝酿和筹建的过程中以及联邦会议在澳洲社会政治中的地位稳步提高的轨迹中得出明显体现。虽然联邦会议缺乏政府职能,但是,它为人们的聚首与交流提供了场所。[①]

正是这种联合的趋势使英国因预计到澳洲"殖民地的分离"而感到压力。索尔兹伯里曾要求"不惜代价地维护我们名义上(对新几内亚)的主权"。[②]对于英国来说,这个"代价"则是一个两难的抉择,一是旨在满足殖民地的利益,对澳大利亚人的行为予以放任,任凭澳洲人处置新几内亚,以致英德关系因英属殖民地的行为而受损;二是出于帝国利益考虑,介入新几内亚的归属纷争,以英国的名义兼并新几内亚,多少约束一下澳洲殖民地,但这势必损害英澳关系。经过反复权衡,英国政府选择了后者。

1885年4月6日,英德发表了联合声明,确定了英国与德国在西太平洋上势力范围的界线。新几内亚的东北部以及邻近的岛屿为德国属地,新几内亚的东南部为英属保护领地。1888年,英国宣布该保护领地为英属殖民地。英国期盼以满足德国部分要求来换取德国不危及其他英属殖民地;而澳洲各殖民地则因英国的态度而未获得所希冀新几内亚全部领土,因而对此耿耿于怀,"从1866年到1892年,唐宁街几乎收到了二十多份备忘录、请愿书和重要函件,吁请划出(新几内亚)中部和北部地区。而历任的(英国)殖民大臣以当时的情势为借口敷衍搪塞……"[③] 在新几内亚的英属殖民地里,尽管劳

---

① 参见 R.C.Thompson, *Australian Imperialism in the Pacific*,第6章。
② L.Trainor, *British Imperialism and Australian Nationalism*, p.46。
③ 格林伍德:《澳大利亚政治社会史》,第173页。

动力贸易仍在继续,但是,澳大利亚人的行为受到了约束,特别是昆士兰人。在以往的贸易中,昆士兰人素来不守信用,赖账是其惯用手法,当地人对此无可奈何;而现在,昆士兰人遇到的是有足够力量和方法来管束他们的英国殖民当局。昆士兰的遭遇令其他澳洲殖民地颇有几分兔死狐悲的感受,对母国的不满进一步蔓延和深化,甚至影响到原本对这场风波漠不关心的澳洲南部的几个殖民地。这无疑促进了澳洲的自身联合,人们越来越感到"在澳洲缺乏一个有效的联邦机构"。

从1885年英国宣布新几内亚东南部为英属保护领地到1888年宣布该保护领地为英属殖民地期间,就新几内亚的行政管理与利益分配等问题的处置,澳英之间又是一番钩心斗角。澳大利亚各殖民地向英国殖民部建议授予昆士兰政府以新几内亚的行政管理权。但是,这一建议遭到激烈的反对。一直在努力强化总督权力的昆士兰总督A.穆斯格雷爵士在给新几内亚英国行政长官的信中咒骂昆士兰议会是"一个比较缺少教养的殖民区立法会议";对昆士兰社会和民众大加指责:"该殖民区一向是以漠视自己领土内黑人种族最普通的人权而著称的,更不用提被揭发的喀那喀劳工贩卖案了","昆士兰的甘蔗种植园主和他们在维多利亚的后台老板从一开始所争取的正是这种局面。"[①] 作为一种让步,昆士兰立法议会在其宪法中增添了旨在免遭剥削与迫害而给予土著以法定的保障的内容。接着,被任命兼任新几内亚总督的马兹格雷夫又节外生枝,提出除非他拥有在新几内亚独立行使职权的保障,否则,他将拒绝接受任命。好在他在1888年10月故世,使得因此而出现的僵局自然化解。

[①] 格林伍德:《澳大利亚政治社会史》,第172页。

19世纪后期是西方国家海外扩张的黄金时代,而作为"错放在太平洋上的欧洲领土",澳大利亚人自然也将对外扩张与自身发展结合了起来,既得利益使他们愈加企望在澳洲附近的太平洋区域确立"门罗主义原则",把其四周的区域确定为自己的势力范围,将南太平洋变为澳新的"内湖"。然而,现有的实力却难以使他们与同样觊觎此地的欧洲列强匹敌,因此,向母国求助势必是他们的自然选择。然而,当它们习惯地依托于英国来实现自身利益时,英国的态度与做法则使它们因直接面对德国、法国等外国列强而在感觉与感情上发生了一些变化,由因无助而感到不满,再由不满转化为要求自主,在寻求帮助和自身安全中由澳洲合作走向澳洲联合。

　　澳英的各自一系列变化是由各自利益的不同所决定的,而各自不同利益的形成则又从一个侧面显示出澳大利亚民族的生成同它与英吉利民族的分离是同步的。新几内亚归属问题使澳洲人的"澳洲利益"与英国人的"帝国利益"之间的差异得以又一次显露,这般差异在显示出澳大利亚民族的形成轨迹与成熟水平的同时,也预示出英属殖民地的身份愈加无助于澳洲的发展,双方注重与强调的都是自身的利益,而轻视与忽略对方的得失,因此,原本建立在母国与殖民地基础上的澳英关系势必产生变化,原有从属关系的结束已是大势所趋,各殖民地的联合也同样是大势所趋。再有,新几内亚归属问题显示出了澳大利亚联邦运动进程的内容与形式,即其内容是因受利益的驱动作用,澳洲与英国的分离同澳洲内部的联合同步进行;其形式是分离与联合均在复杂的谈判(特别是多边谈判)中进行和形成。

四、出兵苏丹之争

　　1881年,在英属殖民地苏丹爆发了反英大起义,即"马赫迪起义"。起义军攻城略地,势如破竹。对于"苏丹叛乱",英国原本未予以多少重视,以为仅凭一次"军事散步"就足以平定天下。1883年9月,英国军官W.希克斯奉命率1.1万多装备精良的埃及远征军前往镇压,然而出师不利,次年1月5日,远征军几乎全军覆灭,希克斯毙命,只有250多人侥幸生还。对此,英国朝野哗然。为了挽回败局,英国政府决定起用A.戈登。1884年1月,戈登走马上任,力图力挽狂澜。然而,数月后,他就被围困于苏丹首府喀土穆,黔驴技穷。1885年1月26日,起义军破城,戈登身首分离,丧命于苏丹人的长矛之下。当前往救援英军的先头部队乘坐汽艇沿白尼罗河逼近喀土穆时,他们看到城头上飘扬的已不是英国国旗了。

戈登之死令英国乃至整个英帝国震撼,一时间,复仇的呼声不绝于耳,出兵镇压的叫嚣甚嚣尘上,英国上下一派杀气腾腾。作为英属殖民地,尽己所能给予母国以支持本应是澳洲各殖民地的责任与义务,但是,它们对于苏丹战事作出的反应则是不同的,焦点集中于澳洲是否应派兵赴非洲征战。有人认为,母国正因"苏丹叛乱"处境艰难,这正是"殖民地表示支持母国的愿望的一个机会";但也有人反唇相讥,认为"这是一种企图,想把澳大利亚人民卷入帝国主义国家对殖民地进行的非正义的战争中去"。[①] 两者的争论一时间成为澳洲社会上的热门话题。前者着重强调的是澳英之间的渊源关系和殖民地对母国的责任与义务;而后者则总是将争论与英国在澳洲防务问题和新几内亚归属问题上的作为联系在一起,指出英国对殖民地失职在先并一直没有补过之意,因此澳大利亚无须再对母国尽职。还有许多人持"事不关己,高高挂起"的态度。这场出兵之争显示出对

---

① 格林伍德:《澳大利亚政治社会史》,第201页。

母国的不满已是一种普遍存在的社会情绪,在传统的澳英关系中出现了裂痕。

新南威尔士代理总理 B.达利屈从于前者的压力,在未获得议会批准的情况下,向英国提出向苏丹派兵,协助英军镇压"苏丹叛乱"的请求,以示对母国的"忠诚和奉献"。他还打算联合其他殖民地,组建赴苏丹作战的澳洲联合部队。然而,此时注重军队实际战斗力的英国对此反应冷淡,因为众所周知,澳洲军事力量颇为单薄,至少这些军队从来没有经历过战争,缺乏实战经验,所以,在英国镇压苏丹起义的军事行动中,澳洲所能提供的军队以及这些所能产生的作用都是微不足道的。"在澳大利亚和英国的道义作用"的影响下,殖民大臣德比出于对英国与新南威尔士的特殊关系考虑,以勉强的态度表示接受新南威尔士的要求。2月14日,英国接受新南威尔士出兵请求的正式答复才姗姗来迟。

3月3日,这支由770多名军人组成和配备有10门火炮的新南威尔士远征军在非常热烈的气氛中离开悉尼,前往苏丹。《悉尼先驱晨报》的报道这样写道:"他们(军人)踏着熟悉的'The Girl I Left Behind Me'乐曲节拍前进着,妇女们则冲出人群来亲吻他们。"[1]而达利政府出兵之举旨在修复因防务问题、商务问题、新几内亚归属问题等纠纷而受损的澳英传统关系,尽可能地缓解现有的冲突。长期以来,作为在澳洲具有令其他殖民地马首是瞻作用的新南威尔士,在澳英关系中始终扮演着这样的角色:一方面与为维护和争取澳洲的利益而与英国唇枪舌剑,而另一方面又始终护卫着澳洲与英国的传统关系。

---

[1] M.McKenna, *The Captive Republic*, p.127.

然而,在出兵苏丹问题上,新南威尔士政府遇到从未遇到过的困难。在新南威尔士社会上,出现了一场围绕出兵问题而展开的争论。新南威尔士人纷纷质疑和抨击政府的出兵决策与举措。"明显而痛苦的现实是,这场在苏丹的战争本与澳洲各殖民地就没有关系,英国人从来就没有要求澳大利亚予以援助,而且他们是否会接受澳大利亚的援助还不能确定。"澳洲共和主义领袖J.兰格提醒澳洲人:苏丹的阿拉伯人是在为自己的解放而战。在以"疯狂"、"愚蠢"、"荒唐"等辞藻对达利政府的出兵举动大加指责的同时,新南威尔士资深议员布查南说道:澳大利亚士兵将会因同一个从来就没有伤害过澳大利亚人的民族作战而感到羞耻。他又结合澳洲的防务问题而侃侃而谈,指出确保澳洲殖民地安全的唯一办法是"脱离英国",以防止澳洲进一步卷入"帝国的战争"。一位议员凄惨地说:"需要强调的是",对于母国,澳大利亚人"仅有的是牺牲、苦难和死亡"。[1]甚至此时因病在新西兰疗养的总理A.斯图亚特对达利的出兵决定也"没有兴趣"。

这场争论是由出兵问题而引发的,但是,它所涉及的问题则很快从讨论澳洲是否应该出兵转移到论证澳洲是否有"义务与责任"来为英国出兵,进而演绎到"我们是否应该考虑自己是不是英国人"。[2]简言之,出兵苏丹之争是一场因帝国问题(或者说就是因英国的问题)而引发的一系列对澳洲内政问题和澳英关系问题的大讨论。这场争论不同于一般的纷争,它的直接起因是"苏丹叛乱",而其发生的社会因素则是新南威尔士人对英国既定殖民政策的不满,特别是英国在澳洲防务问题上的态度与做法,以及英国对新几内亚归属问题的处

---

[1] M. McKenna, *The Captive Republic*, p.128.
[2] Ibid., p.128.

置。人们普遍认为当澳大利亚受到德、法等国威胁时,英国不予以支持,因此,澳大利亚不必在苏丹为母国做出"单方面的牺牲"。①在新南威尔士政界和社会上,越来越多的人认为作为母国的英国对澳洲殖民地没有尽到其应尽的"责任与义务",因此,澳洲人对母国自然也就没有必要去考虑尽自己的"责任与义务"。这反映出在澳洲人的心目中,澳英关系已经建立在平起平坐的基础上,他们是以自主与互利的标准来对待英国,而不是一味地依附英国、简单地像过去那样追随英国。就人们的情绪、态度、言论和口气而论,澳大利亚越来越像是一个民族国家,而不是殖民地。

对于达利出兵动机与原因的解释多为这是出于与英国的经济联系的需要。在3月9日的《悉尼先驱晨报》上,有人撰文指出:"新南威尔士出兵为帝国服役的事实表明资本家们忠诚地认为自己是帝国的一部分,而且……更好的解释是我们在世界货币市场上我们的收益会更好。"②其实,新南威尔士出兵的举动从一开始就是一种具有象征性意义的政治行为,以表明澳大利亚对英国的忠诚,而不是以追求克敌制胜为目标的军事行动。英国官员私下向达利政府许诺,为了避免伤亡,英军指挥部门计划安排新南威尔士远征军仅在夏季来到前,象征性地参加一场小规模的战役。出征的新南威尔士军人也感到自己受到了很好的照顾,几乎无所事事。③6月,这支在苏丹"甜蜜多多,但光荣少少"的远征军班师回澳。在野的帕克斯对澳洲的"效忠派"大加抨击,说道:"在这场恼人的军事闹剧中,舞台上的演员和拉幕布的人把工作干得太蹩脚了。……我们看到了政府是如何制

---

① M. McKenna, *The Captive Republic*, p.128.
② L. Trainor, *British Imperialism and Australian Nationalism*, p.26.
③ K.S. Inglis, *The Rehearsal: Australians at War in the Sudan*, Rigby, 1985. p.24.

造他们的爱国热情的。"[①]10月,斯图亚特下野,帕克斯出任新南威尔士总理。

出兵苏丹之争不仅惊动了新南威尔士,而且也在澳洲各地引起风波。这时,维多利亚正在计划将成立"澳大利亚联邦会议"的提案提交英国议会,但正忙于动议组建澳洲联合部队赴苏丹作战的达利则以一番勉强的解释来说明维多利亚的行为是如何"不适时宜"。这项提案因此而被搁置了,维多利亚朝野为此忿忿不平。新南威尔士政府的出兵呼吁在其他殖民地也引起了与新南威尔士社会相同的论战和纷争,有人主张出兵,效忠母国;有人出于对英国的不信任,反对给予英国以军事支持;还有人害怕因出兵而招惹来外来势力的报复。从总的趋势来看,反对出兵的呼声日益高涨。

在其他各殖民地中,维多利亚率先明确表示拒绝出兵苏丹。政治家J.芒诺(后出任维多利亚政府总理)将出兵动议的支持者称作是"极端爱国主义者",认为"对于一个国家来说,以这种方式卷入……在苏丹的战斗是不光彩的"。另一位名叫G.特纳的维多利亚议员更为刻薄地说:"将那些为了领一天5先令(军饷)而准备麻木地向阿拉伯人、黑人、阿比西尼亚人或埃及人射击的人称作为爱国美德是一种可怕的词汇滥用。"时任维多利亚总理的J.瑟威思认为:新南威尔士的盲动"仅在短短的一周内,就将澳大利亚由一个地理概念变成为一个国家"。[②]其他殖民地的表态虽然没有维多利亚直截了当,但也大同小异,结果是仅有新南威尔士派出了军队。

澳洲人在出兵苏丹问题上的如此态度是澳洲人不满于英国殖民

[①] L.Trainor, *British Imperialism and Australian Nationalism*, p.27.
[②] F.K.Crowley, *A New History of Australia*, p.200.

政策的变化与其政策的实施所表现出的直接反应,显示出的是这种不满的情绪已经在澳洲蔓延开来,并且达到了准备因此而与英国分道扬镳的程度。概括而论,这场风波反映出英国在这一时期的所作所为对澳洲人构成了不小的精神伤害,其作用无疑是又一次促进了澳洲人之间的思想交流与沟通。

然而,应予指出的是,澳英之间的社会关系与情感纽带(尤其是澳洲人对英国的"母国情结")不会因这种不满情绪而疏远或松动。随着时间的推移和英国的安抚,这种不满的情绪会逐渐消退,澳洲人又将回到忠于母国的位置上。英布战争期间,应英国的要求,澳洲各殖民地共向南非派遣兵力共计 16314 人,其中有大约 1400 人阵亡;1900 年,为镇压中国的义和团,英国要求英国皇家海军澳大利亚舰队作为参加八国联军的英军部队发兵中国,新南威尔士、维多利亚和南澳大利亚派出了自己的海军。[①]在 20 世纪的第一次世界大战和第二次世界大战中,澳大利亚又都是作为英国的自治领而参战。

第三节 1890 年代的主题:
澳洲在磨合中联合

一、《1891 年宪法草案》的坎坷

80 年代末,澳洲的联合已经大势所趋,新的联邦制民族国家大有呼之欲出之势。1888 年 4 月 3 日,悉尼的一份刊物上出现了这样一句发问:"我们是将澳大利亚造就成为一个值得世界尊重和羡慕的

---

① T.B.Millar, *Australia in Peace and War*, pp.63—64.

伟大整体,还是把它分割成为若干互不协调、支离破碎、争吵不休的国家……?"①其实,其答案是不言自明的。1889年6月15日,时任新南威尔士总理的帕克斯与新南威尔士总督卡林顿以澳大利亚联邦为话题进行了长谈。帕克斯无不自信地夸口:只要他愿意,他能在12个月内将澳洲各殖民地组建成为统一的联邦国家。卡林顿没有提出疑义,而是予以了附和。②

在此时的澳洲各地,联邦问题成为了"不可回避"的最为热门的政治争论,越来越多的人们表示出"对独立自主的联邦制国家的强烈向往"。在与卡林顿的谈话后,帕克斯前往昆士兰等地游历,到处发表演说,阐释充满自由主义内涵的澳洲的联合与联邦制问题。各地反响热烈。值得注意的是,澳大利亚社会不同于它的亚洲邻国的社会,帕克斯的言行与澳洲社会之间的关系不是政治家引导着社会舆论,领导着社会发展,而是政治家顺应着社会意识,代表着社会的意愿而采取行动。

"澳大利亚联邦会议"的问世是澳大利亚在通向联邦国家的道路上迈出的第一步。然而,随着澳洲各地往来的密切和彼此关系的变化,澳洲的联合正在由理想演变成为现实,因此,这个在结构上近似联邦的松散机构已经完成了它的历史使命。它毕竟是为处理"海军防务和澳大利亚与太平洋岛屿的关系"而组建,因而难以适应澳洲联合的发展趋势与社会需要,所以,在谋求联合的过程中,澳洲人自然会舍弃它。

在帕克斯夸口的数月后,驻中国和香港地区英国司令J.贝文·

---

① M. McKenna, *The Captive Republic* , p.188.
② A. Martin, *Henry Parkes* , Melbourne University Press, 1980. p.385.

爱德华兹访澳。他在视察了澳大利亚六个殖民地的防务体系后指出：澳大利亚随时都处在被侵略的威胁下，建议各殖民地之间加强防务合作，建立共同的防务体系。帕克斯随即呼吁组建全澳立法会议和中央行政机构，以具有真正意义的联邦机构取代"澳大利亚联邦会议"，并提出了赋有民族感情色彩的口号："一个民族———一个国家"。各殖民地立即响应，人们预计统一的澳大利亚联邦制国家将在1892年诞生。

1890年2月6—14日，新南威尔士、维多利亚、昆士兰、塔斯马尼亚、南澳大利亚及英属新西兰殖民地各派出2名代表，西澳大利亚派出1名代表，在墨尔本召开"联邦会议"。会议表示："按照这次会议的意向，在英王名义下的早日联合对澳大利亚各殖民地现在及未来的繁荣将产生最大的促进作用。"在会议上，帕克斯只字不提澳大利亚民族，而是大谈"奔流在我们所有人血管里深红色的血液"。他明确表示：澳洲人正在致力于建立联邦并不意味着终止与母国的联系。①代表们一致同意应为全澳设立包括立法和行政机构的政府，各殖民地议会应指派议员组成全澳性的大洋洲议会，以便考虑制定联邦宪法等事宜。与会者商定翌年3月在悉尼再次举行会议，着手制定联邦宪法草案。

这次会议在澳大利亚历史上占有十分重要的地位，它不仅表明联邦运动已经进入"动手"阶段，新的民族国家的诞生指日可待，而且它为这个联邦的属性确定下了充满澳大利亚共和主义色彩的基调：澳大利亚各殖民地结成联邦，建立自主的民主共和国。按照长期担任维多利亚最高法院首席法官的 G.希金博特姆的解析：该共和国不

---

① M.McKenna, *The Captive Republic*, p.190.

同于美国的合众国或法国的共和国,"尽管在国内事务上殖民地立法议会要拥有完全的权利,但是,(澳洲)各殖民地与英帝国的联系仍应保留。"[1] 虽然,一些激进的共和主义者抨击这种"隶属于英王的联邦"是对澳大利亚独立的"背叛",是一种"虚假的联邦",但显而易见的是,澳洲社会认可了这种联邦形式。在共和主义者居多数的新南威尔士议会里,拥护"隶属于英王的联邦"的议员构成多数派。他们又可分为4个派别,其中一派因对英国怀有效忠之情而全心全意地支持这种联邦形式,而其余的则是出于对澳洲社会稳定的考虑而对欧美国家的"赤裸裸共和主义"心怀疑虑。帕克斯的观点被普遍认可,即澳洲各殖民地社会已经是"化了装的共和国"。[2]而在其他殖民地议会中,情况也大同小异,反对"隶属于英王的联邦"的议员为少数派。

1891年3月,来自澳大利亚六个殖民地和新西兰的45位代表在悉尼如期出席"联邦会议",着手制定《澳大利亚联邦宪法》,由经选举产生的制宪委员会具体负责宪法草案的起草工作,昆士兰政府总理、法学家塞·格里菲斯为该委员会主席。就宪法草案的起草,格里菲斯曾说道:"要这样制定宪法,以便可能——并不是必须——实现责任政府。"[3] 因此,起草宪法草案工作的运作将意味着澳大利亚由殖民地向国家转型的实现,所以,从会议一开始,代表们争论的焦点就落在未来澳洲的属性与主权和澳洲各地区的统一问题上。前者涉及澳大利亚将以何种方式脱离英国的殖民统治,建立一个独立的主权国

---

[1] 王宇博:《澳大利亚共和运动的起源和发展》,《当代亚太》1999年第12期,第28页。
[2] M. McKenna, *The Captive Republic*, p.190.
[3] 格林伍德:《澳大利亚政治社会史》,第247页。

家,以及未来澳英关系的形式与内涵;而后者则关系到各殖民地之间如何处置在政治、经济及社会上所存在的各种差异与隔阂,以便建立一个统一的民族国家。所有的争论首先从确定澳大利亚的国家名称开始。在3月31日,在全体会议上,格里菲斯提出新生的联邦应有一个适合的名字。帕克斯和迪金建议使用"澳大利亚联邦"。于是,围绕对"Commonwealth"的解释与理解展开了激烈的论战。4月1日的会上,迪金申辩道:该词的寓意是"为了民众的共同利益而组成的政府"。[1]不过,"Commonwealth"一词还是会使崇尚稳妥变革的澳大利亚人马上联想到在革命与动乱中诞生的1649年英吉利共和国,因而迟疑不决。为此,会议上讨论热烈,其中有一段辩论对白是具有典型性的:

J.唐纳爵士:"对'Commonwealth'一词的通常理解的确是与(英国的)共和时代相联系的。"

迪金先生:"不!"

J.唐纳爵士:"在我的观念中,它是同共和时代相联系着的,而且它的确与我们大家……对于英王的效忠没有联系。"

迪金先生:"那是英国历史上最光荣的时代!"

克拉克先生:"听!听!"

考克鲍博士:"它(英吉利共和国)隶属于国王吗?"

迪金先生:"它当然不隶属于国王!"[2]

这场国名之争本是一件不大的事情,但它则从一个侧面表明,此时澳大利亚人成立联邦的动机是出于明确的自主愿望,而不是为

---

[1] M. McKenna, *The Captive Republic*, p.191.
[2] Ibid., p.192.

了争取独立,不改变和不损坏与英国的从属关系是他们行动的前提,效忠英王依然是他们的共同心理。最后,这个国名还是被接受了,其原因"至少有一半是由于没有其他较好的名称"。迪金后来写道:这一名称"只是勉勉强强地被(制宪)委员会接受了,因为它具有共和主义的色彩并予人以分离的印象……。终于以一票的多数通过了"。①

在整个制宪过程中,追求自由和平等的民族意识发挥着指导和决定性作用。面对种种错综复杂的难题,澳大利亚的政治家们借鉴、移植和融合了英国及欧美国家的政体模式,在探索中设计着适合于澳大利亚的社会政治制度。经过激烈的争论,联邦宪法草案(即《1891年宪法草案》)得以成型。它所构建的社会政治制度是一个根据澳大利亚自身情况和需要,吸收了加拿大和美国宪法的内容,对英国政治制度进行移植和改造的产物。

按照该宪法草案规定:一、建立联邦制国家,各殖民地以州的身份加入联邦,定国名为"澳大利亚联邦"(The Commonwealth of Australia)。虽然政体为君主立宪制,英王为澳大利亚国家元首,但澳大利亚在主权上是独立的,因为这个联邦是"建立在一个国家的基础上的,而不是建立在帝国的基础上的"②。二、国家机构按照英国议会制模式组成,即立法权归属联邦议会,议会由总督、参议院和众议院组成;司法权隶属于联邦高等法院,作为各州的最高上诉法院;行政权由总督执掌,而实际上是由联邦行政委员会和内阁执行。在联邦议会的选举方法上,该草案根据澳大利亚的社会状况和结构,模拟美

---

① 格林伍德:《澳大利亚政治社会史》,第246页。
② 同上。

国宪法,规定参议院由每州选出的同等名额的议员组成,众议院则根据各州人口比例普选产生。三、关于修改宪法的程序,该草案照搬了美国宪法的做法,以求保持其稳定性。四、因关税等税收收入是政府收入的主要来源,因此,授权联邦议会负责管理征收关税、消费税和其他赋税等事宜。在采取统一的关税率后,各州之间的贸易是自由的。此外,为了保证该草案能够在各州议会通过,并被澳洲社会所接受,起草者们将在社会上较为敏感的问题做了删节,如社会福利、劳资仲裁和劳资调解的权限等。

从这些内容可看出这个草案是英国等欧美国家政治制度在澳大利亚本土化改造后的产物,它有以下特点:第一,这种代议制政府的建立旨在维护澳大利亚的民族利益和民主权利,而不是像自治运动那样意在争取"在母国已拥有的权利",尽管在澳大利亚的现代化发展进程中,联邦运动是自治运动的继续。第二,此时对英国制度的移植已非照搬或继承,而是加以扬弃,并吸取和兼容其他国家政治制度中的有用之处,"澳大利亚化"已取代了"英国化"。第三,从联邦宪法草案的内容来看,它是以澳大利亚的社会需要为中心,立足于澳大利亚的自主与自立,从而反映出澳大利亚社会已经具备了独立发展的条件,虽然澳大利亚人对独立的认识一直模糊不清,甚至还费尽口舌地表白自己没有独立倾向。这一切说明澳大利亚民族趋于成熟,民族国家的建立以及与母国的分离已是大势所趋。在澳大利亚,尽管意识的转变、制度的变化和社会的转型相当缓慢,但是,社会无疑是在稳步深入发展着。

当该宪法草案被提交各殖民地审议时,各种政治势力及利益集体展开了激烈的争论。人们基本认可了草案中关于"在英王名义下"的独立联邦的条款,但是,在涉及联邦政府与各州之间的权限分配、现实利益和未来地位等问题上时,则引发了无休止的唇枪舌剑。在议会两院的权限划分问题上,草案规定两院拥有相同的权限,只是关于财政的法案应在众议院提出,参议院不得修改有关征税和拨款的措施。这使草案被看成是"一个妥协的东西"。一些人出于保持各州的权利的角度考虑,竭力称颂美国宪法,力主加强参议院的权力;而另有人则主张将英国的"下院至上"原则引入澳大利亚的联邦制度中来,扩大众议院的权限范围,增强其决定性的作用。另外,在对于修改宪法的程序问题上,草案起草者照搬美国宪法中相关条款的做法是从维护各州权利的立场出发的,旨在通过增加修改宪法的难度来防止联邦权力过分扩张。然而,那些希望未来澳洲政治生活就是以联邦政府为中心的人们却反对这种安排,强调不应使修改宪法的工作在程序上遭遇困难。

总的说来,关于权限划分的争论尽管是面红耳赤的,但多有探讨的意味,可是,关于财政的争论则因关系到人们的切身利益而激烈异常,意见分歧巨大,难以调和。其根源在于澳洲各殖民地在关税问题上利益不同,政策相悖,各执己见。争执在互不让步中逐步升温。虽然,人们都明白,成立的联邦政府不仅必须执行统一的关税,而且实现自由贸易政策势在必行,但是,如果奉行关税保护政策地区的利益得不到正视和保护,联邦也难以建成。

为此,澳洲的政治家们绞尽脑汁,设想出两种解决办法:把关税收入或是按照各州人口的比例,或是按照纳税的比例拨还各州。① 这两种办法在理论上都是可以接受的,但是,由于各地发展水平不平衡,以致无论执行哪一种办法都势必会因彼此间的猜疑、攀比、嫉妒

---

① 格林伍德:《澳大利亚政治社会史》,第248页。

而难以奏效。维多利亚议会和南澳大利亚议会在作出某些修改后非常勉强地通过了接受该草案的决议,但在1892年,新南威尔士议会却率先否决了该草案,塔斯马尼亚和昆士兰也紧随其后。因此,关税问题的争执直接导致了《1891年宪法草案》的流产。在这种情况下,长期致力于澳洲联合的帕克斯的最后一任总理职务被反对联邦主义的G.R.德布斯所取代。同时,悉尼律师、新南威尔士司法部长E.巴顿以年富力强的优势也逐步替代了年迈的帕克斯在联邦运动中的地位与权力。

《1891年宪法草案》的流产确实直接导致联邦运动在进入实质性发展阶段时出师不顺,进而处于低潮,一时沉寂,然而,这仅是联邦运动中的一个回合。这一回合将联邦运动推进到一个前所未有的高水平上,即由宣传和鼓动发展到着手制宪。在这次讨论与批准宪法草案的过程中,各殖民地议会的辩论显示出人们都有要求成立联邦的愿望,但是,他们又因自身利益上的差异而拘泥或陷入修改草案中这样或那样的困难和纠纷。可见,澳大利亚人考虑的已经不是是否需要建立自己的联邦制国家,而是如何组建这样一个国家。

就本质而言,澳洲的联邦运动是一场民族独立运动,但值得注意的是,在这次制宪中,澳大利亚人自然地将感情上的"母国情结"与政治上的追求自主恰如其分地相分离,脱离英国已是大势所趋,但"母国情结"依然是人心所向。在理论与实践上,这种民族运动是殖民地挣脱与母国的联系的过程,其中充满了敌对与仇视,甚至是血腥,原本存在的"母国情结"往往成为为"破"而"立"的头号牺牲品,如在18世纪的北美十三州和19世纪的加拿大等,印度、苏丹等国的情况更是如此。而在澳洲,情况则截然不同,人们既真心诚意地热爱着自己的母国,又毫不含糊地要求自立门户。通过他们的言行可看出,热爱母国同与其分离是不相矛盾的,就像成年子女的自立并非就意味着是与父母的决裂。在澳大利亚的历史中,鲜有独创之处,但这确实是难得一见的澳大利亚人创造先例之处。

二、经济危机的冲击:"旧的关系不能继续下去了"

澳大利亚历史是一部按照"自然的发展规律"发展的历史,它的变化与演进处处表现出是在"不自觉"和"无意识"状态下进行的。[①] 联邦运动就是澳大利亚社会"自然的发展"的产物与结果。在 70、80 年代,当英国人热心于"帝国联合"时,澳大利亚人的反应原本也是热烈的,为母国的强大而兴奋,为自己是这个伟大帝国中的一员而自豪,然而,澳英对"帝国利益"的理解却有差异,也就是这份差异导致了日后的分离。英国人的"帝国利益"构想是以英国为帝国的中心,由殖民地构成拱卫;而澳大利亚人的指望则是他们可以"随时求助于英国的力量来保护澳大利亚的利益,因为按常理来说,这些(殖民地的)利益也就是帝国的利益"。维多利亚政治家迪金在英国殖民地会议上的发言体现出了这种意识:我们"希望从此以后,(英国)能把殖民地政策看作是帝国的政策;能把殖民地的利益看作是帝国的利益,并感觉到它和帝国的利益是休戚与共的"。[②] 简言之,对于"帝国利益"的理解与解释,澳英双方的立场和出发点恰好处于迎头相对的状态。

这些认识与理解上的差异显示出澳大利亚各殖民地已经不能被视为英国的"许多肯特郡",而是正在由原来的"许多肯特郡"向作为

---

① J. Roe, *Social Policy in Australia: Some Perspectives, 1901—1975*, Cassell Australia Limited, 1976. p. 24.

② 格林伍德:《澳大利亚政治社会史》,第 183 页。

整体的民族国家演进。澳大利亚的民族意识越来越表现为不同于亚非拉国家民族主义的民族主义。这种意识是基于具有浓厚"母国情结"的澳英关系上的,即它并不视英国为异族,并不要把英国赶出澳洲,而是始终以自己拥有英国血统而自豪,依然心悦诚服地以臣民的身份忠实于英王,仅是将双方的联系与往来定格于"天然"的互助、互利与互惠。

19世纪初,澳洲的殖民者们旨在为英国的繁荣而开发澳洲,而到了19世纪末,这些殖民者的后代则是为了澳洲的繁荣而与英国保持依附关系。1887年,昆士兰政治家格里菲斯在英国殖民地会议上表达了澳大利亚人的这种情感:"要是成为伟大帝国的一部分,对我们来说确是极为有利的,它的舰队随时可以协助我们保护澳洲大陆。这个大陆虽然现在还没有完全被占用,但是,我相信不久便一定会被女王陛下的子民完全占用。"[①] 可是,英国海外政策的变化则使澳洲人认为英国的政策是"冷淡政策",澳洲各殖民地因英国未将澳洲利益当作"帝国利益"而面临着在羽翼丰满之前失去依靠的危险,因此,"澳大利亚没有一种负责的舆论愿意牺牲地方主权而去服从一个由联合王国支配的遥远的中央政府"。[②] 特别是在中国移民、澳洲防务、总督权限等诸多涉及实际利益的问题上,澳英屡屡利益相悖、意见相左,更使澳洲人感到保持与英国的传统关系不仅没有多少益处,反而"是吃亏的","澳大利亚人心目中的一个共同的看法,就是旧的关系不能继续下去了"[③]。

在1888年澳洲各殖民地工会代表联席会议举行的庆祝八小时

---

① 格林伍德:《澳大利亚政治社会史》,第195页。
② 同上,第183页。
③ 同上,第201页。

工作制的庆典仪式上,代表们的欢呼口号是"我们为庆祝今天而干杯!"而不是以往的"为效忠英王而干杯!"正是如此,"一个民族——一个国家"愈加成为澳洲社会意识的反应,也成为了澳洲社会的发展方向。新南威尔士的著名共和主义者 J.兰格在《为了澳大利亚金色土地的自由与独立》一书中形象地解析:澳洲各殖民地像是一些孩子,他们由父母抚养成人,然后割裂羁绊而获得独立。① 这与此时激荡在印度等英国殖民地的民族主义在内容、形式及性质上是不相同的,甚至是不相近的。

19 世纪 90 年代以前,澳大利亚人对英国的不满主要是来源于认为英国没有担负起作为母国而应承担的责任与义务,但是,澳洲的经济则一直因与英国"旧的关系"而获益,自"淘金热"后,澳洲经济的发展速度不仅领先于其他英属殖民地和自治领,甚至屡屡高于英国,与美国、德国不分高下。经济的长期快速发展与持续繁荣令澳大利亚人心满意足,但这一切并未改变澳洲经济是殖民地经济的属性。但刚一进入 90 年代,始于英国的经济危机就接踵而至,强烈的震撼致使澳大利亚人迁怒于英国,进而更加感到"旧的关系不能继续下去了"。

直到 1889 年底,澳洲社会还沉浸在一派繁荣之中,可是,"在 1892 年,绝大多数澳大利亚人已经陷于最糟糕的经济萧条时期之中,这是他们从未经历过的。对于许多人来说,每况愈下的出口收入、银行的倒闭、失业、干旱、劳资冲突使 90 年代成为一个悲惨的时期。"②这是澳大利亚人第一次遭遇到经济危机。如果从数据等方面

---

① 格林伍德:《澳大利亚政治社会史》,第 202 页。
② F.K.Crowley, *A New History of Australia*, p.216.

考察,澳洲所承受的打击小于英国所遭遇的打击,但正是这场危机强烈地动摇了澳大利亚人对英国的依赖。人们在反思时意识到:一、危机来自于英国,正是澳洲经济的殖民地属性和曾令澳洲人心满意足的澳英经贸关系造成了这场前所未有的澳洲灾难,尽管这种属性和关系是19世纪期间澳洲经济的腾飞和澳洲社会的富裕的关键所在;二、最令澳大利亚人痛心疾首的是,当他们遭受危机打击时,英国只顾保护自己在澳洲的投资和债务,而没有挺身而出来解救陷于水深火热中的澳洲殖民地,甚至对于他们的呼救也置若罔闻。这场危机使他们愈加深刻地感到:"帝国利益"等同于英国利益,而不等同于澳洲利益;澳洲利益与英国利益的关系是能"同甘",但不能"共苦",特别是在遭遇危机时,维护"帝国利益"的实质就是澳洲利益为英国利益去充当牺牲品。

经济危机严重损害了澳洲的经济生产与商业贸易。1886—1890年的澳洲洲内生产总值为1.941亿英镑,而1891—1895年则降至1.631亿英镑。[1]澳洲的出口贸易所遭受的损失不仅是沉重的,而且显示出澳洲经济的缺陷,即在经济危机时期,依附英国的经济贸易体制便利了英国向澳洲转嫁危机,却加重了澳洲的损失。以羊毛价格为例,在危机最为严重的1890—1894年,该价格下跌了三分之一。在进出口贸易中,澳洲的处境恶化,处于贸易逆差状态,进口与出口之间的差距在三分之一以上。[2]

更为可怕的是,澳洲的金融系统因依赖于英国而陷于混乱。长期以来,澳洲的经济发展与繁荣有赖于英国的贷款。英国的贷款对于澳

---

[1] P.J.Cain, *British Imperialism Innovation and Expansion*, 1688—1914, p.247.

[2] E.A.Boehm, *Prosperity and Depression in Australia*, 1887—1897, Clarendon Press, 1971, p.75; M.McKenna, *The Captive Republic*, p.121.

大利亚不仅具有至关重要的决定性作用,而且在澳大利亚人眼里,这些贷款还包含有澳英感情纽带的意味。1890年,英国因巴林兄弟银行的崩溃而产生金融危机,进而导致经济危机,由于澳洲银行的业务大都与英国在澳投资相关,所以,金融危机立刻导致在澳洲出现银行危机,即因英国的贷款持有者撤回资金而造成银行以及与之相关的金融投资公司倒闭。1890年,澳洲仅存28家银行,而到了1893年,在这28家银行中,至少有19家银行处于暂时停业状态。[①]澳洲银行造成如此境况的直接原因是英国对澳投资的逐步枯竭,"1891年以来,英国保持有对澳贷款的能力,但(英国)没有了这样去做的愿望"。[②]1896年,澳洲一无所获,这意味着澳洲各殖民地再不能像以前那样可顺利获得英国的贷款。这对澳洲而言,无疑是釜底抽薪。

长期以来,澳洲各殖民地责任政府在处置英国贷款中起有担保和筹集的重要作用,它们以地方当局名义从英国获取贷款,然后再以公债形式在澳洲社会抛售。这使得英国的贷款直接关系到澳洲各殖民地责任政府的信誉。虽然英国早已警告它们不能过量贷款,但是,贷款获取的便捷、英国的金融坚挺和澳洲的社会需求使它们对此未予重视,并基本上没有采取什么防范危机的措施。可是,"巴林危机使这一问题明显暴露出来,(澳洲)各政府得到来自英国银行家们的警告,即日后不会有更多的贷款",金融危机顿时造成它们进退维谷。例如,昆士兰政府承接的英国贷款与发放公债在很大程度上是通过昆士兰国家银行操作的,可是,病入膏肓的昆士兰国家银行则使当局由此陷入困境,背负上了32.8万英镑以财产作为抵押的透支额,更

[①] P.J.Cain, *British Imperialism Innovation and Expansion*, 1688—1914, 1993. p.251.

[②] A.R.Hall, *The London Capital Market and Australia*, 1870—1917, Australian National University Press, 1963, p.169.

大的麻烦是这些财产还在快速地贬值。昆士兰总督后来解释说:"实际上,政府的偿付能力依靠的是(昆士兰国家)银行的偿付能力。"时任昆士兰财政部长的麦克尔瑞斯在向英国求助和申辩无效后抱怨道:英格兰银行先是在贷款问题上背信弃义,然后再做出一个有失尊严的道歉。[1]

　　澳洲的经济危机(尤其是金融危机)是长期依附英国的恶果。当危机发生后,英国没有尽力帮助澳洲来克服危机,而是旨在维护自身利益,将澳洲抛掷一边,致使危机在澳洲蔓延与恶化。当危机在维多利亚首先出现时,"(英国投资的)注入在1891年缩减了,英国的撤离使维多利亚恢复的希望破灭了,接着便是危机在整个澳洲的蔓延。"[2]而英国往后的行为令澳大利亚人无比心寒。危机使英国人蒙受了巨大损失,1893年4—5月间,有12家澳洲银行倒闭,在其涉及的1亿英镑中,有数百万是来自英国的存款。英国在澳投资的股票也在以10%—20%的速度贬值。而英国投资者的表现则不是澳大利亚人所期望的与澳洲人同舟共济,或是助一臂之力,而是不顾澳大利亚人的艰难处境,愈加强烈地要求保护在澳资本,催促澳洲偿付贷款及其利息。在英国舆论界,对澳洲的抱怨和抨击一时成为时尚,呼吁要保证英国投资者利益安全的金融评论员甚至建议设立一个以澳洲土地收入担保的偿债基金,由英格兰银行的总裁领衔。[3]英国政府采取了一系列保护英国投资者利益的措施,澳洲的贷款要求越来越难以得到满足。1891年,昆士兰为应急而向英国申请250万英镑贷

---

[1]　L. Trainor, *British Imperialism and Australian Nationalism*, p.122.
[2]　B. Dyster & D. Meredith, *Australia in the International Economy in the 20 Century*, Cambridge University Press, 1990, p.48.
[3]　L. Trainor, *British Imperialism and Australian Nationalism*, p.124.

款,而最终仅获得了 30 万英镑,①杯水车薪。1893 年 5 月,英国殖民部同意给予的贷款在财政部也遭遇阻拦。对于澳大利亚人而言,这是比釜底抽薪更难接受的落井下石。

然而,澳英的经济与财政关系是与帝国关系紧密相连的。90 年代的经济危机使越来越多的澳大利亚人意识到无论是就帝国而论,还是就双边而言,现有的澳英经贸关系是一种从属关系,是服务与拱卫英国利益的。虽然它有"一荣俱荣"的效应,但是,它却不仅没有"一毁俱毁"的作用,而且还有便于英国转嫁危机的功能。无论是在机制上还是在力量上,澳洲均无法采取自我保护。如果说英国的海外政策的变化使澳大利亚人在防务等问题上感到的不安还是假设的话,那么,经济危机则使他们因连本带利的英国贷款而感受到了切肤之痛。1895 年 1 月 4 日出版的《新南威尔士银行家协会杂志》上的一篇文章这样写道:"澳大利亚完全被英国所摆布","在与英国债权人的关系上……我们因是债务人而处于严重的,甚至是毁灭性的不利位置。"②这是当时澳洲金融界和舆论界的言论基调。在维多利亚议会 1894 年 11 月 20 日举行的会议上,维多利亚工党议员以祈祷的口吻说道:"(对于)神圣的英国投资者,你们绝对不能对他或是国家贷款说一个字。"③

为了摆脱困境和恢复秩序,澳大利亚各责任政府首先采取的举措是力图祈求英国政府和取悦英国投资者。1892 年 6 月,新上任的新南威尔士总理 G.德布斯前往英国,周旋于英国金融家之间,以殖民地政府的信誉作为担保,企图根据信托投资条款谋求殖民地公债。

---

① F.K.Crowley, *A New History of Australia*, p.286.
② L.Trainor, *British Imperialism and Australian Nationalism*, p.125.
③ Ibid., p.127.

英国人心里也明白,英国的投资与澳英关系乃至"帝国联合"相关。英国的《经济学家》杂志评论道:"如果它们(澳洲各殖民地)曾打算放弃帝国联合的话,那么,这些投资势必成为一个物质性的困难。""帝国联邦同盟"视此为加强"帝国联盟"的机遇,敦促英国扩大信托投资的范围和力度。在其一份内部报告中写道:"除非我们马上使用这种手段,否则,我们将丧失机遇,血本无归。"①遗憾的是,直到1901年澳大利亚联邦成立,它的努力都没有奏效。

各殖民地政府一方面为了获得英国的帮助而强压不满,竭力表示澳洲对母国"一如既往的忠诚",但另一方面又因对英国愈加失望而对英国持敷衍态度,甚至是阳奉阴违。德布斯及其新南威尔士政府的思想言行颇具代表性。经济危机直接导致了澳洲社会对英国的不满和怨气,工人阶级尤为怒气冲天,其矛头直指英国,罢工此起彼伏。于是,各责任政府都在表面上以强制性手段镇压罢工,工人领袖及工运积极分子被捕入狱的消息常见于报端,但是,这些被捕人员又很快被释放。1893年,借英国皇室举行约克公爵的婚庆活动之时,德布斯非常牵强地对英国银行家、前总督杰瑟勋爵解释道:"作为对皇室婚庆的致意,用获得自由的方式给不效忠的恶棍开一个严肃的玩笑。"②也正是在这一年,轮到维多利亚在"帝国联邦协会"的澳洲分支机构中主持领导工作,于是,维多利亚提议邀请约克公爵夫妇访澳,以显示澳洲对母国的感情,并指望他能够成为"一颗抗地震的妙药"。德布斯在公开场合里对这一建议表示支持,而在私下则对此流露出反感情绪。这方面的另一个表现是新南威尔士政府长期拖欠应

---

① L.Trainor, *British Imperialism and Australian Nationalism*, p.126.
② Ibid., p.126.

向"帝国联邦协会"交纳的会费,甚至懒于参加该协会的活动,仅是在有皇室成员出场时致以问候。英国人抱怨这是"无政府主义的泄愤"。

19世纪90年代的经济危机使澳大利亚人再次看到英国人在处置英伦的英国人与"澳大利亚的英国人"的利益问题上是内外有别的,这加深了澳大利亚人对英国的不满。这促使澳大利亚人考虑自己的未来,并重新界定澳洲社会的性质以及澳英关系。在80年代时,澳大利亚人口口声声要求扩大自主权,但同时又解释说澳洲的联合与独立的做法实质上是他们不满情绪的宣泄,并无丝毫叛逆之意和分离打算。就澳英之间的利益关系而论,澳洲对英国的依附还是相当稳固的。在1891年时,一位英国评论员写道:仅"公债和私人债务就已使澳大利亚的手脚被我们捆住了……在那些依靠英国资本家而存在的社会里,那些民族主义、独立或分离的言论是故作姿态的誓言,是没有用处的"。但到1893年,一位记者在寄给昆士兰布里斯班的《电讯报》的文章中对澳洲各殖民地社会出现的经济危机使用的词不是"可控制的",而是"崩溃"。他写道:"金融危机已经使我们看到了我们对帝国的依赖程度,对此,我们应该持一种尽量少的褊狭态度。"1893年6月,在昆士兰立法议会里,当一位工党议员提到与英国分离时,执政党的前座议员纷纷呼喊道:"我们不再借一个先令!""我们要从我们的债务中解脱出来!"[①]

经济危机不仅使澳大利亚各殖民地面临相同的情况,即对母国的效忠无助于摆脱危机,而且促进了澳洲社会的变化。在对付经济危机的过程中,澳洲各地基本上是各自为政,彼此之间的共同行动并

---

① L. Trainor, *British Imperialism and Australian Nationalism*, p.126.

不多,但是,它们的境遇是相同的,采取的举措也大同小异。这使澳大利亚人又一次意识到澳洲联合的意义,正如当时一家报纸所指出的那样:"联邦虽然不是灵丹妙药,但是,对于我们对应目前的困境则是有相当大的帮助。"①在80年代,澳大利亚人要求组建联邦的呼声主要是显示在报刊和集会上;而在90年代,特别是在经济危机的作用下,这种呼声表现为言论与行动的结合,由此,在《1891年宪法草案》流产后趋于沉寂的联邦运动逐渐复苏。

三、《澳大利亚联邦宪法》的诞生

经济危机的打击,特别是在危机中英国对待澳大利亚的态度和言行,令澳大利亚人比以往任何时期都清楚了一点:英帝国的实质以及澳大利亚与帝国的关系,即"帝国利益"是以英国利益为核心和主导的,澳大利亚只有在自身利益与英国利益一致和有利于英国的前提下才能得到来自"帝国的庇护"。因此,随着澳大利亚社会自主发展倾向的日趋明显和澳洲共同利益的迅速增多,其社会的弱点也越来越显著地表现出来:六个殖民地同处于一块大陆,却没有一个维护共同利益的机构;各自为政的分裂格局既妨碍了澳大利亚的社会发展,又危害到人们的切身利益。经济危机(尤其是金融危机)促使原本习惯依赖英国市场的澳大利亚人越来越多地接受了全澳性市场的概念,"商业的普遍的委靡不振使每一个人不禁自问,堵塞发展道路的原因究竟何在? 而各州之间的壁垒的不合理也愈来愈明显了。"②于是,联邦运动走出沉寂,再度兴起。

---

① A. G. Shaw, *The Story of Australia*, Faber and Faber Limited, 1972, p. 186.
② 格林伍德:《澳大利亚政治社会史》,第251页。

其实,当年《1891年宪法草案》的被否决与其说是联邦运动的一次受挫,不如说是联邦运动发展进程中的一次调整。作为澳洲各殖民地联系纽带与场所的澳大利亚联邦会议不仅依然存在,而且在1893年时,各殖民地还增加了代表人数,尤其是新南威尔士至少是在名义上没有脱离该机构。① 在新南威尔士,在巴顿的倡导和主持下,作为民间政治团体的"澳大利亚联邦同盟"在社会上赢得了广泛的信任与支持,广大民众对建立联邦的支持较前大有提高。在维多利亚,"土生澳大利亚人协会"也积极从事着相同的工作,与"帝国联邦协会"形成对抗。② 很明显,随着经济危机的肆虐,联邦运动的社会基础扩大了,使这场社会运动更具有民众参与性和民族特性。

1893年7月底,由一向主张澳洲统一并活跃于澳洲民间政治团体"澳大利亚人协会"发起,新南威尔士和维多利亚的政府要员和诸多民间团体(如澳大利亚联邦同盟、进步协会、墨尔本商会、制造商协会等)的代表在新南威尔士边境小城科诺瓦举行了为期2天的会议。新南威尔士会议组织者的本意是要在这次会议上与维多利亚就建立两地的联盟关系而达成协议,但是,会上所讨论的内容则是启动和推动联邦建立的问题。会议通过了关于建立澳大利亚联邦的决议,并就有关程序问题提出了建议。该决议中写道:"这些殖民地在人口、财富、资源发现和自治能力等方面,现在已大大增长,其增长的程度足以证明,已有充足理由依据公正对待各殖民地的原则,在一个具有立法权和行政权的政府下,把它们联合起来。"③ 因此,科诺瓦会议成为了澳大利亚联邦运动的一个转折点,即建立联邦制国家已经是

---

① L. Trainor, *British Imperialism and Australian Nationalism*, p.155.
② Ibid., p.156.
③ 张天:《澳洲史》,第220页。

澳洲社会的明确发展趋势。科诺瓦这个原本名不见经传的小城也因成为联邦运动再度复兴的发祥地而载入澳大利亚史册。

科诺瓦会议后,联邦运动的热潮再度在澳洲社会涌动,甚至连澳洲的军人也一反松懈散漫的常态,在悉尼召开军官大会,制定了联邦军事防务计划,决定联合起来保卫澳大利亚;激进的工人组织在《蜂鸟》杂志上呼吁成立"建立纯粹民主共和政体基础上的,拥有完全政治独立统一的澳大利亚联邦";①而澳洲的保守派势力对科诺瓦会议的内容表示出了"不欢迎"的态度。但是,这场运动的阻力依然是因各殖民地之间利益相左而引起的隔阂,甚至是敌对,主要集中在关税争论和其他地区对居于澳洲领导地位的新南威尔士的疑虑上。

在大势所趋的情况下,1894年,新南威尔士政府总理 G.瑞德致电其他五个殖民地政府,建议召开各殖民地政府总理联席会议,各殖民地政府予以响应。1895年1月,各殖民地政府总理联席会议在霍巴特如期举行。这次会议实际上是科诺瓦会议的继续。会议就举行以起草联邦宪法为主要任务的国民代表大会达成了协议。在确定代表的选派和决议的表决等具体事宜上,会议采纳了在科诺瓦会议上 J.奎克博士提出的方案,仅略作了修改。②其内容为:每个殖民地选派10名代表参加国民代表大会,代表不由各议会选派,而是由各殖民地普选选出,即直接通过人民选举产生;国民代表大会起草的宪法交由公民投票表决,如果被三分之二以上的殖民地接受,则交送英国政府,要求完成必要的立法手续,以便生效。

就19世纪后半期的澳大利亚社会发展水平而论,它"远远超过

---

① M.McKenna, *The Captive Republic*, p.199.
② F.K.Crowley, *A New History of Australia*, p.247.

英国的任何一个殖民地,接近了英国本身的水平",① 它的任何变化势必对英帝国产生不可忽视的影响。英国十分关注澳大利亚人的这一系列致力于建立联邦的活动,然而,它关注的不是澳洲各殖民地的联合,而是澳洲的联合之日是否就是它从英帝国分裂出去之时,担心英帝国会因澳洲的变化而遭遇厄运。澳洲的总督们不无担忧地认为联邦制势必导致澳大利亚的独立。英国舆论界屡屡以一个世纪前北美十三州的独立来类比当今的澳大利亚,特别是当得知澳大利亚人接受了国名"澳大利亚联邦"后,"Commonwealth"一词更令包括维多利亚女王在内的不少英国人情不自禁联想到17世纪的"英吉利共和国"。但是,澳大利亚政治家们的宣传和解释使包括英国人在内的世人明白,澳大利亚人所致力于建立的新的联邦政体的目的在于扩大澳大利亚人的自治范围与权限,这是有利于澳洲社会稳定的,同时也是有利于英帝国稳定的。南澳大利亚政府总理C.金斯顿呼吁英国议会通过允许澳洲殖民地议会自行制定适合澳洲社会的法律,以避免英国的法律在澳洲执行时遭遇修正的麻烦。② 这些情况表明,联邦制的澳大利亚并不意味着澳洲与帝国的现有关系的改变。

1895年总理联席会议后,经各殖民地议会授权,代表的普选工作在各殖民地展开。1897年3月,联邦代表大会在南澳大利亚首府阿德莱德举行,新南威尔士、维多利亚、塔斯马尼亚、南澳大利亚和西澳大利亚③ 向会议派出了代表,仅有昆士兰因内部纷争而未能选派出代表。在作为东道主的金斯顿的主持下,到会的代表们就起草宪法草案着手工作,而在工作中,瑞德的作用是具有导向和决定作用的。

---

① 格林伍德:《澳大利亚政治社会史》,第60—61页。
② L. Trainor, *British Imperialism and Australian Nationalism*, p.156.
③ 西澳大利亚的10位代表是由议会选出的。

此时的制宪工作实际上是对1891年宪法草案进行修改和完善。在建立联邦问题上,代表们较为容易地取得了一致意见,同意建立联邦制国家。而在征税问题、联邦政府收入余额的分配、联邦政府与州政府的关系、大州与小州之间的关系等问题上,则出现了较大分歧。为使宪法条款能为各方接受,大会又先后于同年9月和次年1—3月分别在悉尼和墨尔本继续举行。经过长达一年的辩论和协商,各方才在诸多问题上达成妥协和认同。在随后进行的公民投票表决中,宪法草案在维多利亚、塔斯马尼亚和南澳大利亚以赞成票占多数而顺利获得通过;在新南威尔士,因赞成票为71595张,不足法定的8万张,宪法草案未被通过;昆士兰因未派出代表出席大会而未举行投票;西澳大利亚则采取了观望态度。1899年4—9月,略加修改的宪法草案在全澳举行第二次表决。除西澳大利亚外,其他五个地区都进行了公民投票表决,《澳大利亚联邦宪法》均以多数通过。而下一步工作便是将它送往伦敦,呈交英国政府批准。

与此同时,虽然英国人对处于经济危机打击下的澳大利亚人表现得漠不关心,但是,他们对澳大利亚社会的制宪事宜却予以了高度重视,而他们关注的重点是联合后的澳洲与英国的关系,指望制宪完成后的澳大利亚,也就是成为了联邦制国家的澳大利亚能够与以前一样。[1]这是因为英国人早就意识到澳洲的联合只是个时间问题,而此时的澳洲已是英帝国中最发达和最具影响力的地区,所以,澳英关系的任何变化势必影响到帝国的稳定和巩固。在阿德莱德会议后,英国殖民大臣J.张伯伦借女王登基60周年庆典的名义,与应邀而来的澳大利亚各殖民地政府总理在伦敦进行了会晤。而英国的关键一

---

[1] L. Trainor, *British Imperialism and Australian Nationalism*, p.159.

招是张伯伦与瑞德进行的单独会面,他向瑞德提交了一份关于英国殖民部和司法部门对于《澳大利亚联邦宪法》的修改意见备忘录。这一会晤是在秘密状态下进行的,就连作为制宪会议主席的金斯顿也是在3年后才知道此事。[1]后来,瑞德按照这份意见备忘录的内容提出了诸多宪法修改意见,尽管他当时并未解释其缘由。其中的大部分意见被采纳接受或旨在妥协而作了调整,如对军队的控制和向英国枢密院的上诉权等。[2]

从1897年到1899年,澳英双方的政府官员就修改宪法草案进行了频繁的接触。格雷福斯在1892年因退休而离开了昆士兰议会,转而担任了昆士兰首席法官和副总督,他以其资深的阅历而享誉澳洲政坛,对澳洲政治具有举足轻重的作用。他一再呼吁英国殖民部应在澳大利亚制宪过程中起到积极的作用。他明确指出,这个宪法草案的弱点在于它虽然通过了五个殖民地的全民公决,但是,西澳大利亚没有被包括在内。他强调指出,就完善而言,这个政府最重要的职能是"在澳大利亚各殖民地与母国之间,为效忠陛下的臣民构筑起一个更加持久的联盟关系,也就是促进英王之下的澳大利亚联邦的尽快建立"。[3]格雷福斯的观点不仅在澳洲社会上颇具影响力和代表性,而且在英国也很受推崇,"在英国殖民部,格雷福斯是非常受欢迎的人"。

已经从英国殖民部要职上退休的R.赫伯特认为这份宪法草案包含着"非常不完整(甚至是危险)的因素,这些因素会在澳洲各殖民

---

[1] L. Trainor, *British Imperialism and Australian Nationalism*, p.158.

[2] B. de Garis, *Essays of Australian Federation*, Melbourne University Press, 1969, pp.118—120.

[3] L. Trainor, *British Imperialism and Australian Nationalism*, p.158.

地与母国之间造成摩擦",①因此,他与格雷福斯取得了联系,建议澳洲人在该草案提交各自议会通过和呈送英国前,予以慎重考虑。他所指的就是草案中涉及限制澳大利亚联邦向英国枢密院行使上诉权问题的第74条。该条款中引起英国敏感的部分是:"(澳大利亚联邦)高等法院关于联邦同任何州或各州之间,或任何两州或两州以上之间的宪法权限范围的任何问题所作出的判决,不论是如何提出的,均不得上诉于枢密院……"张伯伦也认为,就这部宪法草案内容而言,在涉及与帝国权益相关的条款中,这一条是最重要的。②对此,对英国在经济危机时的做法心怀不满的澳大利亚人则不以为然,认为英国和澳大利亚金融界的一些有势力的人物是以"与英帝国的关系"为借口,实际上是想要保留帝国受理殖民地案件的上诉院的权力。

1900年3月,包括巴顿、迪金、迪克森、金斯顿等著名澳洲政治家的代表团抵达伦敦,将围绕1897年张伯伦提交给瑞德的那份备忘录而修改过的并经5个殖民地全民公决通过的宪法草案送交英国政府,要求英国议会,也就是帝国议会能够予以原案通过。为此,张伯伦与澳洲的代表们进行了会晤。出于维护英国和帝国利益的立场,张伯伦对目前这份宪法草案的修改意见是:1.在语言表述上,它应维护英国议会和女王的至高无上权威;2.在对外关系上,它应对澳大利亚的行为有相关的约束性内容;3.应保留向英国枢密院的上诉权。③

---

① L. Trainor, *British Imperialism and Australian Nationalism*, p.158.
② 格林伍德:《澳大利亚政治社会史》,第257页。
③ J. A. La Nauze, *The Making of the Australian Constitution*, Melbourne University Press, 1972, p.251; L. Trainor, *British Imperialism and Australian Nationalism*, p.159.

澳大利亚代表爽快地接受和采纳了张伯伦的前两个修改意见,因为这基本上是符合澳大利亚社会需要的。其原因一是澳大利亚人的所作所为丝毫没有想要伤害,哪怕是冒犯英国君主的动机,相反的是,他们视英王为寄托和保障,所致力于的是建立"一个在英王统治下不可分离的联邦制共和国";① 二是长期以来,澳大利亚人"几乎可以舒舒服服地完全集中精力于内部事业",对外交事务的处理既无经验,又无兴趣,不仅是心安理得,而且是习以为常地将澳洲处置对外事务的大权交由英国掌管。② 但是,对于张伯伦的第三点意见,澳大利亚代表进行了抗争。在5月的英国下院的二读中,这场争论既激烈又持久,澳洲社会也反响强烈。当听到张伯伦指出英国政府力主保留向枢密院的上诉权的修改意见是出于维护在澳英国投资者利益的一系列言论后,一位澳大利亚的社会活动家说道:"你记得,当代表大会制定的联邦宪法草案提交英国议会时,张伯伦先生所抱的态度真是有些离奇,宪法问题的上诉权是否取消,他并不在意,但他却不愿意取消有关私人案件的上诉权,因为他说过,大轮船公司和商业界有势力的人物想要保留向枢密院上诉的权利。"③

面对张伯伦和作为张伯伦后盾的英国议会,以来自澳大利亚的社会支持为后盾的澳大利亚代表没有示弱,针锋相对,与英国人展开了论战。最后的结果是,在澳英两地的温和势力的作用下,双方在修改第74条问题上采取了折中的办法,即保留了原草案中的规定,但增加了一些限制性条件,经修改后的第74条的内容为:"高等法院关于联邦同任何州或各州之间,或任何两州或两州以上之间的宪法权

---

① J. Baker, *For Queen Or Country*? Melbourne University Press,1994,p.25.
② 王宇博:《澳大利亚——在移植中再造》,第180页。
③ 格林伍德:《澳大利亚政治社会史》,第257页。

限范围的任何问题所做出的判决,不论是如何提出的,均不得上诉于枢密院,但高等法院证明该问题应由枢密院决定者,不在此限。高等法院如认为理由特别充分,应发给证明书,证明该问题得即上诉于枢密院。除本条的规定外,本宪法不得侵犯女王特许上诉于枢密院的特权。议会得制定法律,限制特许上诉的事项,但规定此项限制的议案,应由总督留待女王亲裁。"[1]

英国的态度是坚定和明确的,但又是开明的,而不是顽固的。张伯伦一方面就修改事宜与澳大利亚人唇枪舌剑,而另一方面又在英国议会中积极活动,为宪法的通过而进行游说。他申辩道:"凡是对澳大利亚有益的,也对整个大英帝国有益。因而,我们大家不论所属党派如何,不论是在国内或在帝国的任何地方,都对这个主张感到欢欣鼓舞。"[2] 7月初,英国议会在强调建立澳大利亚联邦绝不能损害或削弱英帝国统治和统一的前提下,通过了《澳大利亚联邦宪法》。7月9日,维多利亚女王正式签署了这份意味着澳大利亚民族国家诞生的出生证。与此同时,在张伯伦的说服下,西澳大利亚加入澳大利亚联邦,但新西兰要求以基本成员州的身份参加澳大利亚联邦的要求遭到澳方的拒绝。

毫无疑问,英国虽然不能阻止澳大利亚民族的发展和扼杀澳大利亚民族国家的形成,就像在18世纪北美独立战争中,战功赫赫的英军战胜不了匆忙组建的大陆军一样,但是,英国的政策与做法则能决定澳大利亚联邦运动是在自然演进中进行,还是在艰难坎坷中完

---

[1] 引自金太军《当代各国政治体制——澳大利亚》一书收录的《澳大利亚联邦基本法》,兰州大学出版社1998年版,第240—272页。以下有关宪法中的条款内容均出自此处。

[2] 王觉非:《近代英国史》,南京大学出版社1997年版,第684页。

成。从结果上看,澳大利亚人要比其美国"表兄弟"幸运得多,他们是在和平的环境中,最终以宪政改革的方式获取了"应有的权利",在毫发无损的状态下离开了"父母"的怀抱。而致使心情酸楚的英国"父母"对待澳大利亚"子女"能够如此"宽大为怀"的原因在于:首先,在北美独立战争后的 100 多年中,英国汲取了在美国和加拿大的教训,本着尊重自治权利的传统,逐步改变了对待移民殖民地的政策策略,对这些殖民地的自治要求予以承认。而此时澳大利亚人所争取的正是自治权利,而不是与英国分庭抗礼,只是为了更好地"与母国保持一致,以构建这个空前的帝国"。① 其次,如前所述,长期以来,英国一直赞成在澳大利亚组建联邦。从帝国的角度考虑,英国认为这不仅对澳洲各殖民地自身发展有好处,而且便利英国对澳洲事务的管理。② 再次,此时英国正忙于英布战争,正急需得到来自殖民地的支持,他们既担心因澳大利亚问题而节外生枝,但又无暇在澳大利亚问题上投入精力。这也是导致英国议会能以较快速度通过宪法草案的最直接因素。

制宪工作的完成预示着澳大利亚民族国家已经瓜熟蒂落,联邦制是澳大利亚人自己选择的社会政治制度。联邦宪法开宗明义写道:"本法为设立澳大利亚联邦的法律(1900 年 7 月 9 日)。……新南威尔士、维多利亚、南澳大利亚、昆士兰及塔斯马尼亚人民,蒙上帝赐福,已同意在大不列颠及爱尔兰联合王国女王统治之下及现在制定的宪法之下,结合成为永恒的联邦。"③ 澳大利亚人既不赞赏建立在君主制废墟上的法国式共和国,也不认同脱离母国而建成的美国式

---

① W.J.Hudson, *Australia Independence*, p.27.
② Ibid., pp.26—27.
③ 此时西澳大利亚尚未被同意加入联邦。

联邦共和国,而是青睐"名义上忠君"的加拿大政治体制。在他们看来,美、法等国不仅为建立现有国家和社会制度而付出了过大的牺牲和损失,而且在这之后,社会仍长期处于不安定之中,而加拿大则处于持续而稳定的发展之中。因此,"母国情结"深厚并仍觉得自己是英王臣民的澳大利亚人在追求自己理想中建立起了这个英王名义下的联邦制国家。这种君主立宪制度是基于英国的传统,但又超越了传统,是洛克的国家学说在澳大利亚本土化的产物,符合澳大利亚的民族心理和社会现实。在这种具有分权机制的政治制度中,既有自由的崇高地位,又有王权的适当作用,权力在相互制约中取得平衡,民主、自由和平等得到维护和巩固。

1901年1月1日是澳大利亚历史上"光辉灿烂"的一天。澳大利亚联邦的成立庆典在悉尼的百年纪念公园举行,它意味在自然发展的状态下演进了几十年的联邦运动达到了终极目标,标志着澳大利亚在完成了又一次社会转型后迈进了一个新时代,"新年的开始,新世纪的开始,新生国家的开始"。澳大利亚联邦的诞生意味着澳大利亚社会作为英属殖民地属性的结束和以英国自治领形式而成为独立的联邦制民族国家的开始。

第四章 移植与本土化：澳大利亚联邦制度的构建

澳大利亚联邦的成立标志着联邦运动的完成，但澳大利亚仍一如既往地在渐进中发展。如果说在这以前澳大利亚人的追求是建立一个自由和平等的理想社会，那么，从现在起，他们则面临着如何使理想向现实转变的问题。从1901年到第二次世界大战爆发，是澳大利亚联邦国家成长和发展的重要时期，也是澳大利亚从殖民地政治向民族国家政治转化的过渡阶段。在这个巨大的"社会实验室"里，英国的社会政治制度被越来越多地移植到澳洲，随之又被逐步地本土化。这表现为联邦制度的健全、政党政治的形成及国家管理的法制化的完善等方面，这些就是这一时期澳大利亚国家政治的主要内容。

第一节 健全联邦制度

澳大利亚联邦国家的各级与各类政治机构是根据《澳大利亚联邦宪法》而组建起来的。它移植了英国的君主立宪制，但又依据澳大利亚的具体情况，采纳了美国的联邦制和瑞士共和制的诸多内容。联邦宪法第二条规定："总督一人由女王任命，为女王陛下在联邦的代表，在任期内遵守本宪法，在联邦行使女王陛下授予的职权。"这就是说,总督代表英王,拥有澳大利亚国家的最高权力,包括:行使联邦行政权,任命包括联邦总理在内的各级官员;统辖联邦军队;召开或解散议会;审批议会议案等。但是,宪法也同时规定:"总督在行使这些权力前,必须征得联邦行政委员会的同意。"而按宪法第61条的内容,"联邦政府设联邦行政委员会,作为总督的咨询机构。"如果总督不遵守这一规定,作为该委员会委员之一的联邦总理可以行使建议解任权,要求英王罢免总督。

其实,从建国开始,总督的权力就很有限,他是作为一种象征而存在,处于统而不治的状态。比如,在澳大利亚联邦成立前夕,第一任澳大利亚总督霍普顿勋爵提议任命新南威尔士总督莱尔为联邦总理。但是,这引起了澳大利亚各州显政的反对,他们以拒绝出任政府要职为要挟,并反推巴顿为联邦总理。经过一番对抗与僵持,霍普顿只得让步,在1900年12月31日,也就是联邦正式成立的前一天,不得不任命巴顿为联邦总理。随着时间的推移,总督的权力在实质上几乎丧失殆尽,名存实亡,而总理则实际上在操纵大权。1930年,总督位置虚悬,联邦总理J.斯库林一反总督之职由英国人出任的常规,建议任命澳大利亚法官I.艾萨克斯为总督。英王乔治五世大为不满,通过秘书询问:"谁是I.艾萨克斯?"斯库林亲往伦敦,与乔治五世为此舌战45分钟。乔治五世让步:"作为一个立宪君主,斯库林先生,我只能接受你的建议。"1931年,艾萨克斯成为第一位出任澳大利亚总督(1931—1936年在任)的澳大利亚人。[1] 由此,英国的君主立宪制在澳大利亚被本土化了。

---

[1] M.McKenna, *The Captive Republic*, p.214; Millar, T. B., *Australia in Peace and War*, p.280.从此至1965年,时有澳大利亚人出任澳大利亚总督之职。而从1965年后,该职则全由澳大利亚人担任。

联邦行政委员会如同英国的枢密院,是名义上的联邦最高行政机构,其委员"由总督任命和召集",而实际上是由总督、总理和联邦政府各部部长组成,其权限包括认可联邦政府所通过的决议和人事任命、接受官员的辞呈、发布公告和规章制度、签署正式文件等等。但宪法并未规定它的实际职权,因此,它是一个纯粹形式上的宪法实体。相比而言,内阁则是联邦政府的最高行政决策机构,它不见于宪法条文,是一个在法律上未曾规定,而根据习惯存在的机构。从1901—1956年,内阁一直是由总理、副总理及各部部长组成,集体对联邦议会负责。内阁的团结和合作直接关系到国家政治的稳定与否。1956年,鉴于部长过多,不利于决策,澳大利亚引进了英国的内阁制,即部分高级部长入阁,称为"阁员部长",其余部长则不入阁,称作"非阁员部长"。

联邦总理一职在联邦宪法中从未提及,这种称呼始于巴顿,是一种出于礼貌和习惯的称呼,其真正职务是外交部长。[1]虽然,该职不见于法律条文,因而也没有对权限的规定,但是,它却是联邦政府中最为举足轻重的要职,等同于英国首相。在政府的行政事务中,他有权建议任命总督和解任总督;有权决定大选的日期和召集及解散议会的时间;他是政府的首席部长,有权任免各部部长,指挥和监督政府各部工作;他是内阁会议主席,是执政党在议会的发言人,其举止言行对执政党的声誉有着巨大影响。

应予指出的是,联邦宪法并未规定联邦政府的组成办法,但与英国相同,它历来是由在众议院中拥有多数的政党或政党联盟组成,对议会负责,并由执政党领袖担任联邦总理。在部长的遴选方面,各政

---

[1] J. Sawer, *Australian Federal Politics and Law*, Oxford University Press, 1972, p.3.

党做法不同。工党是由该党全体议员组成的决策委员会以无记名投票选举方式，推举出部长，再由联邦总理委任；自由党的做法则是由联邦总理全权决定。

在联邦与六个州的关系上，宪法明确规定：各州原有的宪法和法律只要不同联邦宪法相抵触，就可继续生效；州议会和州政府的各项权力也可继续行使。联邦政府与州之间的权限有明确而具体的划分，其中国防、海关、外交、发行货币、征募军队等属联邦政府；教育、工农业生产、地方行政、土地管理等属各州政府。[1]在两级政府之间有不少协商和协调性组织，其中最主要的是总理会议。它虽然在宪法中没有确切的规定，在运作中也没有正式的组织章程或议事议程，但是，其作用重大。它起源于联邦运动中旨在加强联系和协调行动的澳大利亚各殖民地总理联席会议。联邦成立后，它的职责转变为协调联邦与州之间的事务。时至第一次世界大战前，总理会议仍由州总理控制，依然轮流在各州首府举行。后来，随着联邦权力的扩大和加强，联邦政府逐步操纵了该机构。联邦总理负责召集会议，并担任主席。会议由过去的不定期在各州轮流举行，变成为每年至少要在首都堪培拉举行一次。

建国后，联邦政府与各州政府如何划分权限范围成为事关国家政局稳定的头号大事。在联邦运动中，六个殖民地联合一致，谋求扩大澳洲自治权，但是，彼此之间在政治上的磨合和在经济上的合作远未完成。这造成如今由各殖民地演变而来的各州之间，因社会发展水平不一而存在大量棘手的分歧。人们还不习惯国家的概念，"对本

---

[1] J. Sawer, *Australian Federal Politics and Law*, pp.1—2.

地区及所在城市的忠诚超过了对联邦政府的忠诚"。[①]例如,在关税问题上,社会生产力水平较高的新南威尔士主张贸易自由,而其他五个州则反对,于是,出现了"一个戒酒君子与五醉汉结为伙伴"的结果。因此,在既要使联邦政府正常行使职权,又能尽量广泛保存各州权力的情况下,分权制成为澳大利亚建国之初政治生活中的一大内容。

建国初期,州政府的职权大于联邦政府,在一些事关国计民生的领域,联邦政府缺少干预权,常常处于从属地位。例如,各州在经济生产中拥有大量的自主权,而联邦宪法却阻碍着联邦政府和联邦议会过问州际经济合作和全澳经济生产。1901年,巴顿在上任后的第一次演讲中就提议建立一个州际委员会,处理各州之间的经济合作和协调问题,但是,联邦政府一直无法将此付诸实现,直到1913年这一委员会才勉强得以建立。而建国初期的联邦金融系统也仅是以满足各州政府的需要而联系在一起的。[②]

这种情况与澳大利亚的进一步发展不相适应。随着国家的统一,各州、各地区以及各城市之间的政治、经济和文化交往与日俱增,州际合作增多,彼此间的趋同性也越来越显著。联邦政府自然而然地在国家生活中发挥越来越大的作用,这种作用是各州政府无法起到和无法取代的。诸多原属州政府的职权开始自行或有意识地开始向联邦政府转移,联邦政府权力逐渐增强和扩大。这一转变过程大致从1901年开始,至第二次世界大战爆发前完成,这是澳大利亚本土化在社会政治领域发展的结果。

[①] F. K. Crowley, *A New History of Australia*, pp. 260—261.
[②] Ibid., pp. 266—267.

税收制度是联邦政府与州政府之间的复杂问题之一,也是州政府权力向联邦政府转移的一个切入点。根据分权原则,联邦宪法规定联邦政府负责征收海关关税和消费税,州政府则掌管其他捐税的收取。虽然州政府失去了财政收入中最丰厚的关税收入,但依据宪法草案中的第87条,在联邦建立的最初10年内,联邦政府须将每年关税收入的四分之三返还给各州政府,以补贴各州的行政费用。这份款项成为州政府的一笔固定收入。宪法还规定,联邦成立前各殖民地所欠内债和外债均由联邦政府偿还。由于各州大小各异,人口数量不等,以往的债务也不一,因此,这笔税收收入的分配势必影响到联邦与各州的关系,并事关国家政局。于是,在1908年,经各州商定,通过了《税收盈余法案》,确定了按各州人口多少分配的原则。次年,在又被称为《布雷登条款》的第87条临近期满时,各州达成了折中协议。依此,各州债务由联邦政府统一偿还;以"每年每人25先令"为标准,按人口将税收盈余发还各州;对经济落后的州发给特别补助金。[①]由于国防和社会福利事业等开支增加,根据新的规定,"联邦政府的种种负担必然要使它在收入中保留更大的部分",这就"促成了联邦政府有盈余而各州政府闹亏空的局面"。到了1914年时,联邦政府在税收等财政方面的优势地位已经不容置疑了。[②] 这意味着联邦政府在税收分配上已握有主动权,而各州政府则无可奈何地接受了使他们在税收赢利中得不到多少油水的财政条款。这一主动权的掌握一方面使联邦政府的财政收入增加,另一方面为联邦政府干预和调控国民经济生产提供了便利条件。

---

① R. Ward, *A Nation for A Continent*, *the History of Australia*, *1901—1975*, Heinemann Educational Australia Pty Ltd., 1981, p.72.

② 格林伍德:《澳大利亚政治社会史》,第322页。

联邦成立后,银行管理和货币发行划归联邦政府掌管。早在19世纪,英国的货币制度就被照搬到澳大利亚各殖民地,英镑流通于澳洲市面。此外,澳大利亚约有50家私人银行和新南威尔士及昆士兰政府发行的纸币和库券也参与流通。这种状况一直延续到1908年。此后,联邦政府参照英国货币制度,建立起澳大利亚金本位制度,完成了澳大利亚货币及金融体制的本土化。1910年8月,联邦政府发布法令,规定澳镑取代英镑为澳大利亚唯一的法定货币。其单位名称、主辅币换算及含金量与英国币制相同,即:主币称镑,辅币称先令和便士;1澳镑=20先令,1先令=12便士;每1澳镑的含金量为7.322克纯金。[①] 联邦政府还对私人商业银行发行的货币课以10%高额税收,使之因无利可图而停止发行货币。1910年成立的澳大利亚联邦银行由联邦政府作后盾,在与各州立银行和私人银行的竞争中,立即发挥出巨大的优势,使联邦政府得到了干预和介入国民经济的有力武器。联邦银行成立不久便同意为尚在筹建中的钢铁企业布罗肯希尔公司提供贷款,"与工业冒险的这种联系在澳大利亚银行界中间实为少见。"[②]正是在这一系列发展之中,州政府掌握的管理经济生产的职权逐渐转移和集中到联邦政府手中。

仲裁制度的确立与完善也是联邦建立初期国家政治生活中的重要内容。1904年3月,联邦议会通过《调解与仲裁条例》,奠定了由联邦政府充当"一个不偏不倚的权力当局"来调解劳资纠纷的基础。这种制度被视作"打开劳资和平共处时代大门的钥匙"。出任澳大利

[①] 1966年,澳大利亚政府废除澳镑制,改行澳元制,其基本单位是澳元,1澳元=100澳分。

[②] F.K.Crowley, *A New History of Australia*, pp.304—307; Forster, C., *Australian Economic Development in Twentieth Century*, George Allen & Unwin, 1970, p.165.

亚第二任联邦总理的迪金(1903—1904年在任)解释道:"这种法制增加了群众取得应有的权利的机会,而这些权利在过去常常要在暴力、逼迫和大破坏的压力下,才能从对方的手中勉强夺出来。……它使雇主能够解决许多可能扩大为严重混乱和争执的小困难,并且也能将许多引起摩擦的零星因素排除,不然这些因素积聚起来势必会发展成为社会的脓疮,到那时即使不用开刀,也得施行比较彻底的治疗了。"①

仲裁制度的实施是卓有成效的,为社会各阶层所接受。澳大利亚航运业巨头麦克伊其思在联邦议会声称:"我曾一度不但反对工会主义,而且对任何形式的调解仲裁办法都极端反对……(现在)我希望这种能使我们这些雇主愉快地会见我们的工人,并以谅解的精神进行商谈的新工会主义会保持下去。"② 到1910年时,联邦仲裁法庭的权限已经扩大至有权确定雇员最低工资,它的裁判对象也从产业工人对雇主扩大到仆人、农民、牧民及政府公务员与对其雇用人员。应予指出的是,仲裁制度与其他各种制度一样,并非是澳大利亚人的发明,它同样移植自英国等欧美国家。在欧美,经历过19世纪暴风骤雨般工人运动和劳资冲突后,工厂主和工人越来越多地使用谈判、仲裁等手段来解决纠纷。这为后起的澳大利亚提供了解决劳资纠纷的经验。深受英国工联主义影响的澳大利亚工人阶级自然也就接受了这种制度。澳大利亚工党首位出任联邦总理的J.华生(1904年在任)说道:"我相信,从长远看来,工人从仲裁法庭的裁决中获得的利益,平均要比在旧制度下所获得的要高。"③ 可以说,澳大利亚仲裁

---

① 格林伍德:《澳大利亚政治社会史》,第286页。
② 同上,第287页。
③ 同上。

制度是欧美社会制度经过本土化后的产物。

　　国防问题是一个由来已久的话题,曾是促使六个殖民地走向联合的一个重要因素。联邦成立后,虽然国防大权仍由英国掌握,澳大利亚人也普遍对英国皇家海军提供的保护感到满意,但太平洋上的局势变化使澳大利亚人越来越感受到威胁,危机感逐渐上升。除了德国已在太平洋上占据俾斯麦群岛的北新几内亚,大有虎视澳属巴布亚－新几内亚以及澳洲大陆之势外,日本的崛起更使澳大利亚人感到吃惊。1905年日俄战争的结局令澳大利亚人大惊失色,以往那种认为亚洲人低能,无法学会高超的海上作战技术的观点,在对马海战的炮火中不攻自破。尽管英国与日本缔结有同盟条约,但这丝毫没有减轻澳大利亚对日本的不信任感。《新闻公报》撰文评介1902年英日同盟,认为它有"使英帝国沦为一个黑鬼国家的危险"。[①]防范日本的潜在威胁成为"白澳政策"的首要内容。1906年,众议院议员的W.M.休斯[②]在众议院的一次演说中坦率地表达了大多数澳大利亚人的感受:"因英国在东部海域保持的优势就可以相信日本的说法,是不能指望激发起那些持白澳观点的人们信赖的。"[③]1907年新年伊始,在美国旧金山发生了白人袭击包括日本人在内的亚裔侨民事件,澳大利亚人为此拍手称快。当这一事件导致美日关系一度紧张时,澳大利亚人则在一旁为美国人呐喊。悉尼《工人》杂志在1月17日声称:"约翰尼,拿起你的枪,建起军火工厂,教你的人民学会射击……同历史上最野蛮的野猫战斗。因为如果日本明天不同美国交

---

① J. Camilleri, *An Introduction to Australian Foreign Policy*, Jacaranda, 1979, p.11.
② 休斯是澳大利亚的著名政治活动家,1915—1923年任联邦总理,1917年脱离工党,组建国家党。
③ R. Ward, *A Nation for A Continent, the History of Australia, 1901—1975*, p.59.

战,后天它就会挑起与我们的冲突。"①日本一时间被称为"黄祸"。

在这种情况下,加强国防建设成为了当务之急。休斯提出:"无论发生什么,我们都要在陆上和海上保卫自己!"这句口号脍炙人口,体现出澳大利亚国防建设中的本土化趋势。如前所述,以往澳大利亚的海上防务是澳大利亚提供经费,"租用"英国皇家海军。1902年,巴顿按照前例,接受英国的主张,答应向英国交付20万英国的英镑,由英国皇家海军继续负责澳大利亚海防。此事引起全国反对,巴顿为此引咎辞去了联邦总理职务。

迪金继任总理职务后提出建立独立的国防体系。1907年,澳大利亚建立国防委员会专门负责国防事宜。同年,在帝国会议上,迪金力争建立独立的澳大利亚军事防务体系,提出成立海军和瑞士模式的民兵组织。英国只得做出让步。根据1910年《海军防务法》,澳大利亚在联邦政府中设立海军部,着手建设海军。澳大利亚联邦议会还通过《海军借款法案》,向英国贷款建造军舰。1913年10月4日,由1艘战列巡洋舰、3艘轻型巡洋舰、3艘驱逐舰组成的皇家澳大利亚舰队驶进悉尼港,在科卡图岛安营扎寨。②虽然社会上对组建澳大利亚海军一事尚有争议,但大多数澳大利亚人以极大的热情欢迎"我们自己的兵舰"。与此同时,联邦政府在全国实施义务军训制。1911年,有15.5万名青年应征,其中9.2万人接受军训。1914年,联邦军费开支为300万澳镑。③

到第一次世界大战时,澳大利亚已有10.7万人接受过军训。联邦政府还开办了诸如皇家军事学院等军事院校,培养职业军官。到

---

① R.Ward, *A Nation for A Continent, the History of Australia, 1901—1975*, p.62.
② Millar, T.B., *Australia in Peace and War*, p.71.
③ J.Grey, *A Military History of Australia*, p.81.

1913年,澳大利亚常备军人数为3万—4万人。虽然这是一支规模不大的军队,但是,它在澳大利亚历史上,特别是在澳大利亚军事史上具有重要意义,因为它是澳大利亚国防由完全依赖英国向独立自主过渡的标志。

到1914年,澳大利亚联邦政府在掌控国家政治和管理国民经济等方面居于优势地位已是显而易见的事实。联邦政府不仅越来越多地介入州政府权限范围内的事务,而且诸多州政府的权力正向联邦政府转移。这与当时国家经济的发展和经济结构的变化是吻合的,从1901年到1914年,各州间的经济交往日趋频繁,共同市场发展缓慢但大有长进,联邦政府的保护关税政策对国民经济产生了巨大的保护作用,全澳经济发展的趋同性越来越快速和越来越明显地显示了出来,其中联邦政府的关键作用是州政府所望尘莫及的。同时,从政治演进的角度看,联邦政府具备驾驭全局的能力和领导资格,它的作用和地位不断提高,这进一步加强了民众心理上的国家意识,人们的期待逐渐从英国转向澳洲本土,对政府的关注也渐渐从州政府转向联邦政府。到第一次世界大战前夕,联邦政府在澳大利亚的领导地位已经基本得到确立。

在第一次世界大战期间,因战争的需要,联邦政府收归了许多属于州政府的权力,这原本是临时性的,但战争结束后,既成事实则使临时性顺理成章地转变为永久性,并不断巩固和健全。联邦政府进一步领导和调控着国家政治和经济。例如,在大战前,澳大利亚人关注的是如何通过政治手段去实现民族意识中的平等、自由和民主的理想;大战后,人们则越来越关注资源的开发和经济的发展。这一变化的负面影响是人们对政治的热情趋于下降。在两院选举中,战后参加投票的选民明显少于战前,1913年参加投票的选民为总数的

73.49%，而到 1922 年却降至 57.95%。为了改变这种状况，联邦政府除了加大宣传力度外，还动用法律手段，颁布了"强迫选举制度"，① 以保证国家政治生活的正常进行。这是联邦政府职权扩大和职能提高的缩影。

在第一次世界大战后经济发展时期，联邦政府在社会经济生活中的领导地位已经相当巩固，行政能力也在提高，尤其在改善交通运输、通信联络、发展大型企业和国内市场方面，对此，州政府是不能胜任的。因此，联邦政府在职能加强和职权扩大的同时，其权威性和重要性也与日俱增。比如，联邦政府提出的"人力、资金和市场"政策② 就是这一时期经济发展与联邦政府地位提高相结合的产物。

伴随着经济的发展、政治的统一和交往的增多，各州及各地之间的差别日益缩小，而共同点不断增加，政治和经济的互助性和一致性愈加明显，民族意识中的国家观念逐渐增强。殖民时代留下的残余越来越少，旧时代的印记也渐渐被抚平。联邦政府的权力扩大和地位提高正是上述变化和变革的体现。以联邦政府为国家最高行政权力机构的联邦制被更多的人认可和理解，1927 年，联邦政府组成一个皇家调查委员会，对联邦制的作用进行广泛调查，结果是："它的大多数成员认为：'联邦制基本上是一种令人满足的政体。如果稍加改革，便能成功地发挥作用'。"③ 根据这一时期澳大利亚国家社会政治的演进，其所指"改革"就是进一步扩大联邦政府的权限和强化它的职能。所以说，改革的过程也是澳大利亚当今独立国家的自主性趋于完善和昔日殖民时代的依附性逐步消退的过程。这个过程的完

---

① 格林伍德：《澳大利亚政治社会史》，第 395 页。
② 参见王宇博：《澳大利亚——在移植中再造》，第二章第三节。
③ 格林伍德：《澳大利亚政治社会史》，第 437 页。

成为澳大利亚社会的进一步发展,即更深层次的全方位本土化,提供了政治前提和社会保证。

在从联邦建立到第二次世界大战爆发的40年期间,澳大利亚联邦制是遵循着适应澳大利亚实际情况和现实需要的指导思想而发展的,并趋于健全。联邦政府在国家管理上权限和地位的提高并不意味着州政府的权力被剥夺和地位的下降,而是在最大限度提高国家政策的准确性、指导性和权威性的前提下,联邦政府与州政府根据社会现实和社会需要而进行职权调整,以求更好地发挥各级政府的职能。在联邦制中,州政府所扮演的角色不是配角,而是与联邦政府形影不离的另一个主角。首先,州政府的动议和要求往往对联邦政府的决策具有决定性的影响,"白澳政策"和保护关税政策起初就是各州执行的地方政策,后一步步发展成为由联邦政府推行的国家政策。这种决策程序决定了澳大利亚国家政策具有较高的可行性。

其次,澳大利亚的发展是在不断的改革中进行的,而这些改革往往是率先在一个或几个州进行。对于地方性的改革,联邦政府加以扬长避短,再逐渐向全澳推广,所以地方性改革成为全国性改革的先驱者、前奏曲和实验场。澳大利亚实施的社会保障和福利制度就是从新南威尔士和维多利亚开始,进而不断深入、充实和扩大的。① 在解决社会问题时,联邦政府也可借鉴和采用州政府已实现的方案,如针对第一次世界大战后参加投票的选民人数下降问题而采取的"强迫选举制度"就起源于昆士兰州。这一制度的实行使参加投票的选民人数迅速攀升。这些事例表明各州的改革为联邦政府的决策提供

---

① J. Sawer, *Australian Federal Politics and Law*, p.68;参见王宇博:《澳大利亚福利制度的形成》,《史学月刊》2001年第5期。

了范例,总结出了经验与教训,从而提高了全国性改革的成功系数。这在单一政体中是不易做到的。

　　再有,联邦政府的法令及方针具有宏观意义,各州则依据本州的具体情况,在不与联邦政府的宏观原则抵触的前提下进行操作,无须联邦政府事必躬亲,从而提高了国家政策的可行性。总之,在澳大利亚联邦制度中,联邦政府与各州政府之间存在着相互影响,但又无法相互替代的关系。对于处处移植和参照英国及欧美国家的社会制度的澳大利亚来说,这种关系产生了深远影响。它从一个侧面再度表明,澳大利亚对西方的移植不是简单的模仿和复写,而是通过扬弃使之适合于澳大利亚的实际,以利于澳大利亚的发展和稳定。纵观澳大利亚联邦制度,不难看出它具有英国、美国、瑞士等多国社会制度的特色,这些特色在适合澳大利亚社会需要的前提下,被有机地结合在一起,发挥出巨大的作用。

　　澳大利亚文官制度是澳大利亚联邦制中的重要内容之一,具有确保联邦政府的工作能力和提高其工作效率的作用。它是在移植19世纪中期英国文官改革所形成的文官制度的基础上建立起来的。19世纪后半期,各殖民地责任政府中的官员任用极不规范,有的是毛遂自荐,有的是议员推荐,有的是将官职作为政治相助的回报。这在政府官员中造成工作效率不高和腐败滋生的现象。为了杜绝这类情况,1883年,维多利亚政府率先模仿英国文官制度,通过了《文职人员条例》。其他责任政府先后效仿。1895年,新南威尔士议会颁布了更为完善的《文职人员条例》,为当时主要的社会改革举措之一。[①]它规定成立一个独立于政府、对议会负责的文官委员会。该委

---

① F.K.Crowley, *A New History of Australia*, p.237.

员会掌管政府文职人员的有关事宜,即录用、选拔、考核、评定、退休等等,它是握有实权的机构,不易被政府和党派所左右。1902年,澳大利亚联邦议会通过法案,以新南威尔士有关条例为基础,制定了《联邦文职人员条例》,确立了文官制度,并沿用至今。其主要内容为:进入联邦机构的文官均得通过竞争性的公开考试,方可予以录用;文官的提升视业绩和能力而定;联邦政府的文官在经济和政治上受联邦政府的保护。1922年,联邦议会通过法案,建立"联邦文职人员委员会",作为监督和管理文官的法定机构。其主要任务是录用文职人员;检查联邦各部人员配备与工作情况;设法为联邦政府各部节约开支和提高功效。[①]

根据1922年颁布的《联邦文职人员条例》,联邦政府的文官分为4级,第一级是指仅次于部长的各部秘书长、总监等,有"常务首脑"之称。依据有关法律规定,他们"负责抓总,处理一切有关事务"。他们长期居于至关重要的岗位,被视作"在政府的政治与行政机构间起连接作用的连词符,起加固作用的带扣"。第二级为各部副秘书长、正副司长、处长以及部分技术人员。第三级为各类专业人员,如工程师、医生、行政和秘书人员等。第四级为秘书助理、工人、驾驶员、杂役及其他机械操作人员。[②] 澳大利亚法律明确规定:文官不得为议员,不能参加党派政治活动,保持政治上的独立。

在文官的录用方面,澳大利亚的方式与英国文官录用中的公开

[①] 随着澳大利亚社会的发展和变化,该委员会的功能和机构均在扩大,时至1981年6月,它共有工作人员779人。

[②] 据澳大利亚《文职人员委员会:1980—1981年度报告》的统计,截至1981年6月,联邦政府专职文职人员共有151761人。其中第一级文职人员30人,第二级文职人员1375人,第三级文职人员66278人,第四级文职人员84078人。另有非全日工作人员2585人。

竞争考试略有不同。第一、二级文职人员的录用,除通过晋升的途径之外,主要是靠推荐。例如,第一级文官出现空缺时,首先由联邦文职人员委员会开列出候选人员名单,由联邦总理从中圈定,最后由总督批准任命。候选人来源大致一则是在工作中逐步被培养成为专门人才的各部的高级官员,二则是诸如科学家、工程师等专业技术人员。第二级文官基本上是从第三级文官人员中晋升补充。第三、四级文职人员必须经过公开的竞争考试,择优录用。澳大利亚的文官通常不与政府内阁共进退,从而确保了政府政策的连贯性。

这一稳定的文官制度以庞大的文官机构构成了澳大利亚国家机器中的一个重要组成部分,形成了从不更迭的幕后政府。第一、二级文官处于这座金字塔性机构的上部,特别是第一级文官,身居顶端。他们人数不多,但作用巨大,因为他们熟悉本部门的业务,拥有丰富的工作经验和才能,甚至还掌握某些主管的政务官员都不知晓的本部门的机密。相比而言,各部部长等政务官员不仅几乎无例外地不懂所辖部门的业务,而且由于长期关注政坛风云变幻而无暇顾及所辖部门的工作。因此,本部门的重大议案、法令、政务官的发言稿和对答词等,大都由高级文官起草。实际上,这些文官并不仅仅是主管部长的重要助手,而是握有"某些控制部门部长的权力"的幕后主管。虽然,决策是部长等政务官的职责,但这些高级文官的作用和影响则是重大的,甚至是具有决定性的。他们可以通过缄默不言,使主管部长不知所措,酿成失误;或用堆积如山的文件和接二连三的来客造访,使主管部长忙于应酬,疲于奔命。

法制化是澳大利亚联邦制发展中的重要内容,是各级政府行使职权的依据。纵览这一时期的澳大利亚历史,人们可以看到澳大利亚社会是一个法治社会,宪法是准绳、法律的手段,各级政府通过立法来规范人们的行为,制定国家及地方政策。这一程序成为了联邦政府及州政府从事社会管理工作的定式。法制化建设是近代英国社会发展中的一大内容,后起的澳大利亚民族国家在非常自然的过程中对它进行了移植和扬弃,进而形成了澳大利亚法制制度。由于英国的法制制度是一个成熟和完整的体系,因此,澳大利亚法制化建设方可驾轻就熟,加快和加深自身法制化建设的速度和程度。这表现为不仅在联邦建立不久,澳大利亚的立法和司法体系完善程度就可与西方国家相媲美,而且法制化建设对澳大利亚政治民主化的推动作用为世人刮目。

澳大利亚的全方位法制化是以国家的全方位发展为轴心的,对社会建设有着保障作用。首先,国家的法制化是同巩固国家统一和社会稳定紧密结合在一起的。分权制的变化和联邦政府权限范围的扩大不是以行政命令及强行手段执行的,而是通过一个又一个涉及政治、经济、教育、司法等内容的法案和法律来操作的。其次,通过法制化建设,培养起了充分民主和恪守法律的社会风尚。在法案的立法过程中,社会各界议论纷纷,各执己见,唇枪舌剑,但是,一旦法案在联邦议会或州议会通过,人们便自觉遵守。民众也越来越习惯地运用合法手段来解决冲突和矛盾,仲裁制度的形成和完善便显示出这一点。正因为如此,澳大利亚国家和社会才得以长治久安,自联邦成立以来,从未发生过大规模的社会动乱,尤其是流血事件。再有,由于国家法制化是澳大利亚社会共同意志的体现,所以,其社会影响力是巨大的。澳大利亚政治和经济的全面发展得到了法律的保护、支持和辅佐。最为明显的事例是以保护关税政策为内容的一系列法律和法规直接促进了澳大利亚工业化的高速发展。然而,民族意识和国家政治上的偏见也会在法制化中酿成能量可观的负面效力。有着法律效应的"白澳政策"在维护白种人的"自由世界"和"幸运之邦"的同时,却加深了澳大利亚国家政治的内向性和封闭性,妨碍了社会的发展,其消极影响延续至 20 世纪中期。

总之,澳大利亚国家政治制度的形成和确立不同于英、美等西方国家。后者是其历史发展和变革的产物,有着一个长时间的形成过程。而由英国移民殖民地演进而来的澳大利亚则很自然地移植了母国的社会和政治体制,在较短时期内就完成了国家的制度建设。但是,这又不是简单的照搬照抄,而是在许多方面既结合本国的实际情况,又吸取别国的成功经验。例如,在处理联邦政府与各州之间的关系问题上,澳大利亚沿袭了英国的地方自治传统,又选择采纳了美国的联邦制,这是澳大利亚国家建设上的一个显著特征。

第二节 完善议会制度

按照《澳大利亚联邦宪法》,澳大利亚联邦在政体上仿效的是英国的议会制模式,即"威斯敏斯特模式",在结构上参照的是美国国会制模式,由此构成澳大利亚的议会制度。

根据联邦宪法规定,澳大利亚最高立法机构是联邦议会。该联邦议会由英王(由总督代表)、参议院和众议院组成。这种模仿、糅合和扬弃英美等相关制度而成的澳大利亚议会制度不是一蹴而就的,也不是澳大利亚人的心血来潮的"杰作",它起源于 19 世纪中期以来澳洲各殖民地在仿效欧美国家建设责任政府中所获得的经验和教训,是澳大利亚人自己的选择。他们认为,这种两院制的优点有这样一些优点:一、防止立法的草率与武断。法律是政府与民众的共同行为规范,与人民有密切的利害关系,应当审慎制定。如果只设一院,其立法可能会因缺乏机制监督而难免草率或偏激。而设立两院可使每一个法案都经过两院多次研讨,慎重制定,法律就可能做到精密完备,适应需要。又因法案须经两院的审议和一致通过才能最终成立,所以,这可以迫使立宪者为了能使法案得以通过而对立宪工作持认真与谨慎的态度。二、防止议会专横武断。议会是民众行使国家权力的代表机构,负有制定法律与监督政府的责任,其地位特殊而优越。如果实行一院制,其不受约束的权力可能会导致其专横武断与肆无忌惮,因此,两院制可使两院之间相互产生制衡作用,进而构成"以权力制约权力"的局面,以达到防止其违背人民意志的效果。三、平衡代表的利益。澳大利亚社会是一个多种社会利益共存的共同体,这使得各自利益不同的人们都希望自己的代表在立法机构能有一席之地,甚至可以主导立法。此外,澳大利亚又是联邦制国家,两院制议会还有维持联邦与各州之间平衡的特殊作用。[1]

按照联邦宪法第 24 条的规定,众议院的职责主要是立法和制定政府预算,负责组成政府,并以质询财政审核来监督政府。众议院议员按各州人口比例遴选,每州人数不得少于 5 人。以 1901 年第一届众议员议席为例,新南威尔士 26 人,维多利亚 23 人,昆士兰 9 人,南澳大利亚 7 人,西澳大利亚 5 人,塔斯马尼亚 5 人。后因人口变化,议席数随之变化,1928 年的议席为:新南威尔士 28 人,维多利亚 20 人,昆士兰 10 人,南澳大利亚 7 人,西澳大利亚 5 人,塔斯马尼亚 5 人。[2]议员任期 3 年。众议院议长通常从执政党议员中推举产生,负责监督该院工作和主持该院的讨论。

---

[1] 金太军:《当代各国政治制度——澳大利亚》,第 59—60 页。
[2] 骆介子:《澳大利亚建国史》,商务印书馆 1991 年版,第 128 页;J. Sawer, *Australian Federal Politics and Law*, p.8.

根据联邦宪法第七条的规定,"参议院由各州人民直接选举产生的参议员组成。……每州为一个选举区。……每一个州应有参议员6人。"这样,从1901年到1948年,参议员人数一直是36人。[①] 参议员任期6年,每3年改选半数,以保证参议院的连续性。这种与众议院选举不同的方式旨在抵消众议院按人口比例选举而造成的大、小州的力量对比的悬殊。参议院在开始议事前,选举出参议员1人为参议院议长,他的职责与众议院议长的职责基本相同。

联邦众、参两院的关系类似英国的下院与上院。众议院的权力具有决策性作用,而参议院的主要责任是复议众议院所通过的议案。联邦宪法规定,参议院无权提出有关财政的议案,对于众议院提交的有关财政议案也仅有提出"要求修改"的权力,而不可自行修改。联邦宪法还规定,一旦参议院对众议院通过的议案不予通过或要求修改,众议院不同意,再次通过原议案,参议院再次否决或建议修改,而众议院仍不同意时,总督必须同时解散两院。在进行大选后,如果众议院仍通过原议案,参议院也仍要求加以修改或否决,众议院依然固执己见时,总督须召集两院联席会议,共同讨论原议案及修改案,如果两院联席议员过半通过,则全案作为通过。而事实上,众议院一向以慎重的态度对待参议院的决定和意见。[②] 再有,由于受政党政治的影响,参议员往往首先忠于他所属的党派,与众议院中同党议员呼应,对众议院通过的议案予以通过或否决。因此,参议院又被人们称为"橡皮图章"或"妨碍院"。

澳大利亚议会议院的选举原则为:一、实行普选制,凡本国公民,

---

① 1948年,鉴于澳洲人口的增加,联邦宪法重新规定各州参议员为10人。后参议员人数屡屡变动,1993年共有参议员76人。

② 上述设想中的僵局仅在1974年出现过一次。

不分男女,年满18岁(原为21岁),在澳连续居住半年以上,而候选人则须连续在澳居住3年以上[①];二、根据"强制性选民登记和投票原则",选民不得无故不参加投票,违者必究;三、"平等投票原则",即每人投一票,其价值相等;四、"秘密投票原则",实行无记名投票。

对澳大利亚而言,普选制虽然可谓是舶来品,但在欧美国家普选制的基础上,澳大利亚的普选制多有创造。它仅要求投票人在选举人名字前画"十"字,这种无记名投票方式产生于19世纪中期,其保密性强,又便于操作,所以,它不仅被1903年《联邦选举法案》确认,而且被世界上越来越多的国家所采用,被称为"澳大利亚投票法"。再有,由于澳大利亚一直处于劳动力不足状态,因此,较多的妇女走出厨房,进入工厂,以致澳大利亚妇女的就业率高于欧美国家,并且社会地位较高。从选举制度上看,澳大利亚是世界上第一个赋予妇女选举权的国家。1894年,南澳大利亚议会率先通过授予妇女选举权的议案,其他各州随之效仿。1901年1月,联邦总理巴顿"虽然对妇女选举权问题没有多少兴趣",但它已成既成事实,因此,他同意将它列入相关的联邦选举制度中。[②]

作为国家政治中心,联邦议会自然吸引着人们的注意力,成为政党制度形成的温床。政党制度的形成是1901年至第二次世界大战前澳大利亚国家政治中的一大内容。虽然,澳大利亚人并未着意引进西方的政党制度,但是,它是澳大利亚从英国移植议会制度和选举制度的必然产物。澳大利亚政党的性质、功能和结构与英国等西方国家政党的相关理论和概念是相同的。作为一种社会政治集团,它

---

① 亚洲、太平洋诸岛的移民和土著人直到1961年才获选举权。

② J. Sawer, *Australian Federal Politics and Law*, p.16; J. Akkman, *Australia from A Women's Point of View*, Macmillan, 1953, pp.215—216.

的主要作用为:组织民众选举、动员和协调国民、聚合社会各阶层为某种宗旨而奋斗;为国家政治机关提供和推荐公职领袖,制定和实施公共政策;组建"自由民族的政府"。①政党一直是澳大利亚社会活动中最活跃和具有政治导向性的部分,政党的活动及其政党之间的关系越来越能体现或折射出社会集团和阶级的利益,成为澳大利亚政治的基础,进而形成了政党政治。而政党政治的发展则促成了政党制度的出现。政党制度则成为了澳大利亚社会制度的重要组成部分,体现着社会各阶级、阶层、集团及个人在政治活动中的行为规范和相互关系。由于澳大利亚政治制度的主体是移植和借鉴英国制度的产物,因此,澳大利亚政党、政党政治和政党制度的演进在各方面与英国等西方国家如出一辙。两者所不同的一是英国的政党制度有一个长时期的形成过程,而澳大利亚的政党制度形成过程则短得多;二是英国政党从一开始就具有全国政党的性质,而澳大利亚政党则是由原各殖民地的地方性政党逐步联合,进而形成全国政党的。这一联合的过程与澳大利亚国家政治统一的进程相吻合。所以说,澳大利亚政党制度是英国制度在澳大利亚本土化的表现。

从政党起源上讲,19世纪的"解放论派"和"排除论派"演变成了各殖民地的党派。在各殖民地的责任政府中出现了与英国相同的政党内阁制。在1901年召开的第一届联邦议会上,国家政治就受到各州的政党政治的影响。②然而,各州的政党政治不仅不稳定,而且在诸多方面差异很大。除了有传统的代表工业资产阶级的自由党和代表农场主及牧场主的保守党外,还有代表熟练工人的工会组织的工

---

① M. Peter, *The West European Party System*, Oxford University Press,1990,p. Ⅰ—Ⅱ.

② J. Sawer, *Australian Federal Politics and Law*, p.14.

党。由于这些党派大都代表所在各州的利益,因此,它们之间的争斗带有明显的地区性。以当时议会斗争的焦点关税问题为例,新南威尔士力主推行自由贸易,而维多利亚和南澳大利亚则竭力主张采取保护关税政策。所以,这时的政党政治几乎等同于地区利益斗争,从地缘上看,关税问题的纷争基本上以墨累河为分界线,而不以政党政治为区分标志。

此时各党派尚不属于当今意义上的政党,至少说它们都不具备完善的组织机构,因此,这是澳大利亚政党的萌芽时期。[①]在这些党派中,仅有工党在政治上最具有实力,较其他政党成熟。[②] 所以,在联邦成立的初期,联邦议会中的党派之争往往表现为工党与非工党之间的抗衡。1909 年,在迪金的领导下,非工党正式建立澳大利亚自由党,作为在联邦议会中工党的反对党。两党制格局由此初定。在 1913 年大选中,自由党以 1 票之差意外击败工党,其领袖 J. 库克出任澳大利亚第 9 任联邦总理。

1916 年 11 月,工党因征兵问题发生第一次分裂。休斯率追随者组成"国家工党"。次年,国家工党与自由党合并,组建为国家党,休斯为领袖。在 1917 年 5 月的大选中,国家党大获全胜,得到了众议院 75 个席位中的 53 个,而工党则元气大伤,自此在野 13 年。第一次世界大战结束后,由新南威尔士、维多利亚、西澳大利亚的农场主组成的"澳大利亚农场主联合会"跻身于澳大利亚政坛。在 1919 年 12 月的大选中,它在众议院中获得 11 个席位。随着其队伍的壮大和代表范围的扩大,它很快成为一个全国性政党。1920 年 1 月,它

[①] R. Ward, *A Nation for A Continent, the History of Australia, 1901—1975*, pp.14—15.
[②] 参见王宇博:《澳大利亚工党与澳大利亚共和运动》,《世界经济与政治论坛》2001 年第 1 期。

干脆更名为"澳大利亚乡村党"。至此,开始了澳大利亚政坛上三党鼎立的时代,澳大利亚政党政治基本形成。随着联邦政府在国家政治中地位的提高,各党派在联合、重组等一系列过程中,逐渐由地区性向全国性发展,其组织机构也趋于健全,逐步成为现代意义上的政党。

20世纪20—30年代,政党制度在澳大利亚国家政治中已经取得支配地位。同英国政党制度基本相同,它首先表现为政府由执政党组阁,执政党领袖理所当然地成为联邦总理,党的施政纲领应得到本党党员及支持者的遵循和拥护。其次,一个或几个稳定的全国性反对党作为执政党或联邦政府的对立面而存在,它们的地位得到宪法的保护和社会的认同。它们以合法的手段同执政党进行政治斗争,联邦议会和州议会则是政党交锋的主要场所。再次,在个人政治生涯中,政党的作用是重大的,政治家必须以参加某一政党,并依靠该政党来寻求前途、施展才华和实现抱负,而不是指望英王、总督或某位政府要员的恩宠与赏识。在这一时期,澳大利亚各级议会议员及竞选中的候选人大部分已分属于各大政党,而无党派议员和独立的候选人为数寥寥,难有作为。[①]

澳大利亚政党制度与欧美国家政党制度一样,各党的趋同性是这种制度的显著特征。虽然各政党所代表的社会利益不同,它们所扮演的角色以及制定的政策存在差异,但是,它们的性质是相同的,它们所致力于的社会目的也不存在本质上的对立。无论是工党,还是国家党,或是乡村党,它们的纲领在理论上并无不同,都是以国家的独立、社会的稳定和经济的繁荣为行动指南。这使得各党派在诸

---

① J. Sawer, *Australian Federal Politics and Law*, p.221.

多重大国家事务上不仅观点接近,而且在很大程度上步调一致,例如,在第一次世界大战和第二次世界大战的参战问题上朝野各党派态度相同。在诸如"白澳政策"、社会福利制度、国防问题、外交政策、经济举措等事关基本国策的问题上,各党派的观点和原则也大致一样,往往仅在某些细节上存在分歧,这使得澳大利亚政治具有稳定性、统一性和继承性等特点。

政党间的分歧表现为各党都力争使自己所代表的社会利益集团在国家政治生活中能占据支配地位,或充当一个举足轻重的角色。在国家政治中,对于执政党来说,反对党的主张和抨击往往是有益的忠告。再有,各政党为了赢得选民的支持和社会的拥护,厉行社会改革,这就大大促进了澳大利亚现代化的发展。英国评论家曾把英国两大政党之间的关系比作为两辆赛跑的公共马车,"相互不停地给对方溅上污泥,但在同一条路上,朝着同一个方向跑"。此话同样也适用于澳大利亚的政党制度。对于这种趋同性现象,澳大利亚学者戈登·格林伍德评价道:"如果离开了这种情绪而孤立地考虑这些(各政党行动纲领)目的,那就会像是听一个没有指挥的交响乐队演出一般,因为使这个政治乐队的演出具有丰富的想象力的意义的是民族主义思想。"[①] 尽管这种趋同性并非澳大利亚的独创,而是欧美国家政党制度中的共同特征与属性,然而,它在澳大利亚表现得特别突出。尤其是随着澳大利亚社会中各阶层和各社会集团之间的差异趋于淡化和分歧逐渐缩小,这种趋同性显得更为突出。所以,相比之下,澳大利亚的政治显得尤为稳定和温和。

政党制度的趋同性特征导致了其又一特征即可变性的出现。由

[①] 格林伍德:《澳大利亚政治社会史》,第273页。

于在各政党之间基本上不存在本质上的区别和对立,使得可变性现象应运而生。社会需要的变化和政治形势的变幻一方面在政党之间造成竞争,在大选期间,这种现象尤为显著;另一方面这些变化与变幻又在政党内部引起种种争执和分歧。这一切导致各政党随时可以重组,高层领导人士随时可以发生变换。如果说英国政党制度中这一特征较多体现在 18 世纪末至 19 世纪中期的话,那么,在澳大利亚,它则较为频繁地出现在 20 世纪最初 30 年。正是在一系列的分化、改组、重组和更名中,形成了澳大利亚政坛上相对稳定的三大政党。政治家们为了实现自己的政治抱负和政治目的而游走于各党派,1916 年 11 月,工党发生分裂后,休斯退出工党,随之执掌国家工党,继而又在 1917 年 1 月成为新组建的国家党的领袖,并在当年 5 月的大选中大出风头。可变性产生的作用一是大大促进了政党制度的趋同性,二是促使政治家致力于各种有利于社会发展与繁荣的改革与建设,以最大限度地争取更多的选民支持。所以,可变性没有造成社会混乱或无序,而是对发展和稳定产生了有利的影响。

总之,澳大利亚政党制度的形成和发展对澳大利亚的政治生活产生了重大影响。各路人马在联邦议会和州议会里以不凡的身手来大显神通,各级议会由此吸引着民众的注意力,国家政治也因此而表现出既灵活多变,但又不失稳定的特色。

第三节 内向性:民族国家的缺失

从性质上看,联邦运动是澳大利亚民族摆脱英国殖民统治的社会变革,具有天翻地覆的意义,运动的结果是澳大利亚社会的又一次转型,即由英属殖民地演变成为独立的民族国家;而从进程上看,这又是一个澳大利亚人争取自主与自治的社会改革运动,社会似乎依然如故,人们关注的往往仅是与既得利益直接相关的问题,而不注意由此引起的社会性质变化。100多年前,北美人向母国要求同样的权利和权力,但是,被迫进行的残酷战争使他们在战后才猛然意识到自己居然得到了比自主与自治更彻底的独立,懂得了主权的含义,尤其是1783年《巴黎和约》的签订使他们明白了北美十三州已经不是殖民地,而是已脱离英国的美利坚合众国,知道自己的身份已由英王的臣民改变为美国公民。然而,温和的社会渐变则使澳大利亚人没有美国人的那般感受,他们对自主和自治的获得显示出兴趣,而对独立与主权的获取则表现出漠然。1901年后,澳大利亚人仍长期视自己是英国人,依然理所当然地是英王的臣民,而对澳大利亚公民的身份则表现出无动于衷,甚至是不屑一顾,以为澳大利亚还是英国的一部分。这种状况不是英国着意强加于澳大利亚的,而是在"母国情结"的作用下,基本上未受冲击的殖民地心态所致,具体表现为澳大利亚社会有着明显而深刻的内向性,以致这一时期的澳大利亚虽是拥有主权的独立国家,但也多有缺失。

到第二次世界大战前,尽管澳大利亚已经成为拥有主权的民族国家,但是,这种英王"恩准",甚至是"恩赐"的独立仍带有殖民地与宗主国关系的色彩,使它并非是通常意义上民族国家的自立和自主。以澳大利亚对第一次世界大战爆发的反应为例,当英国忙于欧战时,远离战场的澳大利亚人则万众一心地支持英国,联邦政府立即决定将澳大利亚海军舰队的指挥权交付给英国,首批由2万人组成的远征军奔赴前线。大战爆发伊始,执政的自由党与在野的工党在战争问题上保持着一致,执政的自由党呼吁停止政党争斗,支持联邦政府的战争政策,联邦总理库克与作为反对党领袖的A.费舍竞相发表充满"爱国主义"精神的演说。1914年7月31日,库克慷慨陈词:"无论发生什么情况,澳大利亚都是(英)帝国的一部分,只要帝国参战,澳大利亚就参战。"费舍积极地呼应了自由党的呼吁:"澳大利亚将站在我们所属的一边(指英国),去帮助和保护它,直到我们最后一个人和最后一个先令。"[1]工党要员休斯声称:"一个团结一致的民族正在遇到我们历史上最严重的危机。"很明显,工党支持参战的言行所产生的社会效应大于工党所为,费舍的那句名言成为澳大利亚全国开展征兵运动中的宣传口号。在9月举行的大选中,费舍担纲联邦总理之职。

在第一次世界大战中,澳大利亚社会上虽然也有反对为英国而战的呼吁,但全然被淹没在效忠母国的喧嚣之中。在人们心目中,为英国而战就是为荣誉而战,是"爱国主义"的彰显。一位在土耳其加利波利地区战斗的澳军下士在阵亡前写道:"英国的军号回荡在海面上,现在,这响彻了千年的号声正呼唤着我,将我从黎明前的睡梦中唤醒,英国的军号——我怎能无动于衷?"在大战的4年中,有33万澳大利亚志愿兵在英国的指挥下战斗在海洋上、埃及、巴勒斯坦、法国、东线及达达尼尔海峡,有将近6万人战死。而战争对澳洲的影响一是澳军的战斗力有所提高;二是凭借着澳英关系,澳军占领了德国在太平洋上的殖民地,其中包括新几内亚。[2]

由此可见,在澳大利亚民族意识中,围绕英国与澳大利亚之间的关系及关联问题,澳大利亚人的认识基本上是依然如故,而这种依然如故决定了澳大利亚联邦还是一个不成熟的民族国家。这突出

---

[1] T.B.Millar, *Australia in Peace and War*, pp.73—74.
[2] Ibid., p.74.

表现为澳大利亚社会对英国的依恋,澳大利亚社会对英国的依赖以及由此派生出的内向性,即在唯英国马首是瞻的前提下,政府和民众只关注国内政治和经济,而对国际事务则漠不关心,往往把本国的外交和国防事务置于国家政治的次要地位,仅是习惯地以英国为依托,按照或揣摩英国的意图来进行决策,甚至干脆将相关处置权托付给英国。

国防问题在澳大利亚社会和政坛上曾为中心话题之一,激起过一阵又一阵的危机感和爱国热情。联邦成立后,联邦政府增加了国防经费,组建了陆军以承担陆地防务,还组建了海军,此外还采取了一系列举措来加强军备。但总的说来,澳大利亚社会和政府的国防意识相当淡薄,尽管人们也时常议论和设想可能会发生的外敌入侵,可又普遍认为南太平洋是一道难以逾越的天然屏障,由此而多有幸运感。虽然,澳大利亚已经拥有自己的海军舰队,但是,它作为澳洲自治乃至独立的政治象征作用大于其运用于国防的军事价值。人们还是将澳大利亚的海防寄托于英国皇家海军,他们不仅相信英国海军足以保护澳大利亚的安全,而且还为能够得到它的保护而感到欣慰,甚至是几分得意。

长期以来,澳大利亚对日本存有戒心,视其为潜在的入侵者,尤其是目睹1894—1895年的中日甲午战争和1904—1905年日俄战争中日本人的狂妄、凶猛和善战后。[①]尽管这也激起一些要求加强军事防务的呼吁,然而,澳大利亚人只是一方面要求加强英国在南太平洋上的海军力量;另一方面指望着英国出面来采取外交手段,对日本进行防范。耐人寻味的是,澳大利亚政府的这种既定做法正好与这一

---

① R. Ward, *A Nation for A Continent: the History of Australia, 1901—1975*, pp.60—61.

时期英国的远东政策相吻合,特别是呼应了英国对日政策。[①] 在1921年的帝国会议上,联邦总理休斯力主签订一个英、美、日、澳四边条约,以维持太平洋地区的现状稳定。1937年,联邦总理J.莱昂斯再次在帝国会议上动议订立"一个地区谅解和互不侵犯"的太平洋条约。[②] 而此时澳大利亚对英国外交政策的不满主要是认为英国过分关注经济问题和欧洲事务,而未对太平洋地区的事务予以应有的重视。[③] 1939年4月,在惠灵顿召开的"太平洋防务会议"上,澳大利亚一再强调自己是"英帝国的一个组成部分",而英国也重申了对澳大利亚和新西兰的保护义务。在这种情况下,澳大利亚忽视了自身的国防建设,1929—1933年的经济危机刚刚发生时,政府采取了克服贸易逆差的措施,厉行节约,尽量压缩开支,于是,国防经费首当其冲,遭遇削减。1929年10月31日,联邦总理斯库林宣布废除强制军训。随着经济危机的持续和加深,国防建设陷于停顿,1932年初出任的联邦总理莱昂斯又多次大幅度打压国防开支。到1933年初,澳大利亚的国防能力降至第一次世界大战以来的最低点。在1931年和1933年的两次大选中,国防及相关问题几乎无人问津。

从1933年起,联邦政府力图重振军备,但国防建设因成为党争的内容而举步艰难,难有作为。虽然"澳大利亚的军事和战略计划必须成为英国和英联邦的军事准备的一部分"的看法已经成为澳大利亚朝野的共识,但在如何加强国防力量这个问题上则分歧重重。联

---

① 参见王宇博:《对远东危机时期英国对日政策的若干评价的评价》,《史学月刊》1993年第6期;王宇博:《甲午战争期间赫德与英国远东政策》,《江苏社会科学》2000年第5期;王宇博:《英国、国联与"九·一八"事变》,《历史档案》2002年第2期。
② T.B.Millar, *Australia in Peace and War*, p.84.
③ 汪诗明:《20世纪澳大利亚外交史》,北京大学出版社2003年版,第67页。

邦政府不断加大海军建设的力度,逐渐增加其军费开支。而在野的工党在 J.柯廷的领导下,则对此大加抨击,主张重点发展空军,认为空军是纯粹自卫性的,而发展海军会使澳大利亚介入本土以外的战争。正是这种内向性的态度使澳大利亚国防力量和军工生产一直处于薄弱状态。1939 年 9 月,当第二次世界大战开始时,澳大利亚仅有正规军 1.4 万人,而这还是英国武装力量的组成部分之一,受英军的统辖,澳大利亚联邦政府没有调遣和指挥权。到 1941 年 12 月太平洋战争爆发时,它的正规军也仅约 10 万①,而在 1940 年时,澳大利亚人口已达 700 多万。

在 1919 年巴黎和会上,在大战中的贡献成为澳大利亚在国际政坛上昂首挺胸的资本。联邦总理休斯以捍卫澳大利亚民族利益和国家尊严的面目出现,力争澳大利亚的权益,显得锋芒毕露。这令美国总统威尔逊不以为然,他以不屑一顾的口吻责问道:"总理先生,你为多少人说话?"休斯反唇相讥:"为了 6 万死难者,总统先生。"②这番唇枪舌剑更使澳大利亚人为世人所瞩目,其结果是澳大利亚得到了国际社会的尊重,因此,有人将这次和会视为"澳大利亚外交的诞生"。③然而,休斯的表现在第二次世界大战爆发前的澳大利亚外交活动中仅为昙花一现。在澳大利亚国家政治中,处置外交事务方面,基调一直是依赖和追随英国,其外交政策的内向性是相当明显的。就在休斯在巴黎为澳洲的利益而施展浑身解数时,他的内阁成员们却因感到他的言行已经超出了英联邦国家在外交上从属英国的惯例

---

① 《澳大利亚联邦》,《苏联百科全书》,人民出版社 1953 年版,第 57 页。
② M. Walker, *Australia : A History*, Macdonald & Co. Pulishers Ltd., 1987, p.137.
③ A. F. Madden & W. H. Morris-Jones, *Australia and Britain : Studies in A Changing Relationship*, Sydney University Press, 1980, p.94.

而忐忑不安,特地给他发出一份急电,提醒他切记不要伤害英国的感情。①1934年,澳大利亚政治家J.G.拉萨姆在《访问亚洲报告》中表达了这种倾向:"澳大利亚几乎不发生外交问题。我补充说,外交问题越少越好";"一旦发生外交问题,我们总是甘愿让英国外交官来处理。一般说来,他们处理得比我们好";"我认为,我说的这些代表了澳大利亚人的普遍看法。"②虽然,从联邦运动的后期到联邦成立初期,在澳洲内部也出现过关于外交权力的讨论,但是,澳大利亚人的争论焦点不是作为民族国家所应拥有的外交独立处置权,而是外交事务是应由联邦政府统一处置,还是由各州政府自行其是。后来,还是由英国殖民大臣张伯伦在1903年一锤定音:"就其他殖民地在帝国或对外关系而言,澳大利亚形成了一个政治共同体。只有澳大利亚(联邦)政府能够为共同体说话,能够处理发生在政府管辖之内的影响外交或内政的任何事务。"③

长期以来,澳大利亚人"专心一致地从事开发澳洲大陆的工作……几乎可以舒舒服服地完全集中精力于国内的事业上。"无论是政党,还是政府,对外交事务的处理既无经验,又无兴趣,他们心安理得地将国家外交大权托付英国掌管。移民殖民地的历史使澳大利亚只是与英国关系密切,而与其他国家的交往则很少,甚至还有意避免与别国交往。这使澳大利亚的对外政策不仅唯英国是从,而且受制于英国的外交政策。澳大利亚外交部是联邦政府中最先成立的机构之一,但是,它的职责仅限于解释与英国的关系。在第一届联邦政府建立时,澳大利亚原本可以像其他殖民地那样实行外交自理与独立,

---

① M.McKenna, *The Captive Republic*, pp.214—215.
② J.Camilleri, *An Introduction to Australian Foreign Policy*, p.18.
③ 汪诗明:《20世纪澳大利亚外交史》,第49页。

但巴顿及他的政府则认为无此必要。这样一来,同独立前一样,澳大利亚仍听任英国代理其外交抉择,甚至处置澳大利亚的对外贸易谈判。澳大利亚社会对外交问题也漠不关心,一直到第二次世界大战前,澳大利亚的新闻媒体只热衷于谈论国内政治,而很少系统讨论国际问题。在民众中,外交事务很少被提及,因而,在此形成了所谓的"国内的真空"。[①]

在第一次世界大战中不菲的战绩使澳大利亚的地位在英联邦里乃至国际上大为提高。1916年,联邦总理休斯第一次与其他自治领总理一道出席了英国内阁临时会议。同年,他又作为英国代表团成员出席了在巴黎召开的一个协约国之间的经济会议。1919年,休斯获得在巴黎和会上的独立发言权,澳大利亚还成为了国际联盟的独立成员国,并取得了对原德属新几内亚的"C"级托管。在1923年的帝国会议上,澳大利亚与其他自治领一样,获得了任命外交代表和与别国谈判签约的权力。但这一切并未对澳大利亚产生多少影响,澳大利亚人对此也没有表现出多少兴趣。1921—1935年,在澳大利亚联邦政府中,仍"没有哪个部比外交部再小的了"。到1935年,它才作为一个单独的部门,独立于总理府,而正式官员仅有2人。自联邦成立后,澳大利亚没有驻外使节和外交使团,尽管它早已拥有这种权力与职能,仅是在伦敦派驻了一位高级专员,凡是涉及澳洲的外交和国防事务时,英国仅将处理决定通知该高级专员,也就是说,澳大利亚的外交仅同英国发生关系。直到第二次世界大战,在外交上,澳大利亚对英国依然是亦步亦趋。它虽然是国联成员国,但处处听命于英国。1935年,针对意大利入侵埃塞俄比亚,澳大利亚随同英国对

---

① J. Camilleri, *An Introduction to Australian Foreign Policy*, p.18.

意大利实行经济制裁。30年代后期,澳大利亚支持英国的绥靖政策。1938年夏,悉尼附近的坎布拉港工人为抗议日本侵略中国,拒绝向开往日本的货轮装载生铁,一时间闹得沸沸扬扬。澳大利亚政府则出面调解,将原定的30万吨生铁减为2.3万吨。[①]

在英帝国各自治领中,澳大利亚在外交事务中对英国的依赖最为显著。第一次世界大战后,加拿大、南非、爱尔兰等自治领明确要求提高自身的独立,这使帝国内部关系出现了诸多变化。1926年的《贝尔福宣言》和1931年的《威斯敏斯特法案》具有重大意义和深远影响,其"地位平等"的原则逐渐改变了英国与自治领之间的关系。《贝尔福宣言》宣布:"英帝国内部的自治实体地位平等,在内部和外交事务的任何方面彼此无任何隶属关系,虽以对英国王室的共同效忠为纽带联合成一体,却是各自作为英联邦的成员自愿地结合在一起。"[②]这使得"帝国内的每一个自治成员都是自己命运的主人了"。《威斯敏斯特法案》以法律的形式将这一系列变化肯定了下来,英联邦随之形成。

而与其他自治领热烈的反响形成鲜明反差的是澳大利亚的反应相当冷漠,它仍一味强调澳大利亚是"帝国不可缺少的组成部分"。对于《贝尔福宣言》,"澳大利亚政府当然不同于加拿大和南非,对于帝国关系中颇有影响的结构性变化没有表示出特别的兴趣。"[③]而当意味着自治领完全独立的《威斯敏斯特法案》公布后,其他自治领很快予以批准时,澳大利亚则无动于衷。联邦总理斯库林提出此事,但

[①] R. Ward, *A Nation for A Continent: the History of Australia, 1901—1975*, p.228.

[②] A.B. Keith(ed), *Speeches and Documents on the British Commonwealth Affairs, 1918—1931, From Self-government to National Sovereignty*, Oxford University Press, p.162.

[③] J. Camilleri, *An Introduction to Australian Foreign Policy*, p.17.

联邦议会却因忙于其他事情而将此束之高阁。1937年后两度出任联邦总理的 R. 孟西斯在向联邦议会对此进行解释时说道:"我知道,相当一部分有责任心的人对批准《威斯敏斯特法案》心存疑虑,因为他们认为这很可能助长国内从大英帝国中分离出去的倾向。"① 直到1942年,该法案才在工党政府的过问下由联邦议会批准生效。上述种种仅为全豹之一斑,时至第二次世界大战,澳大利亚外交政策"实际上是在伦敦决定的,而不是在堪培拉"。在世人眼里,澳大利亚基本上"是一个统一家庭中的一员,而不是国际事务中一个单独和独立的成员"。②直到大战结束后,英国势力逐渐退出澳洲的事实才促使澳大利亚人考虑自己的处境。孟西斯在1946年谈到此事时不无忧伤地说:"当我们在荒唐的疯狂中将我们强大的朋友从这块重要的土地上赶走之后,我们澳大利亚将开始明白什么是孤立。我但愿那一天永远也不会到来。"③

综上所述,在历经几十年的联邦运动后,澳大利亚虽然已是主权独立的民族国家,但是,它仍保留着许多殖民时代的残余,殖民地责任政府近似英国地方政府的状况与属性并没有完全改变,并对澳大利亚社会影响至深,以致新生的澳大利亚联邦多有缺失,表现为一个不完全的民族国家。

---

① 保罗·基廷:《牵手亚太——我的总理生涯》,世界知识出版社2002年版,第6页。
② C. Megregor, *The Australian People*, The Federation Press, 1980, p. 10.
③ 保罗·基廷:《牵手亚太——我的总理生涯》,第18页。

结语：联邦运动与
澳大利亚现代化

现代化是人类社会发展到一定程度所不可避免的一个阶段,然而,由于各国国情不同,所以,这一阶段的发展状况与表现形式多有差异。澳大利亚是后起的现代化发展国家中的先行者之一,自然而顺利的渐进与理智而明确的选择是其现代化发展的特点,并具有示范性作用。它与欧美国家的现代化进程既拥有相同之处,又存在明显区别,有着后发达国家现代化发展的代表性。英国"海外监狱"的建立使澳洲从原始社会一步跨入资本主义社会,因此,这一跨越也就成为澳大利亚现代化发展的起点。此后,澳大利亚遵循英国的发展模式,由英国的移民殖民地逐步演进成为新兴的民族国家。澳大利亚现代化是从对起初的"英国化"进行扬弃而展开,进而铸成了其发展的基本模式:本土化。以本土化为核心的"澳大利亚渐进改革模式",使澳大利亚由英国的"海外监狱"渐进成为发达的民族国家。[①]根据世界银行《1997年世界发展报告》"1995年世界120个国家(地区)现代化水平得分和排序",澳大利亚得208.8分,列第18位;同期的"120个国家(地区)社会发展水平得分和排序",澳大利亚得135

[①] 参见王宇博:《澳大利亚现代化历史考察》,《苏州大学学报》2004年第5期。

分,列第 15 位。① 这从一个侧面表明,当今澳大利亚社会已经成熟,它不再亦步亦趋地追随英国,而是已开始独立发展,并且以毫不逊色的水平跻身于世界现代化国家之前列。

在有过殖民地经历的非欧洲国家,大都存在西方文明的本土化现象,该现象在澳大利亚表现得尤为显著,具有典范价值。而发生于19世纪后半期的联邦运动不仅是澳大利亚现代化发展的产物,而且相对集中地体现出澳大利亚现代化发展的特点。这是一场上承自治运动与下启民族国家建立的社会运动,标志着澳大利亚本土化发展的深入,完成了澳洲社会从殖民地向民族国家的转型,使澳洲各殖民地的联合与统一成为这一时期澳大利亚现代化的主要内容。作为一个民族,澳大利亚人已经将奋斗目标由继承"故乡的权利"上升到争取自主独立,尽管人们对"独立"的含义还存在不同的理解。虽然澳大利亚民族仍有以效忠英王和以英国为荣的心理,但他们不愿意"牺牲地方主权而去服从一个由联合王国支配的、遥远的中央政府"。②作为一个民族国家,澳洲在走向联合、统一与独立,"各殖民区已经在自发地组织起来,采取联合行动",人们愈加强烈地认识到:"撤除殖民区之间的界线对社会经济有利。"③他们同时也具备了自立的能力,例如,在对付19世纪90年代的经济危机时,"各殖民区政府为了应付和遏制危机,过问和干预经济事务,涉及范围之广,为任何国家前所未有。"④1901年澳大利亚联邦的成立不仅是联邦运动的结束,

---

① 参见《社会学研究》1998 年第 5 期,第 122、125 页。

② L. Trainor, *British Imperialism and Australian Nationalism*, Cambridge University Press, 1994, p.16.

③ G. Disher, *Australia Then and Now*, p.192.

④ R. Jackson, *Australian Economic Development in Nineteenth Century*, The Australian National University Press, 1977, pp.23—24.

而且是澳大利亚现代化发展的重要里程碑,澳洲的一切大都源于英国,但在内容、形式和性质上则发生了变化,新生的澳大利亚民族国家脱胎于英国,走上了自主发展的道路。

众所周知,政治稳定、经济发展和社会和谐是进行现代化的必备条件,各国现代化在发展水平和程度上所存在的差异往往正是这些因素所决定和导致的。同世界上其他国家相比较,澳大利亚则较好和较早地具备了这些重要的因素,从而使其现代化发展得以在稳定与谐调的环境中进行。这在联邦运动中得到充分的体现。

社会剧烈动荡是近代以来世界绝大多数国家所遭遇过的,轻则拳打脚踢,遍体鳞伤,重则刀光剑影,尸横遍野。然而,纵观澳大利亚200多年的历史,澳洲社会则一直处在安定之中,就是在对澳洲的命运产生着最深刻影响的联邦运动期间,这里依然是风平浪静,在平和的嬗变中进行着深刻的变革。在这时期,具有较大规模震动的社会动荡大概就是3次排华运动了。而这一系列运动的结果并未引起社会分裂,相反却因驱赶和排挤华人维护了白人的既得利益,反而增进了澳洲白人之间的团结和白人社会的稳定。仅占全澳总人口比例1%的这批华人是联邦运动中唯一蒙受巨大损失的群体,虽然他们义愤填膺,但无可奈何,他们的遭遇和申辩不足以引起强烈的社会反响或者较大的社会动荡,反而产生了有助于澳洲社会建设的作用,即白人的合作,乃至联合。此外,在澳洲的历史上,有这样一种现象,即当外界的动乱此起彼伏时,澳大利亚不仅风平浪静,反而得到了诸多发展机遇。而这种现象第一次出现是在联邦运动之中。19世纪80年代,苏丹爆发大规模反对英国殖民统治的民族起义——马赫迪起义。在出兵援助英国镇压起义的问题上,作为英国殖民地的澳洲诸州之间的联系自然而迅速地密切起来。

与包括英国在内的其他国家相比,在协调内部各种关系时,澳大利亚人更加习惯于不使用激进的方式解决分歧和矛盾。在澳大利亚历史上,涉及社会各种问题的论战是此起彼伏,随处可见口诛笔伐和唇枪舌剑,但却没有兵戎相见。仅在1854年12月发生过一次金矿工人暴动——尤里卡起义,造成29名工人和5名军警死亡,多人受伤。[①]但事后,官方采取了息事宁人的策略,宣判起义者无罪。澳大利亚人普遍认为这是澳大利亚历史上唯一的一次造成人员伤亡的政治性社会冲突事件,至今他们都引以为戒,以杜绝在社会政治生活中发生暴力。但遗憾的是,虽然在历次排华运动中,华人多有伤亡,但澳洲白人从未将此计入人员损失之列。稳定的社会环境使社会的可持续性发展和良性循环成为可能。在整个联邦运动中,澳洲的联合大势所趋,人心所向,但各殖民地之间的分歧则又是显而易见,甚至是针锋相对的。对此,澳洲人不同于它的亚洲邻居"不破不立"的做法,即先是不惜代价地用武斗来消灭异己以求"全胜",然后再豪迈地"待从头收拾旧山河",而是用文斗来弥合差异,在求同存异中谋取互利的结果,进而使澳洲在毫发未伤的情况下完成了具有惊天动地意义的社会转型。

相对于19世纪中期的自治运动和20世纪后期发展起来的共和运动[②],联邦运动的结果是澳大利亚从英属殖民地转型为独立的民族国家。这是澳大利亚历史上最关键的社会转型,因为它既决定了澳大利亚社会的属性及未来发展方向,又在澳大利亚社会发展中承上启下,自然地铸就了澳大利亚社会发展与演进的定式之一,即在四

---

① F. Crowley, *A New History of Australia*, p.142.
② 参见王宇博:《澳大利亚共和运动的起源和发展》,《当代亚太》1999年第12期。

平八稳中循序渐进，而不是在天翻地覆中改朝换代，这使得社会结构和国家政治保持了良好的稳定性和连续性。在澳大利亚，无论是在不同的社会形态转型过程里，还是同一形态的社会政治变革中，政府政策的变化基本上是后者对前者的修正、扬弃与完善，而不是后者对前者的批判和否定。例如，19世纪中期的自治运动的首要内容是移植英国的政治体制。而在随后而至的联邦运动中，业已建立起来的政治体制不仅没有受到丝毫的损害，反而不断地在本土化发展中得以完善。而往后的共和运动在表面上是要以共和政体代替君主立宪制，但在深层次上则体现的是澳大利亚社会意识形态中独立意识的加强和民族意识的成熟，"以在世界上显示更为独立的澳大利亚意识的发展"。[1]但这一切并非意味着根本性的变化，或本质上的弃旧迎新。著名的澳大利亚学者、共和主义者J.海尔斯特在1992年写道："共和运动已表明我们现有的议会政府制度将得到延续……为了共和制度能够良好运作，我们应该保留我们那些行之有效的英国机构。"[2]

　　回顾澳大利亚联邦运动的前前后后，在其社会上，虽然人们的各自利益不同，争论不休，但是，竟没有一组足以导致社会不安定的社会矛盾存在。在这里，民族单一，宗教问题简单，劳资纠纷可以调和，"合理谋利"是澳洲各地的共同追求，因此，维护和谐发展成为了人们的共识和自觉行动。这种情况在世界上是少见的。渐进发展是英国现代化发展的特性，而这种发展方式被移植于澳洲后，造就出了更为平稳的"澳大利亚渐进改革模式"，铺设出澳大利亚现代化之路。其

---

[1] G. Whitelam, *The Whitelam Government*, Viking Penguin Books Australia Ltd., 1986, p. 131.
[2] Australian Government Publishing Service, "*An Republic, The Options, The Report*", vol. 1, William Heinemann Australia Pty Ltd., 1993, pp. 39—40.

内在原因是:首先,澳大利亚民族脱胎于英吉利民族,英吉利民族的民族精神对澳大利亚民族的影响深远而重大。"绅士风度是英国民族精神的外化……是英吉利民族在现代化中在各种因素相互作用下的精神产品,它至今仍深远影响着英国社会的发展过程。"[1] 这种"精神产品"在澳洲得到移植、继承和本土化,表现为澳大利亚人的道德观念、价值取向和行为准则与英国人如出一辙:他们讲究公平而合理的竞争原则;言行处世注重尽量抑制情感的色彩,而让理性来主宰一切;厌恶并竭力避免暴力,崇尚稳重与和平渐进……。这些表现在联邦运动中得到淋漓尽致的显示。

其次,澳大利亚是一个后起的资本主义国家,当它开始发展时,英、美、法、德等国家的发展过程中的成绩、经验、挫折、教训可以被它用以参考、借鉴和扬弃。澳大利亚人在着力借助他人的成就为己用时,又注意到避免重蹈他人失误之覆辙。在联邦运动中,除了理智地防止出现在别国几乎是无法回避的破坏性社会冲突外,澳大利亚人构建联邦国家的工作是在考察和汲取欧美国家的经验与教训中进行的。例如,由工业化而导致的社会分化以及由此产生的诸多劳资纠纷之类的社会矛盾一直是困扰欧美工业化国家的一大社会难题,而在社会问题尚不尖锐的澳洲,澳大利亚人已经注意到了这一问题。A.迪金曾写道:美国是以"人们体质和生命的骇人牺牲作为代价的",绝不能使澳大利亚人"陷入这种可怜而绝望的境地"[2]。欧洲人在旨在解决这一问题的各种探索中,逐步将社会保障和福利制度作为行之有效的社会改革措施,并将福利国家建设作为现代化社会的

---

[1] 钱乘旦、陈晓律:《在传统与变革之间——英国文化模式溯源》,第410—411页。
[2] 格林伍德:《澳大利亚政治社会史》,第289页。

重要标志与特征。在这方面,尚未完成联合的澳大利亚人就开始在力所能及的范围内步他国之后尘,并在建国后将此作为既定国家政策。① 英国人耗费了"几乎半个世纪的时光"才摸索出的西方福利思想和福利制度②,被认为有必要移植这种"文明的包袱"的澳大利亚人轻而易举地就掌握了,他们随之运用英国的有关理论,结合澳大利亚社会现实,"发现了贫穷",进而形成了适用于澳大利亚的相关理论。两者的区别在于英国的理论是针对构成英国社会主体的中产阶级,而澳大利亚的理论则将焦点置于澳大利亚社会下层。③而在福利国家的建设上,澳大利亚人抱以高度的重视和不懈的努力。20世纪60年代,当美国的贫穷人口占总人口的20%时,美国人提出"向贫穷宣战",开始致力于福利国家的建设。而在同时,澳大利亚人又在"仿效美国向贫穷宣战,但它只有8%的人口符合贫穷的条件"。④

回首澳大利亚现代化进程,澳大利亚在一个又一个不明显的渐变中,发生着一个接一个根本性的变化,从而形成一个连一个的持续发展。所有的运动、变革或改革都不是彼此孤立或相互冲突的,而是在自然的状态下,存在着承上启下、相互补充和促进深入的连锁关系,进而构成良性循环。从表面上看,澳大利亚现代化发展的进程是缓慢的,难觅轰轰烈烈和惊心动魄的场面以及具有划时代代表性和标志性的鲜明事件,它的任何变化都需要置于一个较长时期的考察才能有所发现,但是,它的变化与发展却又是深刻的。而正是这种渐

---

① 参见王宇博:《澳大利亚福利制度的形成》,《史学月刊》2001年第5期。
② 陈晓律:《英国福利制度的由来与发展》,南京大学出版社1996年版,第1页。
③ R. Henderson, *The Dimension of Poverty in Australia*, Cambridge University Press, 1993, p.35.
④ 殷汝祥:《澳大利亚市场经济体制》,兰州大学出版社1994年版,第74页。

进发展与良性循环确保了澳大利亚社会的稳定与进步。迄今为止,澳大利亚的社会发展没有因探索道路而被延误,也没有因内部矛盾而误入歧途。所以,从结果和实质上看,澳大利亚现代化发展是迅速的,它用200多年的时间,在风平浪静中走完了世界上许多国家在暴风骤雨中用了更长时间还没有走完的道路。可以说,在世界现代化发展进程中,联邦运动中的澳大利亚人在此创造了先例。

联邦运动是澳大利亚现代化发展进程的一个缩影。在其几十年的酝酿和进行过程中,人们在唇枪舌剑中求同存异,在渐进发展中取得共识,进而引起社会性质和政治体制的根本性变化。后人可以以联邦国家成立作为它们的终点,但却难以以某一事件或某一确切的时间来当作各自的起点。甚至连许多当年运动的领导者和参加者也仅知道是在为权利、自由和民主而奋斗,但尚未意识到他们的奋斗已经引发澳洲社会的一系列性质和形态的变化。[①]在联邦运动进行时,当事者们多次以为联邦的成立已是一蹴而就的事情,但是,往往又因某些顾虑和分歧,澳大利亚人就认为成立联邦的条件尚不成熟,以致"联邦婴儿"屡屡未能像人们所期盼的那样呱呱落地,使得"联邦婴儿"不得不继续孕育,直到绝大多数澳大利亚人认为它已孕育成熟后才要求英王为它签发出生证,然后,再安排它在1901年元旦隆重降生。

造成澳大利亚现代化的这一特点的原因在于:第一,澳大利亚民族是一个年轻的民族,澳大利亚国家是一个新兴的国家,没有旧时代遗留下的各种棘手问题,也就是它的肩上没有历史包袱。这是澳大利亚现代化发展优越于许多民族和国家的显著长处,也是它可以顺

[①] H. Hudson, *The Republicanism Depute*, Cambridge University Press, 1993, p.35.

利具备现代化发展必备条件的一大因素。传统问题是各国现代化中不可回避的问题。澳大利亚虽然年轻,但不是没有传统,英国的传统在这里无处不见,然而,本土化如同一只过滤器,对舶来品进行扬弃,根据澳洲的现实,取其精华,弃其糟粕。例如,"伙伴关系"是近代澳大利亚民族意识中的重要内容,显示出在澳洲移民之间的互助友爱关系。这源于在艰苦创业时代移民们以生存为目的而患难与共的社会关系与意识,它使在英国社会里根深蒂固的等级观念和贵族意识在此黯淡失色。所以说,澳大利亚文化来源于英国,但它是"去掉上层阶级"的英国文化。[①] 对于许多古老国家来说,这是望尘莫及的。

第二,澳大利亚现代化是在求稳的民族心态和渐进的发展势态中稳步进行,稳打稳扎,没有出现别国常见的大起大落,表现出较强的可持续性发展和可观的发展前景。在19世纪的澳大利亚,有过几次"大起","羊毛业大潮"、"淘金热"以及随后的工业化生产都对澳大利亚社会产生了重大影响,使得其社会经济飞速发展和社会结构迅速变化,但事后则没有出现"大落",而是在"大起"的基础上进行结构性的调整,再继续接着发展。更为深刻的是,这些"大起"均有力促进了澳大利亚民族的成熟和独立意识的强化。这一系列现象在世界各国的现代化发展中是不多见的。源于英吉利民族的求稳心态在联邦运动中表现得随处可见。虽然人们早就明白时代在前进,澳大利亚正在走向联合,澳大利亚人可以斩断脐带自己管理自己了,但求稳的心态则一直使澳大利亚人认为联邦制度仍需完善。

第三,尽管澳大利亚社会的内向性明显,但是,澳大利亚的发展不是在封闭的环境中进行的,它从一开始就面向世界,融于世界,虽

---

① 参见王宇博:《评析近代澳大利亚民族意识》,《世界历史》2000年第1期。

然,其接触的范围并不广泛。这使得澳大利亚有条件筛选、借鉴和吸取其他国家的经验和教训,在很短的时间里移植别国耗费大量时间和精力而探索出的成功的做法和成熟的体制,从而大大加快了澳大利亚社会发展的速度。例如,在社会制度问题上,澳大利亚的联邦制度就是结合澳大利亚社会实际而博采英国、美国、瑞士等欧美国家政治制度之长的产物。

从表面上看,澳大利亚是一个平静而和谐的天地,似乎这里的人们安于现状,甚至颇有几分不思进取的懒散模样。然而,就实质而论,澳大利亚民族是具有旺盛的活力和强烈的上进心的,它对进步与发展的不懈追求使其具备自我修正和自我完善的属性和能力,这确保了澳大利亚现代化发展的顺利进行。其实,联邦运动的最根本的起因就是澳大利亚人自身具有的活力和上进心致使他们愈加不安于现状。在联邦运动中,澳大利亚人按照自己的意愿和社会的需要,建造起了澳大利亚联邦。对此,他们确实是满足的,甚至颇为自傲,但是,这仅是对过去成就的满足,而不是满足于现状或从此坐享其成。对于现实和未来,澳大利亚人是永远不会满足的,并丝毫没有"祖宗之法不可变"的意识。可以说,观念的转变、社会的改革和制度的变革不是随联邦运动的结束而终止,而是在继续,使得澳洲社会在追求完善中变化,在变化中发展。

由于澳大利亚文明起源于西方文明,因此,西方社会中的种种弊端不可避免地也鱼目混珠而来,甚至澳洲大行其道。但是,这些糟粕最终会随着民族意识的自我健全和现代化发展水平的提高而被清除和抛弃。流行于欧美的"白人优越论"在澳洲变种为"白澳"意识,它弥漫于社会,在联邦运动中发挥出动员和凝聚民众的功效。接着,它作用于国家政策,使"白澳政策"成为澳大利亚联邦政府的基本国策之一,负面影响严重,明显地妨碍了社会发展。①早在联邦建立前,由于澳大利亚人推行的"白澳政策"因波及到英帝国内的有色人种,英国人颇有微词,张伯伦曾婉转地建议澳洲各殖民地"用避免伤害任何英王臣民感情的措辞方式"来修饰他们排除有色人种的立法。而联邦建立后,"白澳政策"的推行力度是有过之而无不及。对此,迪金的解释是:"如果澳大利亚的统一不意味着种族的统一,则毫无意义。"② 在1919年巴黎和会上,当日本提议在国联新章程中加上"种族平等是实现世界和平的前提条件"这样的条款时,澳大利亚总理休斯予以了强烈反对。③ 可是,"白澳"问题的克服与修正也恰是澳大利亚现代化发展的重要内容之一,即种族主义受到抨击和平等意识的进一步深入人心。第二次世界大战后,随着"白澳"意识失去滋生环境,"白澳政策"逐渐随之消亡,狭隘的种族偏见黯淡失色。澳大利亚人逐步意识到:"无论从道德上还是从常识上来看,它都是对这个政策排斥在外的人们权利的公然侵犯。"④ 可见,西方社会的弊端并没有在澳洲成为痼疾。耐人寻味的是,昔日鼓吹"白澳"意识的急先锋刊物《新闻公报》此时则是反对"白澳政策"的重要喉舌;以往以支持和推行"白澳政策"而著称的工党也反而率先在1965年从其党纲中删除了"白澳政策"的内容;在50年代,墨尔本大学青年学者组成的"移民问题改革团"是颇具影响的反对"白澳政策"的组织,其领导人K.瑞威特的外祖父就是"白澳政策"的始作俑者、前澳大利亚联邦

---

① G. Winterton, *Monarchy to Republic: Australian Republican Government*, p.18.
② 洪霞:《巩固与离心——1897—1913年英帝国发展研究》,南京大学历史系博士学位论文,第43页。
③ 保罗·基廷:《牵手亚太——我的总理生涯》,第6页。
④ 同上,第18页。

总理 A.迪金。[1]这些变化表明旺盛的活力使澳大利亚民族并没有成为一个受传统和陈规束缚的守旧民族。[2]

联邦运动虽然只是澳大利亚历史中的一个篇章,但这是一个特殊的篇章。它体现着澳大利亚民族的内涵与特点,揭示了澳大利亚历史发展的特性与规律,显示出澳大利亚现代化的属性与模式。它是澳大利亚殖民地社会变革的结果,又是澳大利亚民族国家发展的起点。

---

[1] J. Ward, *A Nation for A Continent: the History of Australia, 1901—1905*, p.318.
[2] 参见王宇博:《战后澳大利亚种族主义的衰落》,北京,《当代亚太》2002年第10期。

附录一:中英文人名地名专业术语对照表

Aborigines Society, The	"保护土著人协会"
Admiralty	(英国)海军部
Anglicize	"英国化"
Arbitration in Labor Dispute	劳资争议仲裁
Act to Provide for the Better Administration of Justice	《改善司法条例》
Adam Smith	亚当·斯密
Adelaide	阿德莱德
Albury	阿尔堡
Alfred Deakin	A.迪金
Andrew Fisher	A.费舍
Andrew Inglis Clark	A.I.克拉克
Arthur Phillip	A.菲力普
Australian	《澳大利亚人》
Australian Colonies Government Act	《澳大利亚殖民地政府条例》
Australian federal council, the	"澳大利亚联邦会议"
Australian Fedral League, The	"澳大利亚联邦同盟"
Australian Natives Association	"澳大利亚土生者联盟"
Australian Naval Force Bill, The	《澳大利亚海军法案》

Australian Republican League	"澳大利亚共和主义者联盟"
Bank of New South Wales	新南威尔士银行
Bathurst	巴瑟斯特
Betle Dalley	B.达利
Benjamin Disraeli	B.狄斯雷利
Blue Mountains, The	蓝山
Botany Bay	植物湾
Boomerang	《飞镖》
Braddon Clause	《布雷登条款》
Brisbane	布里斯班
Bulletin	《新闻公报》
Canberra	堪培拉
Charles Kingston	C.金斯顿
Charles Wentworth Dilke	C.W.迪尔克
Civil Service	文官制度
Colonial Laws Validity Act	《殖民地法律有效性法》
Colonial Office	殖民部
Colonial Defense Committee	殖民地防务委员会
Commonwealth of Australia, The	澳大利亚联邦
Commonwealth of Australia Constitution, The	澳大利亚联邦宪法
Commonwealth Franchise Act	联邦选举条例
Conciliation and Arbitration Act	调解与仲裁条例
Corowa	科诺瓦
Country Party	乡村党
Cowpastures	考帕斯图斯
David Buchanan	D.布查南

附录一:中英文人名地名专业术语对照表　265

Edmund Barton	E.巴顿
Edward G. Wakefield	E.G.威克菲尔德
Edward Stanhope	E.斯坦豪泼
Emancipists, The	解放论派
Exclusionists, The	排斥论派
Fair Trade League, The	"公平贸易协会"
"First Fleet"	"第一舰队"
Federation Conference, The	"联邦会议"
Federation Movement	联邦运动
Free Immigrant, The	自由移民
Fair Trade League, The	"公平贸易协会"
Freedom and Independence for the Golden Lands of Australia	《为了澳大利亚金色土地的自由与独立》
George Higinbotham	G.赫金鲍汉姆
George Ⅲ	乔治三世
George Meudell	G.莫戴尔
George Reid	G.瑞德
George Richard Dibbs	G.R.德布斯
"Gold Rush"	"淘金热"
"Great Squatting Rush"	"牧羊业大潮"
Henry Childers	H.查德尔斯
Henry G. Grey	H.G.格雷
Henry Parks	H.帕克斯
Hugh Childers	H.查尔德斯
Immigration Restriction	移民限制条例
Imperial Federation League	"帝国联盟协会"
Imperial Chambers of Commerce, The	"帝国贸易商会"

Imperial Preferential	帝国特惠制度
Isaac Isaacs	I.艾萨克斯
James Cook	J.库克
James H. Sculin	J.H.斯库林
James Munro	J.芒诺
James Service	J.瑟威斯
John Adrian Louis, seventh Earl of Hopetoun	霍普顿勋爵
John C. Watson	J.C.华生
John D. Lang	J.兰格
John G. Latham	J.G.拉萨姆
John Hunter	J.汉特
John J. Curtin	J.柯廷
John Macarthur	J.麦克阿瑟
John Robertson	J.罗伯逊
John S. Pakington	J.帕金顿
John Thomas Bigge	J.T.比格
Joseph A. Lyons	J.A.莱昂斯
Joseph Banks	J.班克斯
Joseph Chamberlain	J.张伯伦
Joseph Cook	J.库克
Kanakas	喀拉喀人
Kenneth Rivett	K.瑞威特
Labor Party	工党
Lachlan Macquarie	L.麦夸里
Liberal Party	自由党
Lord Derby	德比勋爵

附录一：中英文人名地名专业术语对照表　267

Lord Camden	卡姆登爵士
Lord Carnarvon	卡那封勋爵
Lord Durham	达汉姆勋爵
Lord Sydney	悉尼勋爵
Louis Heydon	L.赫顿
Mateship	伙伴关系
Melbourue	墨尔本
Mother Country	母国
National Party	国家党
Native - Born Australian, The	澳洲土生白人居民
"New Australian"	"新澳大利亚人"
New South Wales	新南威尔士
New South Wales Corps, The	新南威尔士军团
Pacific Island Laborers Act	太平洋岛屿劳工条例
"Pearl"	"珍珠"号
Pommy	（新到澳洲的）英国移民
Premiers' Conference	总理会议
"Protection"	"保护关税制度"
Protectionist, The	保护关税主义者
Protection and Political Reform League, The	"保护与政治改革联盟"
Queensland	昆士兰
Report on the Affairs of British North America	《关于英属北美事务的报告》
Republican	共和主义者
Richard Cobden	R.科布顿
Ripon Regulation	"雷彭条例"

Robert Herbert	R.赫伯特
Robert Meade	R.梅德
Robin Gollan	R.戈兰
"Royal Commission on the Depression, The"	"经济萧条处置皇家委员会"
Royal Navy	皇家海军
Rum	罗姆酒
Samuel Griffith	S.格里菲斯
Sir. Anthony Musgrave	A.穆斯格雷爵士
Statute of Westminister	威斯敏斯特法案
South Australia	南澳大利亚
Squatters	牧场主
Sydney	悉尼
Sydney Bulletin	《悉尼公报》
Sydney Morning Herald	《悉尼先驱晨报》
"Systematic Colonization"	"系统殖民化理论"
"State House, The"	"国家大厦"
Tasmania	塔斯马尼亚
"Terra Australis Incognitia"	"未知的南方大陆"
Thomas Brisbane	T.布里斯班
Thomas McIlwraith	T.麦克尔瑞斯
Town of Glenelg	格勒尼哥镇
Transportation	罪犯遣送制度
Van Diemen	范迪门
Victoria	维多利亚
Victorian Royal Commission on Federation, The	维多利亚皇家联邦委员会

Visiting Colonial Judges	客座殖民地法官
Walle	牧场
War Office	（英国）陆军部
W.B.Dalley	W.B.达莱
Western Australia	西澳大利亚
Western Pacific High Commission, the	西太平洋专员公署
Westminster Model	威斯敏斯特模式
W.F.D.Jervois	W.F.D.杰沃伊斯
W.G.Lawes	W.G.劳斯
White Australian Policy	"白澳"政策
William C.Wentworth	W.C.温特沃斯
William M.Gladstone	威廉·M.格拉斯顿
William M.Hughes	W.M.休斯
William Pitt	小威廉·皮特
Working Men's Defense Association	"劳动者防务联合会"
W.R.Giblin	W.R.吉布林

附录二:主要参考书目

Andrews, E. M., *Australia and China*, Melbourne University Press, 1985.

Australian Encyclopedia, vol. 2, Michigan, 1958.

Australian Government Publishing Service, *An Republic*, *The Options*, *The Report*, vol. 1, William Heinemann Australia Pty Ltd., 1993.

Baker, J., *For Queen Or Country*? Melbourne University Press, 1994.

Butlin, N. D., *Investment in Australian Economic Development*, *1861—1900*, Cambridge University Press, 1964.

Boehm, E., *Prosperity and Depression in Australia*, *1887—1897*, Oxford, Clarendon Press, 1971.

Cain, P. J. and Hopkins, A. G., *British Imperialism Innovation and Expansion*, *1688—1914*, Longman, 1993.

Camilleri, J. A., *An Introduction to Australian Foreign Policy*, Jacaranda, 1973.

Castles, A. C., *An Australian Legal History*, Sun Books, 1982.

Clark, C. M. H., *Select Documents in Australian History*, *1851—1900*, Angus and Robertson, 1955.

Costa, M., etc, *Labor, Prosperity and the Nineties*, The Federation Press, Sydney, 1991.

Crowley, F. K., *A New History of Australia*, William Heinemann Australia Pty Ltd., 1974.

Disher, G., *Australia Then and Now*, Oxford University Press, 1995.

Dunn, M., *Australia and the Empire*, *1788 to the Present*, Fontana, Oxford University Press, 1984.

Dyster, B. & Meredith, D., *Australia in the International Economy in the 20 Century*, Cambridge University Press, 1990.

Eddy, J. J., *The Rise of Colonial Nationalism*, Allen and Unwin, 1988.

Edelstein, M., *Overseas Investment in the Age of High Imperialism: the United Kingdom, 1850—1914*, Methuen, 1982.

Eldridge, C. C., *British Imperialism in the Nineteenth Century*, Macmillan Press Ltd., 1984.

Else-Mitchell, J., *Essays on the Australian Constitution*, Oxford University Press, 1961.

Fitzpatrick, B., *British Imperialism And Australia, 1783—1833*, George Allen & Unwin, 1939.

Forster, C., *Australian Economic Development In Twentieth Century*, George Allen & Unwin, 1970.

Forum Series, *A Comparative Approach to American History*, C. V. Woodward, Washington, 1983.

Garis, B. de., *Essays of Australian Federation*, Melbourne University Press, 1969.

Gibb, D., *The Making of "White Australia"*, Victorian Historical Association, 1973.

Goodlad, G. D., *British Foreign And Imperial Policy, 1865—1919*, Routledge, 2000.

Grey, J., *A Military History of Australia*, Cambridge University Press, 1990.

P. Grimshaw, etc., *Creating A Nation*, Penguin Books Australia Ltd., 1994.

Groenewegen, P., and McFarlan, B., *A History of Australian Economic Thought*, Routledge, 1990.

Hall, A. R., *The London Capital Market and Australia, 1870—1917*, Australian National University Press, 1963.

Hancock, W., *Argument of Empire*, George Allen & Unwin Ltd., 1943.

Henderson, R., *The Dimension of Poverty in Australia*, Cambridge University Press, 1993.

Hore, C. P., *Seapower Ashore*, Chatham Publishing, 2001.

Hore, G. D., *British Foreign and Imperial Policy, 1865—1919*, Routledge, 2000.

Hudson, H., *The Republicanism Depute*, Cambridge University Press, 1993.

Hudson, W. J., *Australian Independence*, Melbourne University Press, 1988.

Hyam, R. and Martin, G., *Reappraisals in British Imperial History*, 1975.

Hyam, R., *Britain' Imperial Century, 1815—1914: A Study of empire and Expansion*, Batsford, 1976.

Inglis, K. S., *The Australian Colonists*, Melbourne University Press, 1974.

Inglis, K. S., *The Rehearsal: Australians at War in Sudan, 1885*, Rigby, Adelaide, 1985.

Jackson, R., *Australian Economic Development In the Nineteenth Century*, Australian National University Press, 1977.

Jordens, Ann-Mari, *Redefining Australians: Immigration, Citizenship and National Identity*, Hale and Iremonger, 1995.

Keith, A. B. (ed), *Speeches and Documents on the British Commonwealth Affairs, 1918—1931, From Self-government to National Sovereignty*, Oxford University Press.

Kirk-Greene, A., *Britain's Imperial Administrators, 1858—1966*, Macmillan Press Ltd., 2000.

La Nauze, J. A., *The Making of the Australian Constitution*, Melbourne University Press, 1972.

Linge, G., *Industrial Awakening: A Geography of Australian Manufacturing, 1788—1890*, Australian National University Press, 1979.

Macintyre, S. A., *A Colonial Liberalism*, Oxford University Press, 1991.

Madden, A. F., *Australia and Britain: Studies in a Changing Relationship*, Cassell Australia Limited, 1980.

Madden, A. F. & Morris-Jones, W. H., *Australia and Britain: Studies in a Changing Relationship*, Sydney University Press, 1980.

Martin, A., *Henry Parkes*, Melbourne University Press, 1980.

Martin, G., *Australia and New Zealand and Federation, 1883—1901*, Menzies Centre for Australian Studies, 2001.

McClaughlin, Trevor, *Irish Woman in Colonial Australia*, George Allen & Unwin, 1998.

McKenna, M., *The Captive Republic*, Cambridge University Press, 1996.

McMinn, W.G., *Nationalism And Federalism In Australia*, Oxford University Press, 1994.

Meancy, N.K., *The Search for Security in the Pacific, 1901—1910*, Sydney University Press, 1976.

Megregor, C., *The Australian People*, The Federation Press, 1980.

Millar, T.B., *Britain's Withdrawal From Asia, Its Implication for Australia*, The Australian National University Press, 1967.

Millar, T.B., *Australia in Peace and War: External Relation, 1788—1977*, Australian National University Press, 1978.

Moore, R.J., *Making the New Commonwealth*, Oxford, Clarendon Press, 1989.

Morrell, R.F., *Britain in the Pacific Islands*, Oxford University, 1960.

Mulhall, M., *Dictionary of Statistics*, Gregg International, 1970.

Neutze, M., *Urban Development in Australia*, George Allen & Unwin Ltd., 1978.

Papadopoulos, A.N., *Multilateral Diplomacy Within the Commonwealth, A Decade of Expansion*, M. Nijhoff Publishers, 1982.

Peter, M., *The West European Party System*, Oxford University Press, 1990.

Porter, A., *The Oxford History of the British Empire*, Vol. III, "The Nineteenth Century", Oxford University Press, 1999.

Porter, B., *The Lion's Share: A Short History of British Imperialism*, Longman, 1980.

Rich, P., *Race and Empire in British Politics*, Cambridge University Press, 1986.

Richard, J., *Class and Politics: New South Wale, Victoria and the Early Commonwealth, 1890—1910*, Australian National University Press, 1976.

Roberts, S., *The Squatting Age of Australia, 1835—1847*, Melbourne University Press, 1964.

Roe, J., *Social Policy in Australia: Some Perspectives, 1901—1975*, Cassell Australia Limited, 1976.

Sawer, J., *Australian Federal Politics and Law*, Oxford University Press, 1972.

Scott, E., *Cambridge History of The Britain Empire*, *Australia*, vol. Ⅶ, pt Ⅰ, Cambridge University Press, 1988.

Serle, G., *The Rush to be Rich: A History of the Colony of Victoria, 1883—1889*, Melbourne University, 1971.

Shaw, A. G., *The Story of Australia*, Faber and Faber Limited, 1972.

Sherington, G., *Australia's Immigrants, 1788—1978*, George Allen & Unwin, 1980.

Steele, D., *Lord Salisbury: A Political Biography*, UCL Press, 1999.

Stephensen, P. R., *The Foundations of Culture in Australia*, George Allen & Unwin, 1986.

Thompson, R. C., *Australian Imperialism in the Pacific: the Expansionist Era, 1820—1920*, Melbourne University Press, 1980.

Trainor, L., *British Imperialism and Australian Nationalism*, Cambridge University Press, 1994.

Turner, G., *Making It National*, *Nationalism and Australian Popular Culture*, George Allen & Unwin, 1993.

Walker, E. A., *The British Empire*, Oxford University Press, 1943.

Walker, M., *Australia: A History*, Macdonald & Co. Pulishers Ltd., 1987.

Ward, J. M., *EARL GREY and the Australian Colonies*, Melbourne University Press, 1958.

Ward, R., *A Nation for A Continent, the History of Australia, 1901—1975*, Heinemann Educational Australia Pty Ltd., 1981.

Ward, R., *The Australian Legend*, Oxford University Press, 1958.

White, R., *Inventing Australia: Images and Identity, 1688—1980*, Allen and Unwin, 1981.

Wilard, M., *History of the White Australia Policy to 1920*, Melbourne University Press, 1967.

Winterton, G., *Monarchy to Republic*, *Australian Republican Government*, Oxford University Press, 1986.

Yarwood, A. T., and Knowling, M. J., *Race Relation in Australia*, *A History*, Methuen, North Ryde, 1982.

Yunupingu, G., *Our land Is Our Life*, *land Rights: Past, Present and Future*, University of Queensland Press, 1997.

钱乘旦、陈晓律:《英国文化模式溯源》,上海社会科学出版社 2003 年版。
王宇博:《澳大利亚——在移植中再造》,四川人民出版社 2000 年版。
金太军:《当代各国政治制度——澳大利亚》,兰州大学出版社 1998 年版。
理查德·内尔主编:《澳大利亚文明》,中国文学出版社 1998 年版。
景天魁等:《澳大利亚国民素质考察报告》,广西人民出版社 1999 年版。
理查德·怀特:《创造澳大利亚》,云南人民出版社 1999 年版。
格林伍德:《澳大利亚政治社会史》,商务印书馆 1960 年版。
诺尔斯:《英国海外帝国经济》,第一卷,上海人民出版社 1965 年版。
曼宁·克拉克:《澳大利亚简史》(上、下),广东人民出版社 1973 年版。
约翰·根室:《澳新内幕》,上海译文出版社 1979 年版。
夏宝成:《大洋的崛起》,吉林人民出版社 1993 年版。
黄源深:《澳大利亚文学史》,上海外语教育出版社 1997 年版。
托卡列夫:《澳大利亚和大洋洲各族人民》(上),三联书店 1980 年版。
厄·盖尔纳:《民族与民族主义》,中央编译出版社 2002 年版。
安·D. 史密斯:《全球化时代的民族与民族主义》,中央编译出版社 2002 年版。
王绳祖:《国际关系史》第三卷(1871—1918),世界知识出版社 1995 年版。
艾·霍布斯鲍姆:《帝国的时代》,江苏人民出版社 1999 年版。
艾·霍布斯鲍姆:《民族与民族主义》,上海人民出版社 2000 年版。
计秋枫等:《英国文化与外交》,世界知识出版社 2002 年版。
田森:《大洋洲探秘》,浙江人民出版社 1998 年版。
陈翰笙:《华工出国史料汇编》第八辑,中华书局 1984 年版。
沈已尧:《海外排华百年史》,中国社会科学出版社 1985 年版。

杨进发:《新金山——澳大利亚华人》,上海译文出版社1979年版。
比斯库:《新几内亚史》,广东人民出版社1975年版。
F.欣斯利:《新编剑桥世界近代史》,第11卷,中国社会科学出版社1987年版。
诺尔斯:《英国海外帝国经济史》,第一卷,上海人民出版社1965年版。
季国钧:《澳大利亚和新西兰农业地理》,商务印书馆1995年版。
王觉非:《近代英国史》,南京大学出版社1997年版。
骆介子:《澳大利亚建国史》,商务印书馆1991年版。
汪诗明:《20世纪澳大利亚外交史》,北京大学出版社2003年版。
苏联百科全书:《澳大利亚联邦》,人民出版社1953年版。
郑寅达:《澳大利亚史》,华东师范大学出版社1991年版。
张天:《澳洲史》,社会科学文献出版社1996年版。
保罗·基廷:《牵手亚太——我的总理生涯》,世界知识出版社2002年版。

张本英:《自由帝国的建立——1815—1870年英帝国研究》,南京大学历史系英国史专业博士学位论文,未刊稿。
张红:《从"无形帝国"到"有形帝国"——论19世纪最后30年的英帝国政策》,南京大学历史系英国史专业博士学位论文,未刊稿。
洪霞:《巩固与离心——1897—1913年英帝国发展研究》,南京大学历史系英国史专业博士学位论文,未刊稿。